Falk spirallo
REISEFÜHRER

ALGARVE

Falk Verlag

Inhalt

Autor: Paul Murphy
»Wohin zum …«: Susie Boulton
Redaktion: Rebecca Snelling
Lektorat: Brian und Eileen Anderson
Layout: Design Directions
Register: Marie Lorimer

ISBN 3-8279-0165-0

Spirallo Reiseführer, Falk Verlag, Postfach 3151,
D-73751 Ostfildern, E-Mail: spirallo@mairs.de

Deutsche Ausgabe: CLP • Carlo Lauer & Partner, Aschheim
Übersetzung: Frank Auerbach, Tracey J. Evans, Evelyn Köhler

Original 1st English Edition

Herausgegeben von AA Publishing, einem Unternehmen der Automobile Association Developments Limited, Millstream, Maidenhead Road, Windsor Berkshire, SL4 5DG. Handelsregister Nr. 1878835.

Farbauszug: Leo Reprographics
Druck und Bindung: Leo Paper Products, China

A02090

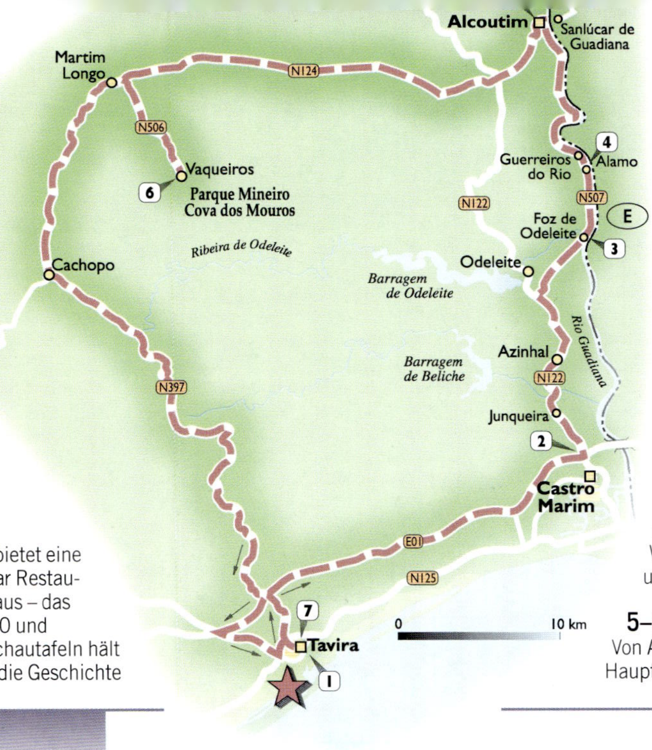

2–3

Wenige Kilometer später wird die Umgebung sehr ländlich. Hinter Junqueira und Azinhal verzweigt der Weg nach rechts auf die N507. Direkt hinter Azinhal können Sie nach links auf den Barragem de Beliche sehen. Hinter zwei weithin sichtbaren weißen zinnenbewehrten Türmen können Sie das erste Mal auf den Rio Guadiana spähen. Beim Abwärtsfahren entfaltet sich ein wunderbares Panorama auf den Strom, noch bevor Sie einen anderen Fluss, den Ribeira de Odeleite, überqueren und zu den Grasufern des Guadiana kommen.

3–4

Der malerische Ort **Foz de Odeleite** bietet eine kleine Hafenmole, ein Café, ein paar Restaurants und – im ehemaligen Schulhaus – das kleine **Museu do Rio** (Di–Sa 9–12.30 und 14–17.30 Uhr). Neben wenigen Schautafeln hält es einige interessante Fakten über die Geschichte des Flusses bereit. In alter Zeit pflegte diese Gegend Handelsbeziehungen zu Karthago, Rom, Athen und Tyros, und gesalzener Fisch, Getreide, Quecksilber, Gold, Silber, Eisen und Kupfer wurden über den Guadiana geschifft.

4–5

Bei Alamo schwenkt die Straße kurz ab vom Fluss. An dem Mini-Kreisverkehr folgen Sie der Ausschilderung Richtung Alcoutim, um bei Guerreiros do Rio wieder auf den Guadiana mit vor Anker liegenden Yachten und Katamaranen zu stoßen.

Der Name des Ortes Guerreiros do Rio (»Flusskrieger«) erinnert an die Geschichte der umkämpften Grenzsiedlung. Ein paar Kilometer weiter sehen Sie von einem *miradouro* (Aussichtspunkt) aus am Horizont ein Schloss, das bereits auf der spanischen Seite in San Lúcar steht. Weiter bis Alcoutim (➤ 53f), einer schönen und interessanten kleinen Stadt.

5–6

Von Alcoutim fahren Sie rechts zurück auf die Hauptstraße und an der nächsten Kreuzung links

Parque Mineiro Cova dos Mouros
186 A4
Vaqueiros
289 999 229 oder 281 498 505;
http://minacovamouros.sitepac.pt
März–Okt. tägl. 10.30–18 Uhr; Nov.–Mitte Dez., Ende Jan.–Feb. tägl. 10.30–16.30 Uhr; Mitte Dez.–Ende Jan. geschl.
mittel

Richtung Parque Mineiro Cova dos Mouros (ausgeschildert). An der nächsten Kreuzung nach etwa sechs Kilometern geradeaus nach Cachopo. Mit Blick über die Ebenen des Alentejo zur Rechten geht es für weitere 30 Kilometer über das wenig besiedelte Land. Bei der kleinen Ansiedlung Martim Longo führt ein Wegweiser links nach Vaqueiros. Nach sechs Kilometern auf dieser Straße leitet ein Schild ab zum Cova-dos-Mouros-Park, dessen Tore dann noch etwa zwei Kilometer auf einem holprigen Weg entfernt sind.

Der Parque **Mineira Cova dos Mouros** erzählt die Geschichte von 5000 Jahren Bergbau an dieser Stelle. Die alte Kupfer- und Goldmine wurde in der Jungsteinzeit begonnen und die Bronze- und Eisenzeit hindurch genutzt; die Römer betrieben sie mit Sklaven, und der Legende nach versteckten hier die Mauren sich selbst und ihre Schätze nach der Reconquista (➤ 30). Nach Jahrhunderten der Vergessenheit wurde sie erst 1865 wieder entdeckt und mit über 370 Meter Stollen in bis zu 100 Meter Tiefe wieder eröffnet. Zwar konnten Kupfer, Eisen und Schwefel gewonnen werden, aber aus Wirtschaftlichkeitsgründen wurde die Mine 1930 endgültig geschlossen. Heute werden auf einem ein Kilometer langen Rundkurs die wichtigsten historischen Betriebsphasen dargestellt – mit rekonstruierten Hütten und einem Fort aus der Steinzeit, Brennöfen der Bronzezeit, einem römischen Kran und Schächten unserer Zeit. Audio-Führungen vermitteln ausgezeichnete Informationen zur Ausstellung. Eselsritte und natürliche Badegelegenheiten werden angeboten, und geplant sind weitere Anlagen wie Untertageführungen, ein Regenerierungszentrum für Vögel und ein Tierschutzgebiet.

6–7

Ihre Reise geht zurück nach Martim Longo und dort nach links (Ausschilderung nach Barranco Velho). Nach 16 Kilometern erreichen Sie Cachopo (Restaurant). Von hier führt eine spannende, gewundene Abfahrt über 43 Kilometer zurück nach Tavira.

Altertümliche Techniken im Cova-dos-Mouros-Park

7 QUINTA DO MARIM

Spaziergang

LÄNGE: 3 km
DAUER: 2 bis 3 Stunden
START/ZIEL: Quinta do Marim, Rezeption ✚ 185 E1

Quinta do Marim ist das Besucherzentrum für die Reserva Natural da Ria Formosa (➤ 57). Ein ausgeschilderter Besucherpfad und Informationstafeln geben einen guten Einblick in das Reservat.

Die nachfolgend in Klammern angegebenen Buchstaben beziehen sich auf die Schautafeln.

1–2

Am Empfang (beim Eingangstor) erhalten Sie eine ausgezeichnete Karte des Areals. Am Parkplatz vorbei nach rechts; hinter der Wohnanlage sehen Sie das weiße Gebäude des **Besucherzentrums** vor sich. Schauen Sie kurz hinein, bevor Sie beim Herauskommen nach links zu den *salinas* (Salzpfannen) gehen.

2–3

Die ***salinas*** (C) der Ria Formosa liefern den Hauptanteil der nationalen Salzproduktion. Die dem Meer am nächsten liegenden Salzanlagen wurden jahrhundertelang als **Fischzuchtbecken** genutzt. Vom Anleger am Strand, von dem aus die Insel **Armona** in Schwimmnähe liegt, können Sie den Winkerkrabben zuschauen, wie sie über den Strand huschen und die Seemöwen ihnen nachjagen. Flamingos, kentische Regenpfeifer und schwarz geflügelte Stelzen sind häufige Besucher.

Von hier bringt Sie im Sommer ein regelmäßiger Fährdienst auf die Insel, und Sie können eine Fahrt mit einem restaurierten traditionellen Thunfischboot unternehmen: Tel. 289 704 134 (Portugiesischkenntnisse nötig).

3–4

Zurück geht es zur Hütte und dort nach rechts zum **Schilf** (G). Auf dem Bohlenweg über die **Dünen** (H) zur **Gezeitenmühle** (J) – eines von nur noch drei funktionierenden faszinierenden Bauwerken des Landes, die die Kraft der Gezeiten zum Mahlen nutzen. In der großen Lagune hinter der Mühle werden Schalentiere gezüchtet.

4–5

Die Route führt weg von der Mühle und hinter dem **Salzsumpf** (L) nach rechts. Hier und etwas weiter vorne beim Süßwasserteich ist ein Versteck zum Beobachten der Vögel.

Das Innere der Gezeitenmühle sieht immer noch so aus wie einst

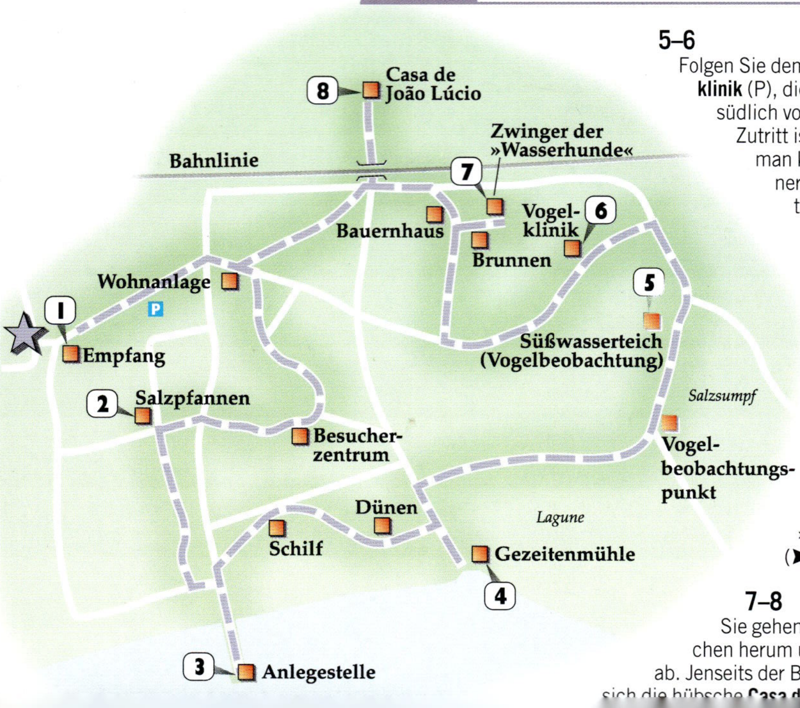

5–6

Folgen Sie dem Weg zur **Vogelklinik** (P), die einzige ihrer Art südlich von Lissabon. Der Zutritt ist nicht gestattet, man kann die Bewohner aber über Monitore beobachten.

6–7

Weiter geht's nach rechts, zu einer *nora*, einem traditionellen Brunnen. Und dahinter finden Sie die Zwinger der **portugiesischen »Wasserhunde«** (➤ 28).

7–8

Sie gehen um das Häuschen herum und biegen links ab. Jenseits der Bahnlinie befindet sich die hübsche **Casa de João Lúcio**

(nicht zugänglich), um die Jahrhundertwende von einem bekannten hiesigen Dichter erbaut. Heute wird es zu Umweltlehrzwecken genutzt. Die Wohnanlage und der Parkplatz (siehe 1–2) sind jetzt 50 Meter hinter Ihnen.

Hier kommen Vogelfreunde auf ihre Kosten

185 E1
Quinta do Marim, N125
289 704134
tägl. 9–12.30 und 14–17 Uhr
preiswert

Praktisches

INFORMATION VORAB

Websites

- www.algarvenet.com
  www.thealgarve.net
  www.portugalinsite.pt

Deutschland

Portugiesisches Touristikbüro – ICEP
Schäfergasse 17
D-60313 Frankfurt a. M.
☎ 069 290 546
Fax 069 231 433

Österreich

Portugiesisches Touristikzentrum – ICEP
Opernring 1/Stiege R/2. OG
A-1010 Wien
☎ 01 585 44 50 / 9
Fax 01 585 44 45

REISEVORBEREITUNG

WICHTIGE PAPIERE

● Erforderlich
○ Empfohlen
▲ Nicht erforderlich

	Deutschland	Österreich	Schweiz
Pass/Personalausweis	●	●	●
Visum	▲	▲	▲
Weiter- oder Rückflugticket	▲	▲	▲
Impfungen (Tetanus und Polio)	▲	▲	▲
Krankenversicherung (➤ 176, Gesundheit)	●	●	●
Reisegepäckversicherung	○	○	○
Führerschein (national)	●	●	●
Kfz-Haftpflichtversicherung	●	●	●
Fahrzeugschein	●	●	●

REISEZEIT

Faro

Hauptsaison / Nebensaison

	JAN	FEB	MÄRZ	APRIL	MAI	JUNI	JULI	AUG	SEPT	OKT	NOV	DEZ
Saison	Nebensaison	Nebensaison	Nebensaison	Hauptsaison	Hauptsaison	Hauptsaison	Hauptsaison	Hauptsaison	Hauptsaison	Hauptsaison	Nebensaison	Nebensaison
Temperatur	15°C	16°C	18°C	21°C	24°C	30°C	35°C	37°C	33°C	28°C	19°C	17°C
Wetter	Wechselhaft	Wechselhaft	Wechselhaft	Wechselhaft	Sonnig	Sonnig	Sonnig	Sonnig	Sonnig	Sonnig	Wechselhaft	Wechselhaft

Sonnig Wechselhaft

Angegeben sind jeweils die durchschnittlichen **Höchsttemperaturen** eines Monats. Die durchschnittlichen Mindesttemperaturen liegen 8 bis 10 °C niedriger. Von Mai bis Juni und von September bis Oktober ist das Wetter am schönsten: trocken und warm, aber nicht zu heiß. Im Juli und August wird es mit Temperaturen um 35 °C sehr heiß, während es in der übrigen Zeit regnen kann. Im April und Oktober sind die Temperaturen oft noch angenehm. Um Menschenmassen zu entgehen, vermeiden Sie die Schulferien, vor allem im Juli und August, wenn halb Lissabon und Tausende nordeuropäischer Urlauber Straßen und Strände bevölkern. Wenn Ihnen Sport wichtiger als Sonnenbaden ist, dann ist die Algarve ein Ganzjahresziel.

Schweiz
Portugiesisches Verkehrs-
amt – ICEP
Badenerstraße 15
CH-8004 Zürich
☎ 01 241 00 01 / 05
Fax 01 241 00 12

ANREISE

Mit dem Flugzeug
In der Algarve gibt es nur einen internationalen Flughafen bei Faro. Direktflüge sind von den meisten europäischen Großflughäfen, beispielsweise Frankfurt am Main, zu bekommen. Bei Transatlantikflügen muss man in Lissabon umsteigen.
Die **Flugpreise** sind im Sommer und zu Ferienzeiten am höchsten, aber auch dann kann man mit etwas Glück einen billigen Last-Minute-Flug bekommen.
Die **Flugzeiten** nach Faro betragen von Frankfurt aus etwa drei Stunden.

Mit Zug und Bus aus Nordeuropa anzureisen lohnt sich für ein paar Wochen Aufenthalt kaum, doch interessant ist unter Umständen die Express-Busverbindung von Lissabon nach Faro in nur vier Stunden.

ZEIT

In der Algarve gilt im Winterhalbjahr die Greenwich Mean Time (GMT); von Ende März bis Ende Oktober gilt hier wie in fast allen europäischen Ländern die Sommerzeit. Besucher aus Deutschland, Österreich und der Schweiz müssen ihre Uhren in Portugal jeweils um eine Stunde zurückstellen.

WÄHRUNG

Währung: Portugal gehört zu den Mitgliederländern, die an der Europäischen Währungsunion teilnehmen und in denen schrittweise der Euro (€) die Landeswährung ersetzt. Ab Januar 2002 haben Euromünzen und -scheine Gültigkeit, für kurze Zeit ist der Escudo daneben noch gültig.
Wechselstuben bieten meist bessere Konditionen als Banken nach Berücksichtigung ihrer Gebühren, doch sollten Sie auch hier die Kurse vergleichen.
Wechseln Sie nie in Geschäften, auch wenn sie scheinbar gute Konditionen bieten, und rechnen Sie mit langen Wartezeiten bei den **Banken**. Stellen Sie sich nie in eine Warteschlange, die nicht ausdrücklich dem *cambio* (Geldwechsel) zugeordnet ist. Sie stehen endlos an und werden zum Schluss an einen anderen Schalter verwiesen.
Reiseschecks in US-Dollar werden weithin akzeptiert.
Kreditkarten werden in fast allen Urlaubszentren angenommen. Geldautomaten sind verbreitet.
Die meisten Geschäfte akzeptieren nur Bargeld, in ländlichen Regionen können Sie mit zu großen Scheinen in Schwierigkeiten kommen. In aller Regel fahren Sie am besten, wenn Sie sich bei größeren Summen auf die Kreditkarte verlassen und Bargeld am Bankautomaten abheben.

ZEITUNTERSCHIED

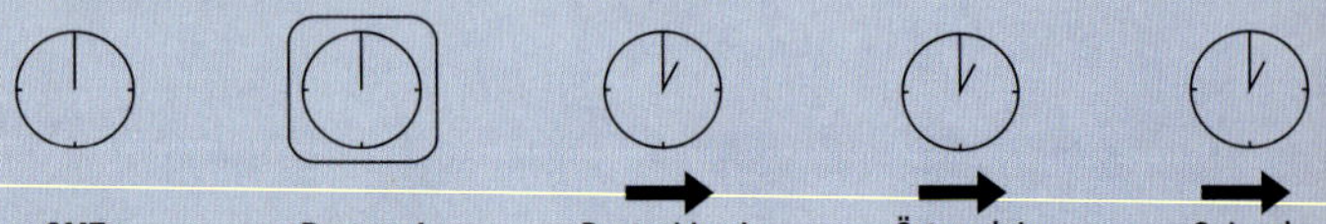

GMT	Portugal	Deutschland	Österreich	Schweiz
12 Uhr	12 Uhr	13 Uhr	13 Uhr	13 Uhr

DAS WICHTIGSTE VOR ORT

KONFEKTIONSGRÖSSEN

Portugal	Deutschland	
46	46	Anzüge
48	48	
50	50	
52	52	
54	54	
56	56	
7	41	Schuhe
7.5	42	
8.5	43	
9.5	44	
10.5	45	
11	46	
37	37	Hemden
38	38	
39/40	39/40	
41	41	
42	42	
43	43	
34	36	Kleider
36	38	
38	40	
40	42	
42	44	
44	46	
4.5	38	Schuhe
5	38	
5.5	39	
6	39	
6.5	40	
7	41	

FEIERTAGE

1. Januar	Neujahrstag
Februar	Faschingsdienstag/Aschermittwoch
März/April	Karfreitag/Ostermontag
25. April	Revolutionstag
1. Mai	Tag der Arbeit
Juni	Fronleichnam
10. Juni	Nationalfeiertag
15. August	Mariä Himmelfahrt
5. Oktober	Tag der Republik
1. November	Allerheiligen
1. Dezember	Wiedereinführung des Unabhängigkeitstages
8. Dezember	Fest der Unbefleckten Empfängnis
25. Dezember	Weihnachten
26. Dezember	Stephanstag

ÖFFNUNGSZEITEN

○ Geschäfte
● Büros
● Banken
● Postämter
● Museen/Denkmäler
● Apotheken

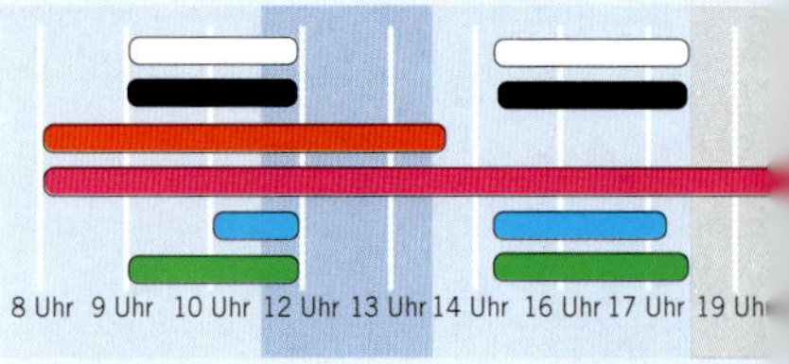

tagsüber ▢ mittags ▢ abends

Geschäfte mit Touristenbedarf sind in der Hochsaison durchgehend bis 21 oder 22 Uhr geöffnet, auch sonntags und an Feiertagen. Größere Supermärkte und Geschäfte sind meistens durchgehend von 9 bis 19 Uhr geöffnet. Manche Supermärkte bleiben unter der Woche bis 22 Uhr und sonntags bis 17 Uhr geöffnet.
Museen/Kirchen: Öffnungszeiten ändern sich häufig.
Banken haben meist von Montag bis Freitag 8.30 bis 15 Uhr geöffnet.
Postämter: Das Hauptpostamt in Städten ist normalerweise Montag bis Freitag 8.30 bzw. 9 bis 18 Uhr geöffnet, Samstag 9 bis 12.30 Uhr.

NOTRUF

POLIZEI 112

FEUERWEHR 112

KRANKENWAGEN 112

SICHERHEIT

- Hauptdelikte sind kleinere Diebstähle.
- Autodiebstahl ist nichts Ungewöhnliches – lassen Sie möglichst nichts Persönliches und/oder Wertvolles im Auto. Wenn doch, so verbergen Sie es im Kofferraum.
- Achten Sie in Menschenmengen auf Taschendiebe.
- Von allen südeuropäischen Ländern ist das Macho-Gehabe in Portugal am wenigsten ausgeprägt, sodass Frauen in aller Regel auf wenig Probleme stoßen.

Polizei

112 von jedem Telefon

TELEFONIEREN

Fast überall sind an den Straßenecken Telefonzellen zu finden. Telefonkarten können Sie bei jedem Tabak- oder Zeitschriftenhändler mit entsprechendem Symbol kaufen.

Vermeiden Sie Telefonate vom Hotel aus. In Portugal sind die Telefongebühren ohnehin extrem hoch, und mit der zusätzlichen Hotelgebühr kann die Gesamtrechnung astronomische Höhen erreichen.

Internationale Vorwahlen

Wählen Sie 00, danach die Landesvorwahl:

Deutschland	49
Österreich	43
Schweiz	41

POST

Briefmarken bekommen Sie meistens auch beim Zeitschriftenhändler und im Geschenk- und Souvenirladen, sonst bei der Post oder im Tabakladen. Das Hauptpostamt in Städten ist normalerweise Mo–Fr 8.30/ 9–18 Uhr geöffnet, Sa 9–12.30 Uhr. Manche Ämter haben mittags geschlossen.

ELEKTRIZITÄT

Die Stromspannung in Portugal beträgt 220 Volt Wechselstrom. In die Steckdosen passen Kontinentalstecker mit zwei Stiften, sodass Besucher aus Mitteleuropa keine Probleme haben.

TRINKGELD

Nicht für alle Dienstleistungen wird ein Trinkgeld erwartet, und wenn, dann sind die Sätze hier niedriger als in anderen Ländern. Allgemein gilt:

Restaurant (Service nicht inklusive)	10 %
Taxi	aufrunden
Stadtführer	halbtags 3 €
	ganztags 5 €
Gepäckträger	0,5 € pro Gepäckstück
Zimmermädchen	1 bis 1,5 € pro Tag
Toiletten	Kleingeld

BOTSCHAFTEN und KONSULATE

Deutschland	Deutschland	Österreich	Schweiz
☎ 289 803-148/-180	☎ 21 8810 210	☎ 21 3958 220	☎ 21 3973 121

GESUNDHEIT

Krankenversicherung: Eine Reiseversicherung ist empfehlenswert; EU-Angehörige können sich über das E111-Formular Kosten für Notfallbehandlungen zurückerstatten lassen.

Zahnarzt: Die zahnärztliche Versorgung ist im Allgemeinen sehr gut. In den englisch- oder deutschsprachigen Hotelzeitungen finden Sie Anzeigen von Zahnarztpraxen.

Wetter: Die Sonne scheint das ganze Jahr über sehr intensiv, und man holt sich schnell einen Sonnenbrand – auch bei bedecktem Himmel. Guter Sonnenschutz ist für alle exponierten Körperstellen erforderlich.

Medikamente: Apotheken (*farmâcias*) sind Mo–Fr 9–13 und 15–19 Uhr und Sa 9–12.30 Uhr geöffnet. Der Nachtdienst ist in den Fenstern der Apotheke angeschrieben. Die Apotheker sind gut ausgebildet und dürfen Medikamente verkaufen, für die in anderen Ländern Rezepte erforderlich sind. Nehmen Sie aber Arzneien, die Sie regelmäßig einnehmen, sicherheitshalber von zu Hause mit.

Trinkwasser: Das Wasser ist trinkbar, wenn auch nicht sehr schmackhaft. Fragen Sie nach Mineralwasser mit (*água com gás*) oder ohne (*água sem gás*) Kohlensäure.

ERMÄSSIGUNGEN

Junge Leute: Museen geben auf Pass oder Studentenausweis oft ermäßigte Eintrittskarten aus; Kinder haben meist freien Zutritt.

Senioren: Wegen der Wärme, die das ganze Jahr über herrscht, kommen Senioren aus vielen europäischen Ländern in die Algarve. Allerdings gibt es nur wenige Ermäßigungen für ältere Leute, und mit eingeschränkter Bewegungsfähigkeit kann es schwieriger werden, über die neueren Zentren hinaus etwas anzuschauen (siehe Einrichtung für Behinderte).

EINRICHTUNGEN FÜR BEHINDERTE

Außerhalb moderner Einrichtungen wie Vilamoura, Quinta do Lago und Vale do Lobo machen steile Hänge, schmale Gehwege, holprige Straßen und fehlende Rampen oder Aufzüge das Leben schwer. Um Genaueres zu erfahren, rufen Sie vor der Abreise die Informationsstellen für Behinderte in Ihrer Heimat an.

KINDER

Die meisten Hotels und Restaurants sind auf Kinder eingerichtet. Vor allem auf dem Land sind die Portugiesen kinderfreundlich, auch wenn Einrichtungen wie hohe Kinderstühle meistens fehlen.

TOILETTEN

Es gibt wenig öffentliche Toiletten. Werfen Sie das Papier in die vorgesehenen Behälter.

PFLANZEN ODER TIERE

Exemplare seltener Arten mitzunehmen, ist nicht erlaubt oder erfordert eine besondere Genehmigung.

SPRACHFÜHRER

Im Portugiesischen gibt es zwei besondere Ausspracheregelungen. Erstens die Nasalvokale mit einer Tilde (~, wie im Spanischen die Tilde auf dem ñ): So wird *pão* (Brot) ähnlich wie »pau« mit einem starken nasalen Klang ausgesprochen. Zweitens werden »s« und »z« oft wie ein schwaches »sch« artikuliert: *notas* (Banknoten) lautet dann mehr wie »notaasch«.

IMMER ZU GEBRAUCHEN

Ja/Nein **Sim/Não**
Bitte (um etwas) **Se faz favor**
Danke **Obrigado** (männlicher Sprecher)/**Obrigada** (weibliche Sprecherin)
Bitte, gerne (als Antwort) **De nada/Foi um prazer**
Hallo/Auf Wiedersehen **Olá/Adeus**
Willkommen **Bem vindo/a**
Guten Morgen/Tag **Bom dia**
Guten Abend/Nacht **Boa noite**
Wie geht es Ihnen? **Como está?**
Gut, danke **Bem, obrigado/a**
Verzeihung **Perdão**
Entschuldigung, können Sie mir helfen? **Desculpe, podia ajudar-me?**
Mein Name ist ... **Chamo-me ...**
Sprechen Sie Englisch/Deutsch? **Fala inglês/alemán?**
Ich verstehe nicht **Não percebo**
Ich spreche nicht Portugiesisch **Não falo português**

IM NOTFALL! Urgência!

Hilfe! **Socorro!**
Stopp! **Pare!**
Halten Sie den Dieb! **Apanhe o ladrão!**
Feuer! **Fogo!**
Gehen Sie weg, sonst schreie ich! **Se não se for embora, começo a gritar!**
Lassen Sie mich in Ruhe! **Deixe-me em paz!**
Ich habe meine Geldbörse/Brieftasche verloren **Perdi o meu porta-moedas/a minha carteira**
Mein Pass wurde gestohlen **Roubaram-me o passaporte**
Rufen Sie bitte einen Arzt? **Podia chamar um medicó depressa?**

REISE

Auto **Automóvel**
Bus **Autocarro**
Bushaltestelle **Estação de camionetas**
Fahrkarte **Bilhete**
Rückfahrkarte **Ida e volta**
Einfach **Bilhete de ida**
Flughafen **Aeroporto**
Haltestelle **Estaçao**
Kirche **Igreja**
Krankenhaus **Hospital**
Markt **Mercado**
Museum **Museu**
Platz **Praça**
Schiff **Barco**
Straße **Rua**
Taxistand **Praça de táxis**
Zug **Comboio**
Ich habe mich verirrt **Perdi-me**

ZAHLEN

0	**zero**	16	**dezasseis**
1	**um**	17	**dezassete**
2	**dois**	18	**dezoito**
3	**três**	19	**dezanove**
4	**quatro**	20	**vinte**
5	**cinco**	21	**vinte e um**
6	**seis**	30	**trinta**
7	**sete**	40	**quarenta**
8	**oito**	50	**cinquenta**
9	**nove**	60	**sessenta**
10	**dez**	70	**setenta**
11	**onze**	80	**oitenta**
12	**doze**	90	**noventa**
13	**treze**	100	**cem**
14	**catorze**	101	**cento e um**
15	**quinze**	500	**quinhentos**

WOCHENTAGE

Heute	**Hoje**
Morgen	**Amanhã**
Gestern	**Ontem**
Heute Nacht	**Esta noite**
Vergangene Nacht	**Ontem à noite**
Morgens	**De manhã**
Nachmittags	**De tarde**
Später	**Logo/Mais tarde**
Diese Woche	**Esta semana**
Montag	**Segunda-feira**
Dienstag	**Terça-feira**
Mittwoch	**Quarta-feira**
Donnerstag	**Quinta-feira**
Freitag	**Sexta-feira**
Samstag	**Sábado**
Sonntag	**Domingo**

Wie viele Kilometer sind es bis ...? **Quantos quilómetros faltam ainda para chegar a ...?**
Hier/Dort **Aqui/Ali**
Links/Rechts **À esquerda/Á direita**
Geradeaus **Em frente**

GELD: Dinheiro

Ausländisch **Estrangeiro**
Bank **Banco**
Banknoten **Notas**
Münze **Moneda**
Kasse **Caixa**
Kreditkarte **Cartão de crédito**
Post **Correio**
Postamt **Agência do correiro**
Reisescheck **Cheque de viagem**
Scheck **Cheque**
Wechselbüro **Cámbios**
Wechselkurs **Cámbio**
Könnten Sie mir bitte Kleingeld geben? **Podia dar-me também dinheiro trocado, se faz favor?**

ÜBERNACHTEN

Gibt es ...? **Há ...?**
Ich hätte gern ein Zimmer mit Blick zum Meer **Queria um quarto com vista para o mar**
Wo ist der Notausgang/Fluchtweg? **Onde fica a saída de emergéncia lescada de salvação?**
Ist das Frühstück inklusive? **Está incluido o pequeno almoço?**
Hat das Hotel einen Zimmerservice? **O hotel tem serviço de quarto?**
Ich habe reserviert **Reservei um lugar**
Aufzug **Elevador**
Badezimmer **Casa de banho**
Balkon **Varanda**
Dusche **Duche**
Handtuch **Toalha**
Heißes Wasser **Água quente**
Hotel **Hotel**
Klimaanlage **Ar condicionado**
Nacht **Noite**
Schlüssel **Chave**
Telefon **Telefone**
Wasser **Água**
Zimmer **Quarto**
Zimmermädchen **Camareira**
Zimmerservice **Serviço de quarto**

RESTAURANT: Restaurante

Kann ich einen Tisch reservieren? **Posso reservar uma mesa?**
Bitte einen Tisch für zwei Personen **Uma mesa para duas pessoas, se faz favor**
Wir möchten bitte die Speisekarte **Poderia dar nos a ementa, se faz favor**
Was ist das? **O que é isto?**
Eine Flasche ... **Uma garrafa de ...**
Alkohol **Alcool**
Bier **Cerveja**
Rechnung **Conta**
Brot **Pão**
Frühstück **Pequeno almoço**
Café/Kaffee **Café**
Abendessen **Jantar**
Mittagessen **Almoço**
Speisekarte/Menü **Ementa/Menú**
Milch **Leite**
Mineralwasser **Água mineral**
Pfeffer **Pimenta**
Salz **Sal**
Tisch **Mesa**
Tee **Chá**
Kellner **Empregado/a**

EINKAUFEN

Geschäft **Loja**
Wo bekomme ich ... **Em que loja posso arranjar ...?**
Können Sie mir helfen? **Pode atender-me?**
Ich suche ... **Estou a procura de ...**
Ich möchte ... **Queria ...**
Ich schaue mich nur um **Só estou a ver**
Wie viel kostet das? **Quanto custa?**
Das ist zu teuer **Acho demasiado caro**
Ich nehme dies/diese **Levo este(s)/esta(s)**
Gut/Schlecht **Bom/Mau**
Größer **Maior**
Kleiner **Mais pequeno**
Offen/Geschlossen **Aberto/Fechado**
Ich habe Größe ... in Deutschland **Na Alemania o meu número é ...**

AUSSPRACHE DER STÄDTENAMEN

Armação de Pêra **ar-ma-sau de pe-ru**
Carvoeiro **carve-er-ru**
Faro **fa-ru**
Lagos **la-guusch**
Loulé **lou-ley**
Monchique **mon-tschick**
Olhão **uhl-jou**
Portimão **por-tih-mou**
Praia da Luz **pra-ja da luus**

Reiseatlas

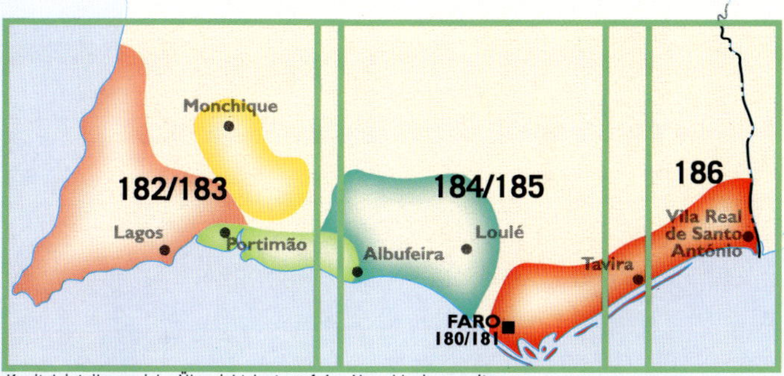

Kapiteleinteilung: siehe Übersichtskarte auf den Umschlaginnenseiten

Reiseatlas

- Staatsgrenze
- Sonstige Grenze
- Hauptstrecke
- Autobahn im Bau
- Hauptstraße
- Hauptstraße im Bau
- Nebenstraße

0 2 4 6 8 10 km

- Naturschutzgebiet
- Stadtgebiet
- Große Stadt
- Wichtige Stadt
- Stadt
- Dorf
- Sehenswürdigkeit (im Text)
- Sehenswürdigkeit

Cityplan

- Hauptstraße
- Nebenstraße
- Stadtmauer

0 50 100 Meter

- Wichtiges Gebäude
- Sehenswürdigkeit (im Text)
- Information

Faro

A
B
C
5
4
3
2
1
Estrada da Senhora da Saúde
Rua Ascenção Guimarães
Rua Manuel Ascenção
Rua do Cercado
Rua Frederico Licor
Rua Rodrigues David
Rua Frei Lourenço de Santa Maria
Rua Cunha Matos
Rua do Alportel
Rua Aboim Ascenção
Rua General
Largo Camões
Rua da Saúde
Rua de Loulé
Rua Cristovão Dória
Rua da Atalaia
Rua de San Sebastião
Rua Gomes Freire
Igreja de São Sebastião
Rua da Abegoaria
Rua da Boavista
Largo da Campo da Feira
Trav Alportel
Capela dos Ossos
Igreja do Carmo
Largo do Carmo
Rua Coelho
Rua Infante D Henrique
Rua Conselheiro Sebastião Teles
Rua Dr Miguel Bombardia
Rua Moagem
Rua Tomaz Ribeiro
Rua Ventura Coelho
Rua Francisco Barreto
Rua Serpa Pinto
agência do correio
Rua Teófilo de Braga
Rua Baptista Pinto
Rua da Madalena
Largo do Poço
Rua do Sol
Igreja de São Pedro
Largo de São Pedro
Rua Baptista Lopez
Largo do Sol Posto
Largo da Estação
estação
Rua do Forno
Rua da Cruz
Largo Madalena
Rua da Barqueta
Avenida da República
Trav da Madalena
Rua Conselheiro Bivar
Trav José Coelho
Rua do Prior
Rua do Comeromisso
Rua Filipe Alistão
Rua José Estavão
Cap Mor
Praça Ferreira de Almeida
estação de camionetas
Museu da Marítimo
Praça Francisco Gomes
Rua 1 de Maio
Rua da Marinha
Rua Ivens
Rua Ten Valdim
Rua D Francisco Gomes
Rua 1 de Dezembre
Porto
Jardim Manuel Bivar
Rua João Dias
Rua Montepio
Rua M Belmarço
Igreja da Misericórdia
Arco da Vila
Rua da Misericórdia
i
Rua do Alberque
Rua do Município
Rua Rasquinho
Paço Episcopal
Largo da Sé
Ciência Viva
câmara municipal
Sé (catedral)
Praça Afonso III
Rua do Repouso
Rua Commandante Francisco Manuel
Galeria do Arco
Rua da Porta
Rua do Arco
Rua do Trem
CIDADE VELHA
Convento de Nossa Senhora da Assunção/Museu Arqueológico
Porta Nova
Galeria do Trem
Largo do Castelo
Rua Nova do Castelo
Muralha da Cidade
Ilha da Culatra

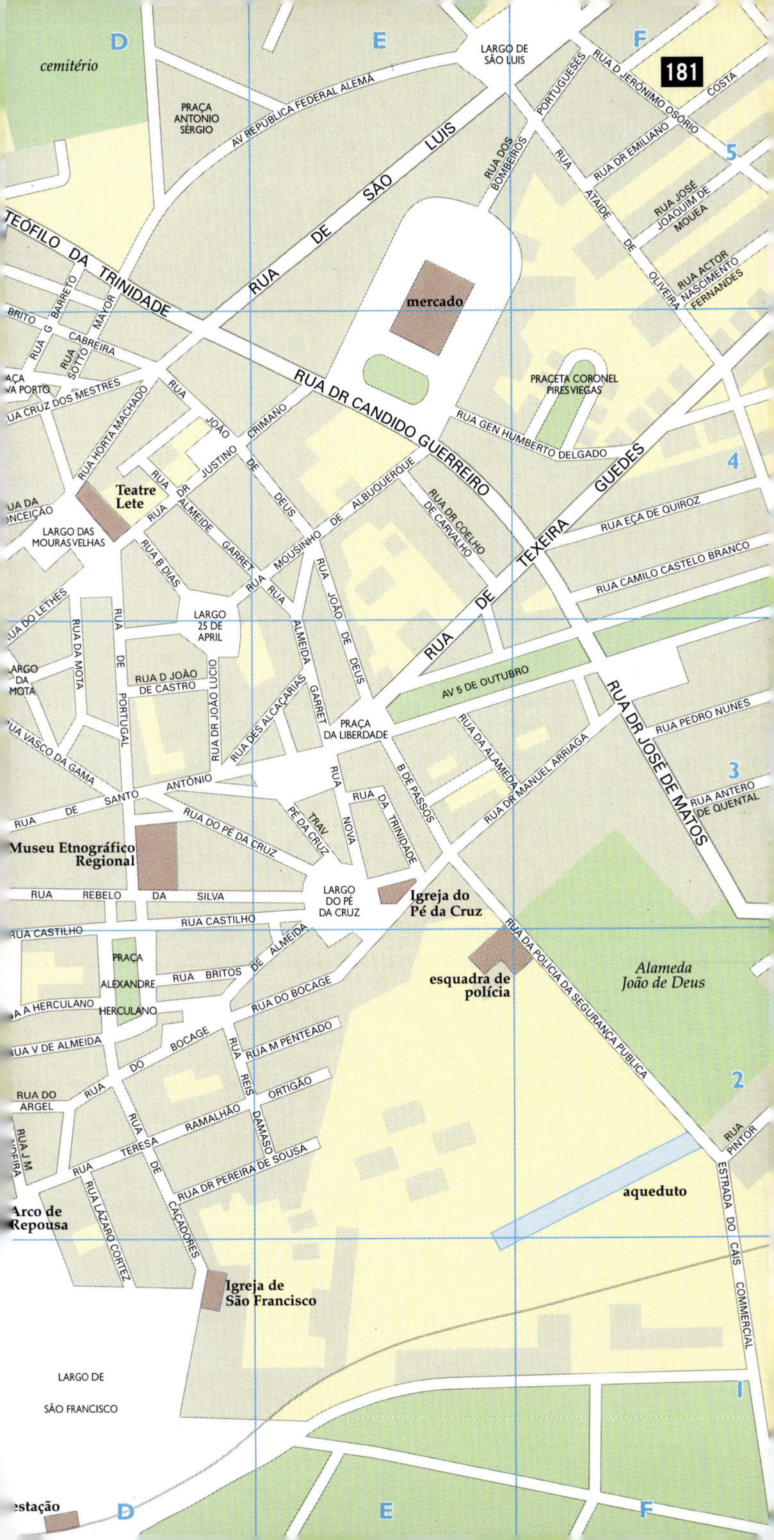
D
E
F
cemitério
LARGO DE SÃO LUIS
PRAÇA ANTONIO SÉRGIO
AV REPUBLICA FEDERAL ALEMÃ
RUA DE SÃO LUIS
RUA DOS BOMBEIROS
PORTUGUESES
RUA D JERÓNIMO OSÓRIO
COSTA
RUA DR EMILIANO
RUA ATAIDE DE OLIVEIRA
RUA JOSÉ JOAQUIM DE MOUEA
RUA ACTOR NASCIMENTO FERNANDES
5
TEÓFILO DA TRINIDADE
mercado
BRITO
RUA G BARRETO
MAYOR
RUA SOTTO
CABREIRA
PRAÇA NOVA PORTO
RUA CRUZ DOS MESTRES
RUA HORTA MACHADO
RUA JOÃO DE DEUS
CRIMANO
RUA DR CANDIDO GUERREIRO
PRACETA CORONEL PIRES VIEGAS
RUA GEN HUMBERTO DELGADO
GUEDES
4
RUA DA CONCEIÇÃO
Teatre Lete
RUA JUSTINO
RUA DR ALMEIDE GARRET
RUA MOUSINHO DE ALBUQUERQUE
RUA DR COELHO DE CARVALHO
RUA DE TEXEIRA
RUA EÇA DE QUIROZ
LARGO DAS MOURAS VELHAS
RUA B DIAS
RUA CAMILO CASTELO BRANCO
RUA DO LETHES
RUA DA MOTA
RUA DE PORTUGAL
LARGO 25 DE APRIL
RUA ALMEIDA GARRET
RUA JOÃO DE DEUS
LARGO DA MOTA
RUA D JOÃO DE CASTRO
RUA DR JOÃO LUCIO
AV 5 DE OUTUBRO
RUA DR JOSÉ DE MATOS
RUA DES ALCAÇARIAS
PRAÇA DA LIBERDADE
RUA DA ALAMEDA
RUA PEDRO NUNES
RUA VASCO DA GAMA
RUA DR MANUEL ARRIAGA
3
RUA DE SANTO ANTÓNIO
RUA NOVA
RUA DA TRINIDADE
B DE PASSOS
RUA ANTERO DE QUENTAL
TRAV PÉ DA CRUZ
RUA DO PÉ DA CRUZ
Museu Etnográfico Regional
LARGO DO PÉ DA CRUZ
Igreja do Pé da Cruz
RUA REBELO DA SILVA
RUA CASTILHO
RUA CASTILHO
RUA DA POLICIA DA SEGURANÇA PUBLICA
PRAÇA ALEXANDRE HERCULANO
RUA BRITOS DE ALMEIDA
esquadra de polícia
Alameda João de Deus
RUA A HERCULANO
RUA DO BOCAGE
RUA V DE ALMEIDA
RUA DO BOCAGE
RUA REIS DAMASO
RUA M PENTEADO
2
RUA DO ARGEL
RUA ORTIGÃO
RAMALHÃO
RUA TERESA DE CAÇADORES
RUA PINTOR
RUA J M MOEIRA
RUA LÁZARO CORTEZ
RUA DR PEREIRA DE SOUSA
aqueduto
ESTRADA DO CAIS COMMERCIAL
Arco de Repousa
Igreja de São Francisco
LARGO DE SÃO FRANCISCO
1
estação

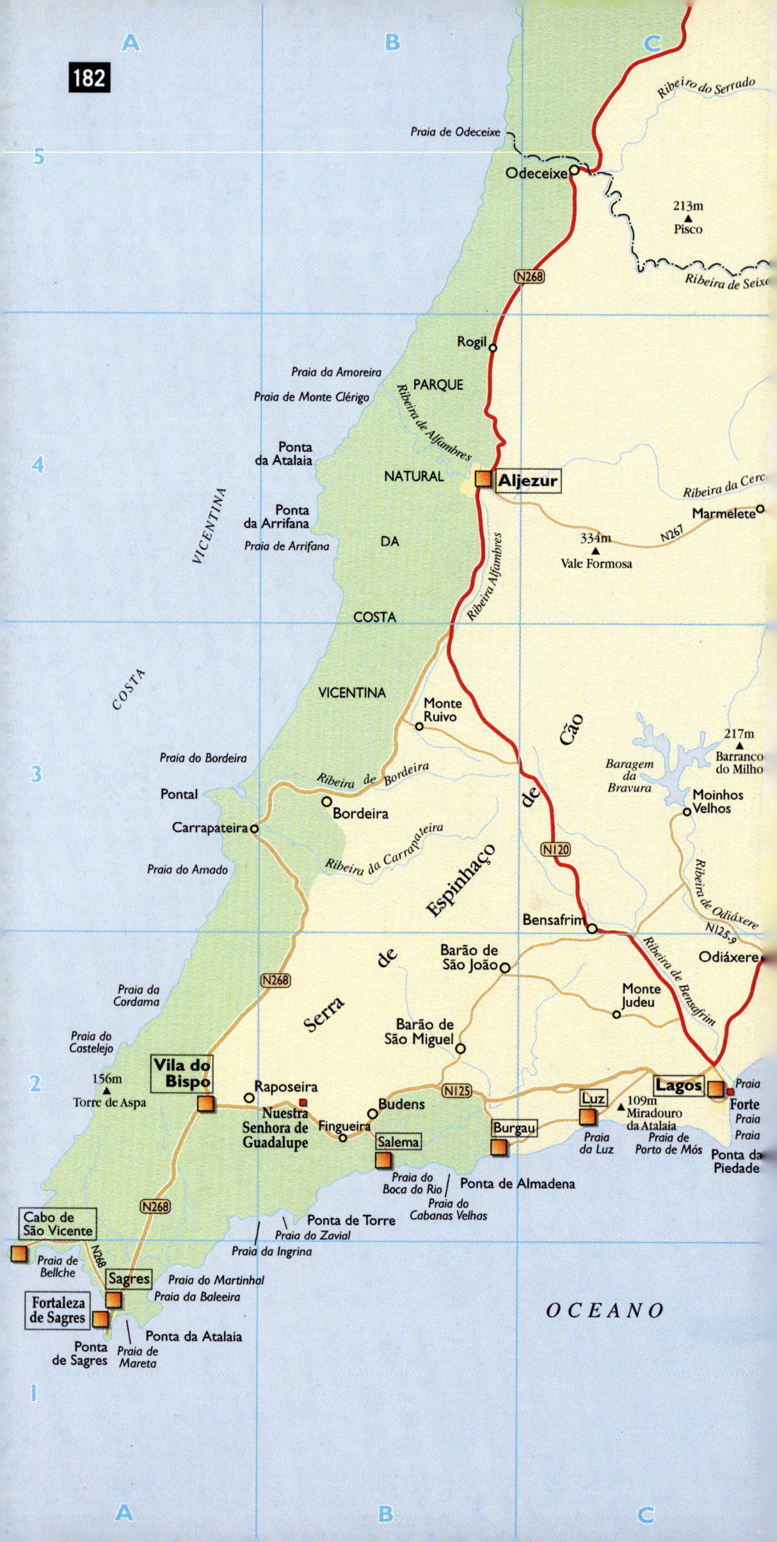

A
B
C
5
4
3
2
1
Praia de Odeceixe
Odeceixe
Ribeiro do Serrado
213m
Pisco
Ribeira de Seixe
N268
Rogil
Praia da Amoreira
Praia de Monte Clérigo
PARQUE
Ribeira de Aljambres
Ponta da Atalaia
NATURAL
Aljezur
Ribeira da Cerc
Marmelete
N267
334m
Vale Formosa
Ponta da Arrifana
Praia de Arrifana
DA
VICENTINA
Ribeira Aljambres
COSTA
COSTA
VICENTINA
Monte Ruivo
Cão
217m
Barranco do Milho
Baragem da Bravura
Moinhos Velhos
Praia do Bordeira
Ribeira de Bordeira
de
Pontal
Bordeira
Carrapateira
Ribeira da Carrapateira
N120
Praia do Amado
Espinhaço
Ribeira de Odiáxere
Bensafrim
N125-9
Barão de São João
Odiáxere
de
Ribeira de Bensafrim
N268
Praia da Cordama
Monte Judeu
Serra
Barão de São Miguel
Praia do Castelejo
Vila do Bispo
156m
Torre de Aspa
Raposeira
Nuestra Senhora de Guadalupe
N125
Budens
Fingueira
Salema
Burgau
Luz
109m
Miradouro da Atalaia
Lagos
Praia
Forte
Praia
Praia
Praia da Luz
Praia de Porto de Mós
Ponta da Piedade
Praia do Boca do Rio
Ponta de Almadena
Praia do Cabanas Velhas
Ponta de Torre
Praia do Zavial
Praia da Ingrina
N268
Cabo de São Vicente
Praia de Bellche
Sagres
Praia do Martinhal
Praia da Baleeira
Fortaleza de Sagres
OCEANO
Ponta de Sagres
Praia de Mareta
Ponta da Atalaia

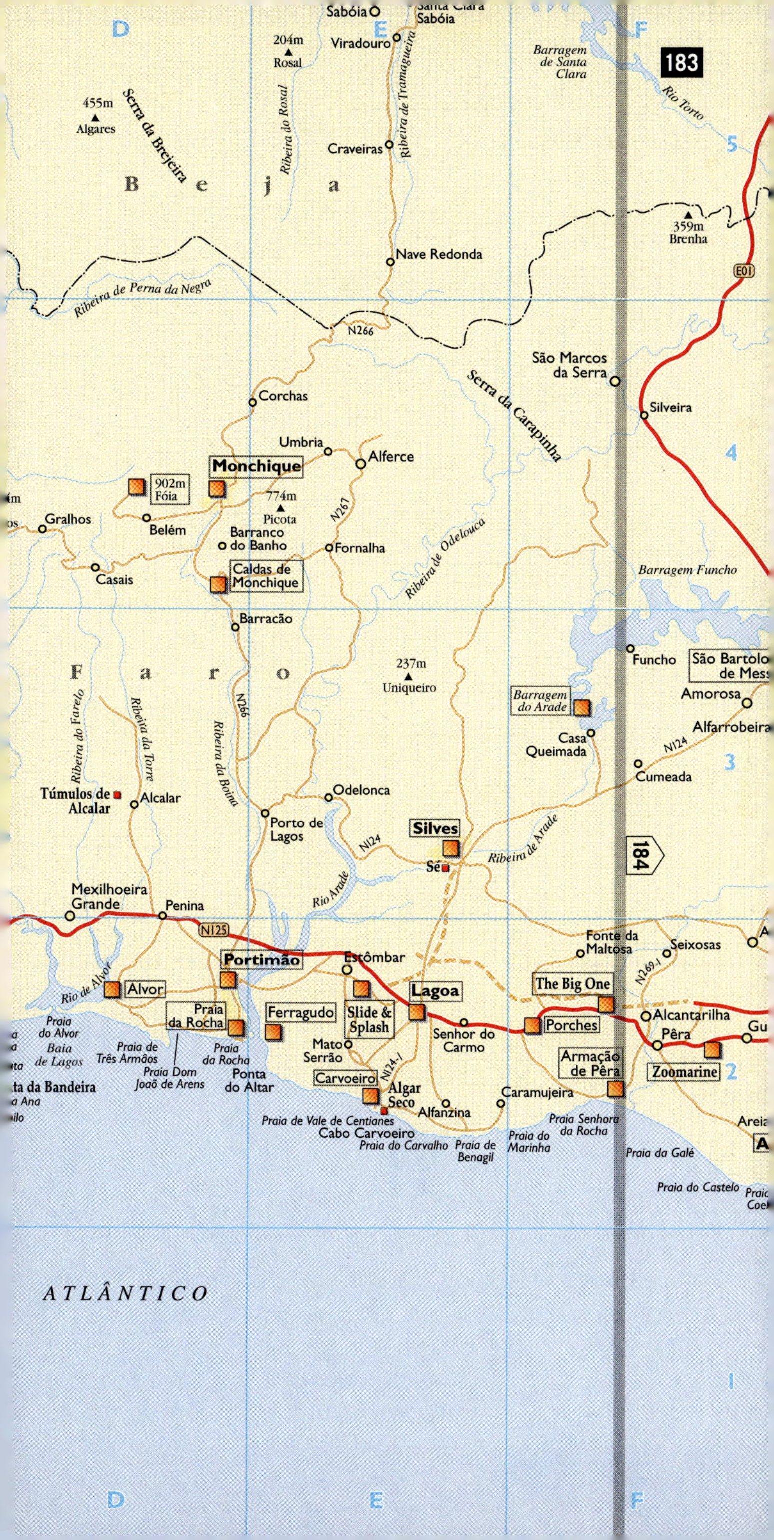
D
E
F
Sabóia
Santa Clara Sabóia
Viradouro
204m Rosal
Barragem de Santa Clara
Rio Torto
455m Algares
Serra da Brejeira
Ribeira do Rosal
Ribeira de Tramagueira
Craveiras
5
B e j a
359m Brenha
Nave Redonda
E01
Ribeira de Perna da Negra
N266
São Marcos da Serra
Serra da Carapinha
Corchas
Silveira
Umbria
Alferce
4
Monchique
902m Fóia
774m Picota
Gralhos
Belém
Barranco do Banho
N267
Fornalha
Ribeira de Odelouca
Casais
Caldas de Monchique
Barragem Funcho
Barracão
Funcho
São Bartolomeu de Messines
237m Uniqueiro
F a r o
Barragem do Arade
Amorosa
N266
Ribeira do Farelo
Ribeira da Torre
Ribeira da Boina
Casa Queimada
Alfarrobeira
N124
Cumeada
3
Túmulos de Alcalar
Alcalar
Odelonca
Porto de Lagos
Silves
N124
Sé
Ribeira de Arade
184
Rio Arade
Mexilhoeira Grande
Penina
N125
Portimão
Estômbar
Fonte da Maltosa
Seixosas
N269.1
Rio de Alvor
Alvor
Praia da Rocha
Ferragudo
Slide & Splash
Lagoa
The Big One
Alcantarilha
Porches
Pêra
Praia do Alvor
Baia de Lagos
Praia de Três Armãos
Praia Dom Joaõ de Arens
Praia da Rocha
Ponta do Altar
Mato Serrão
Senhor do Carmo
Armação de Pêra
Zoomarine
2
Carvoeiro
N124-1
Algar Seco
Alfanzina
Caramujeira
Praia de Vale de Centianes
Cabo Carvoeiro
Praia do Carvalho
Praia de Benagil
Praia do Marinha
Praia Senhora da Rocha
Praia da Galé
Praia do Castelo
ATLÂNTICO
1
D
E
F

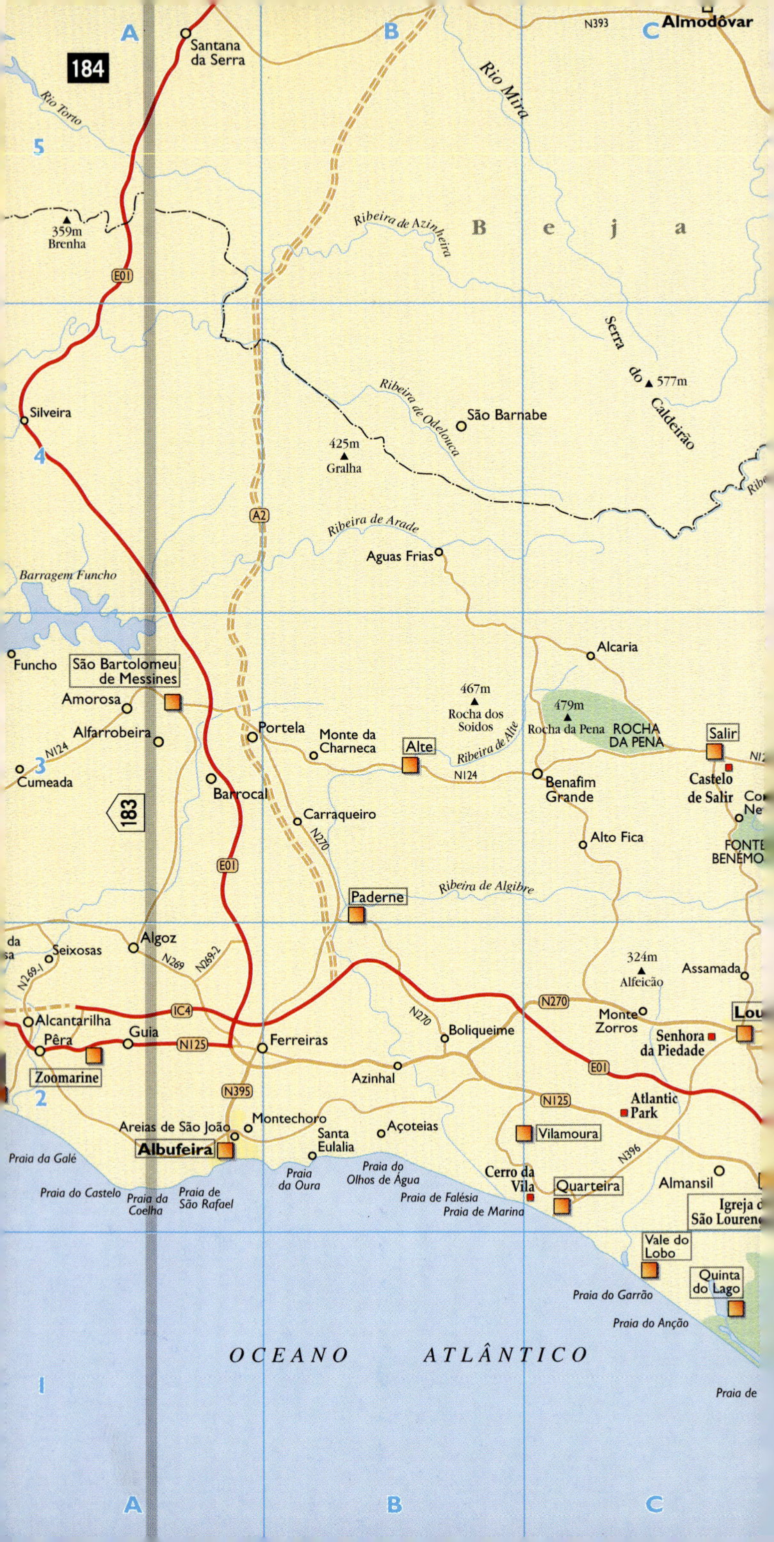
184
183
A
B
C
5
4
3
2
1
Santana da Serra
Almodôvar
N393
Rio Torto
Rio Mira
Ribeira de Azinheira
B e j a
359m
Brenha
E01
Serra do Caldeirão
577m
Silveira
Ribeira de Odelouca
São Barnabe
425m
Gralha
A2
Ribeira de Arade
Aguas Frias
Barragem Funcho
Funcho
São Bartolomeu de Messines
Alcaria
467m
Rocha dos Soidos
479m
Rocha da Pena
ROCHA DA PENA
Amorosa
Alfarrobeira
Portela
Monte da Charneca
Alte
Ribeira de Alte
Salir
N124
Cumeada
Benafim Grande
Castelo de Salir
Barrocal
Carraqueiro
N270
Alto Fica
FONTE BENÉMO
Paderne
Ribeira de Algibre
Algoz
Seixosas
N269
N269-2
N269-1
324m
Alfeicão
Assamada
IC4
N270
Alcantarilha
Monte Zorros
Pêra
Guia
N125
Ferreiras
Boliqueime
Senhora da Piedade
Zoomarine
Azinhal
E01
N395
N125
Atlantic Park
Montechoro
Areias de São João
Açoteias
Vilamoura
Albufeira
Santa Eulalia
N396
Praia da Galé
Praia da Oura
Praia do Olhos de Água
Cerro da Vila
Quarteira
Almansil
Praia do Castelo
Praia da Coelha
Praia de São Rafael
Praia de Falésia
Praia de Marina
Vale do Lobo
Quinta do Lago
Praia do Garrão
Praia do Ancão
OCEANO ATLÂNTICO
Praia de

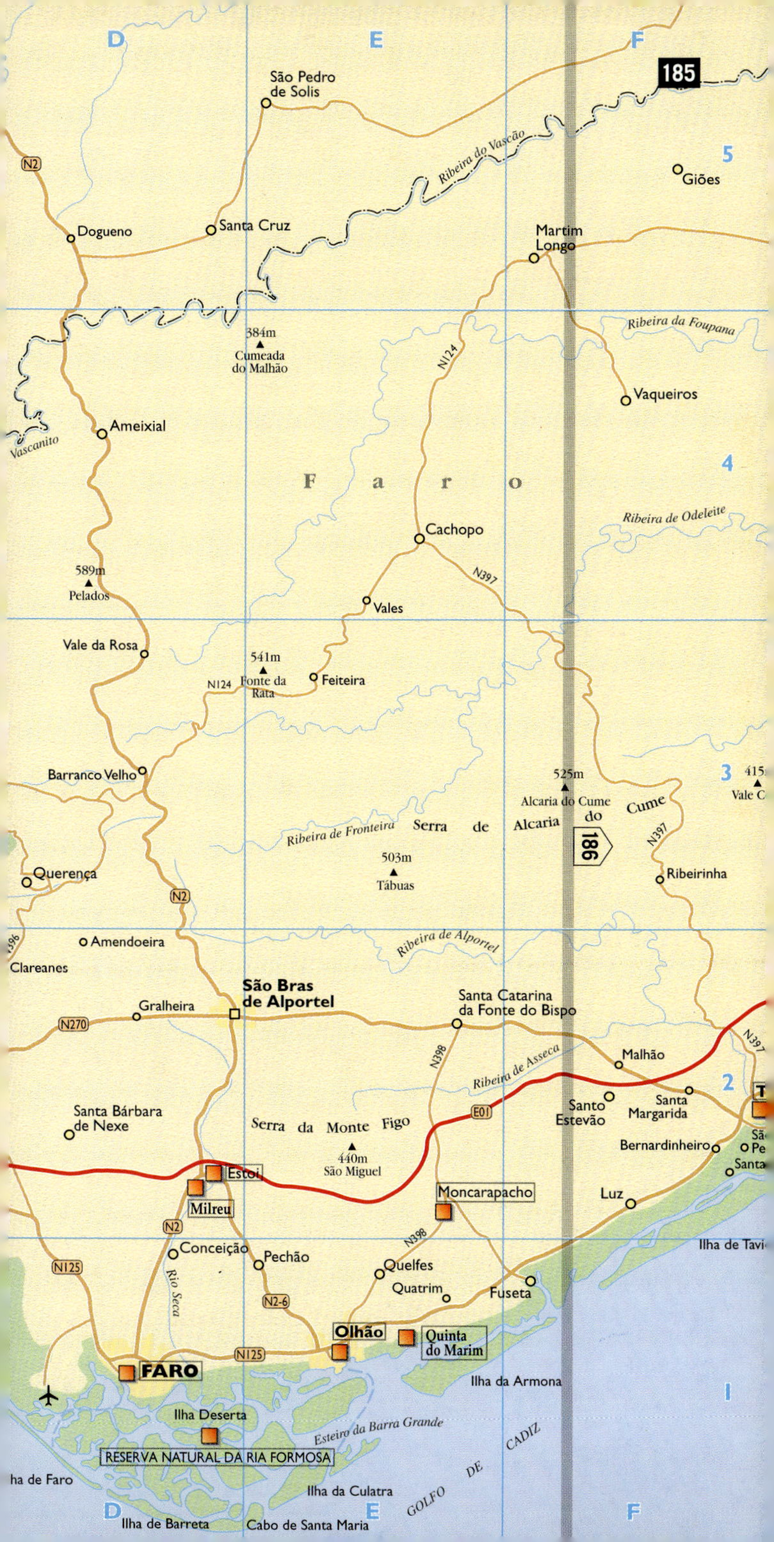

D
E
F
185
São Pedro de Solis
N2
Ribeira do Vascão
5
Giões
Dogueno
Santa Cruz
Martim Longo
384m
Cumeada do Malhão
N124
Ribeira da Foupana
Vaqueiros
Ameixial
Vascanito
4
Faro
Ribeira de Odeleite
Cachopo
589m
Pelados
N397
Vales
Vale da Rosa
541m
Fonte da Rata
Feiteira
N124
525m
Alcaria do Cume
3
Barranco Velho
Serra de Alcaria do Cume
Ribeira de Fronteira
186
N397
503m
Tábuas
Querença
Ribeirinha
N2
Amendoeira
Ribeira de Alportel
Clareanes
São Bras de Alportel
Gralheira
Santa Catarina da Fonte do Bispo
N270
N398
Malhão
N397
Ribeira de Asseca
2
Santo Estevão
Santa Margarida
E01
Santa Bárbara de Nexe
Serra da Monte Figo
440m
São Miguel
Bernardinheiro
Estoi
Milreu
Moncarapacho
Luz
N2
Conceição
Pechão
N398
Ilha de Tavi
N125
Quelfes
Rio Seca
Quatrim
Fuseta
N2-6
Olhão
Quinta do Marim
N125
FARO
Ilha da Armona
1
Ilha Deserta
Esteiro da Barra Grande
RESERVA NATURAL DA RIA FORMOSA
GOLFO DE CADIZ
ha de Faro
Ilha da Culatra
Ilha de Barreta
Cabo de Santa Maria

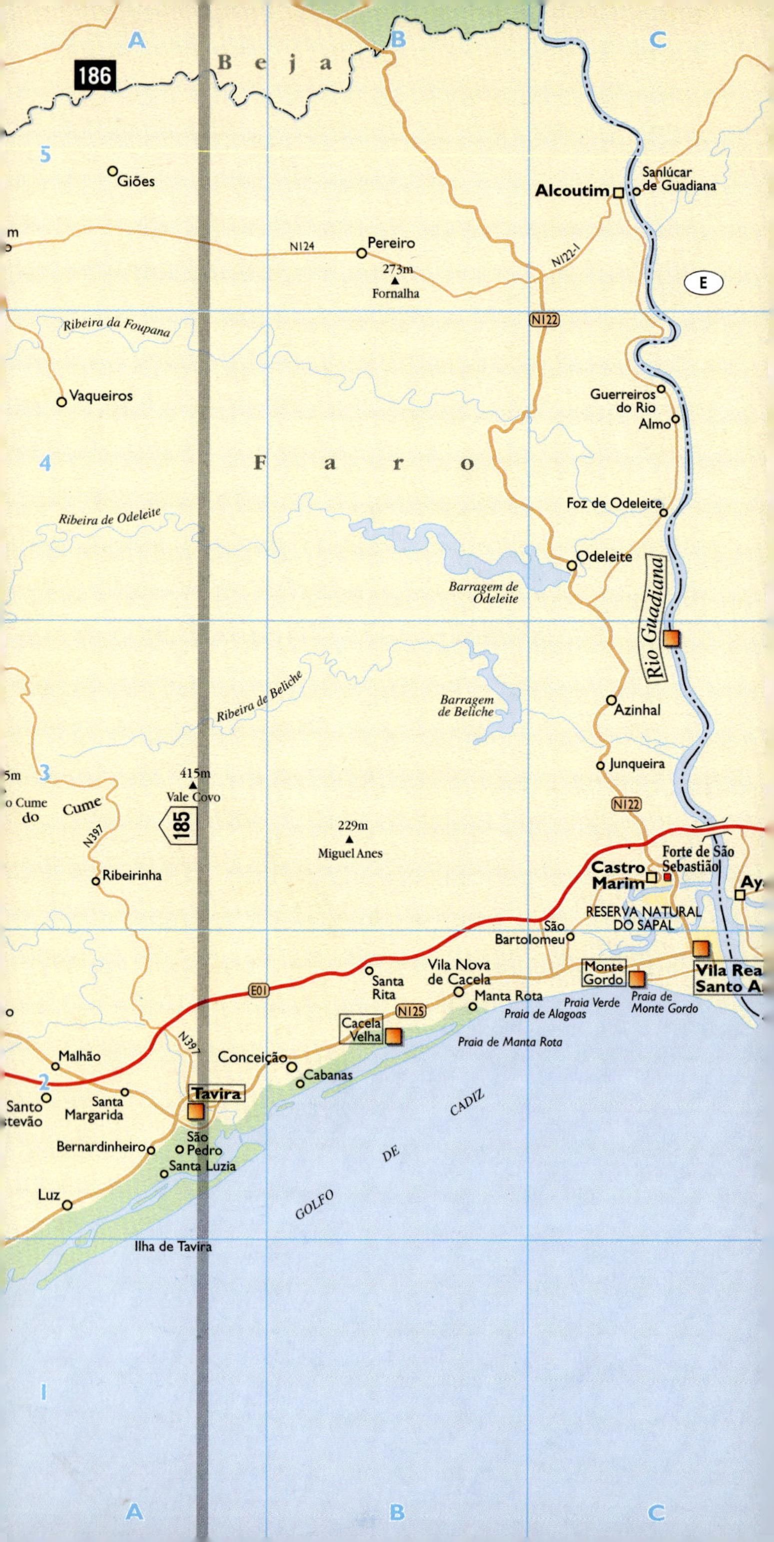

186
Beja
Giões
Pereiro
N124
273m
Fornalha
Alcoutim
Sanlúcar de Guadiana
N122-1
E
N122
Ribeira da Foupana
Vaqueiros
Guerreiros do Rio
Almo
Faro
Ribeira de Odeleite
Foz de Odeleite
Odeleite
Barragem de Odeleite
Rio Guadiana
Ribeira de Beliche
Barragem de Beliche
Azinhal
Junqueira
415m
Vale Covo
185
Cume
N397
Ribeirinha
229m
Miguel Anes
Forte de São Sebastião
Castro Marim
RESERVA NATURAL DO SAPAL
São Bartolomeu
Santa Rita
Vila Nova de Cacela
Monte Gordo
Vila Rea
Santo A
E01
Manta Rota
Praia Verde
Praia de Alagoas
Praia de Monte Gordo
N125
Cacela Velha
Praia de Manta Rota
Malhão
N397
Conceição
Cabanas
Santa Margarida
Tavira
São Pedro
Bernardinheiro
Santa Luzia
Luz
GOLFO DE CADIZ
Ilha de Tavira
A
B
C
5
4
3
2
1

Abbildungsnachweis

Abkürzungen: (o) oben; (u) unten; (l) links; (r) rechts; (m) Mitte.

Die Automobile Association dankt den folgenden Fotografen und Agenturen für ihre Unterstützung bei der Herstellung dieses Buches.

ARDEA LONDON 28 (John Daniels); ART DIRECTORS & TRIP PHOTO LIBRARY 48 (S. Grant), 98o (S. Grant), 104u (T H - Foto Werburg), 120o (F. Bradbury), 128u (J. Bartos), 140 (F. Bradbury); AXIOM PHOTOGRAPHIC AGENCY 8o (Peter M. Wilson); MICHELLE CHAPLOW 3(i), 29o, 93; MARY EVANS PICTURE LIBRARY 6/7, 6; GOLF PICTURE LIBRARY 26/27, 27; PAUL MURPHY 9u, 10, 15o, 16o, 16u, 19or, 21, 30u, 53u, 59u, 72, 81o, 107, 141o, 157, 158, 160l, 163, 166, 169, 170; NATURE PHOTOGRAPHERS LTD 53o (P. R. Sterry), 160u (P. R. Sterry); PHOTONONSTOP Umschlag (m) (J.-Marc Blache); PICTURES COLOUR LIBRARY 18/19, 30o, 82, 131; POPPERFOTO 9o, 13; REX FEATURES LTD 11o, 12ol (Sinead Lynch), 12or (Ray Tang), 12u; TRAVEL INK 130 (Ronald Badkin); THE TRAVEL LIBRARY 14, 17o, 20u, 47m, 85, 123, 126/127; WORLD PICTURES 23.

Die übrigen Fotos befinden sich im Besitz der AA PHOTO LIBRARY und stammen von Caroline Jones mit folgenden Ausnahmen:
Malcolm Birkitt 58, 96u, 98u; Michelle Chaplow 3(iii), 19u, 22o, 44u, 45l, 45r, 52, 54, 59o, 71o, 79u, 84, 103o, 117, 121, 122, 125, 126, 128o, 129o, 129u, 137, 138, 139o, 139u, 141m, 143o, 143u, 144, 146o, 147, 161, 162, 168, 175r; Jerry Edmanson 3(v), 15u, 18or, 19ol, 70, 124o, 145, 156, 171, 175o; Alex Kouprianoff 3(ii), 7, 8u, 24/25, 29or, 29u, 60, 74, 101o, 113, 114, 120u, 127, 141u, 142, 146u; Peter Wilson 14-16 u/unten, 16m.

Danksagung

Paul Murphy möchte den folgenden Personen und Organisationen für Ihre Hilfe bei der Erstellung dieses Buches danken:
Sally Vincent von Casa Grande, Dorothy Boulter von Solar Penguin, Julie Statham von Portugal Walks für ihre Gastfreundschaft und ihren Rat; ein besonderer Dank gilt Josè Aragao vom portugiesischen Tourismusverband für die Beantwortung zahlloser Fragen und für seine Auskünfte speziell zum Thema Golf.

spirallo REISEFÜHRER

Leserbefragung

Ihre Ratschläge, Urteile und Empfehlungen sind für uns sehr wichtig. Wir bemühen uns, unsere Reiseführer ständig zu verbessern. Wenn Sie sich ein paar Minuten Zeit nehmen, diesen kleinen Fragebogen auszufüllen, könnten Sie uns sehr dabei helfen.

Wenn Sie diese Seite nicht herausreißen möchten, können Sie uns auch eine Kopie schicken, oder Sie notieren Ihre Hinweise einfach auf einem separaten Blatt.

Bitte senden Sie Ihre Antwort an:

Spirallo Reiseführer, Falk Verlag, Postfach 31 51, D-73751 Ostfildern
E-Mail: spirallo@mairs.de

Über dieses Buch …
spirallo Reiseführer ALGARVE

Wo haben Sie das Buch gekauft? ____________________

Wann? __ __ / __ __ (Monat / Jahr)

Warum haben Sie sich für einen Titel dieser Reihe entschieden? ____________________

Wie fanden Sie das Buch?

Hervorragend ☐ Genau richtig ☐ Weitgehend gelungen ☐ Enttäuschend ☐

Können Sie uns Gründe angeben?

Bitte umblättern …

Hat Ihnen etwas an diesem Führer ganz besonders gut gefallen?

Was hätten wir besser machen können?

Persönliche Angaben

Name

Adresse

Zu welcher Altersgruppe gehören Sie?

Unter 25 ☐ 25–34 ☐ 35–44 ☐ 45–54 ☐ 55–64 ☐ Über 65 ☐

Wie oft im Jahr fahren Sie in Urlaub?

Seltener als einmal ☐ Einmal ☐ Zweimal ☐ Dreimal oder öfter ☐

Wie sind Sie verreist?

Allein ☐ Mit Partner ☐ Mit Freunden ☐ Mit Familie ☐

Wie alt sind Ihre Kinder? _____

Über Ihre Reise …

Wann haben Sie die Reise gebucht? Monat / Jahr

Wann sind Sie verreist? Monat / Jahr

Wie lange waren Sie verreist?

War es eine Urlaubsreise oder ein beruflicher Aufenthalt?

Haben Sie noch weitere Reiseführer gekauft? ☐ Ja ☐ Nein

Wenn ja, welche?

Herzlichen Dank dafür, dass Sie sich die Zeit genommen haben, diesen Fragebogen auszufüllen.

Das Magazin

Beim Spaziergang durch das historische Lagos stoßen Sie auf drei Statuen. Zwei davon – Prinz Heinrich (1394–1460) und Gil Eanes (ca. 1400–88) – sind ganz gewöhnlicher Art: tapfere Burschen, an die aus gutem Grund erinnert wird. Doch die dritte Statue ist rätselhaft. Stellt sie einen Weltraumfahrer, einen Gartenkobold oder einfach ein echtes Original mit komischem Hut und Motorradhandschuhen dar? Auf der Tafel steht: König Sebastian. Aber einen weniger königlichen Anblick haben Sie wohl nie gesehen. Wir kommen noch auf ihn zurück.

Lagos

Zwei Helden und ein Schurke

An der Wende zum 15. Jahrhundert, als die Erde noch flach war, die Seeleute nach den Sternen navigierten und Schiffe verschlingende Seeungeheuer gleich hinter dem Horizont lauerten, war es ein gigantischer Schritt für die Menschheit, sich vom *O Fim do Mundo* (Ende der Welt), wie der westlichste Punkt der Algarve damals genannt wurde, auf das offene Meer hinauszuwagen. Solch eine Expedition erforderte Mut, Wissen – und auch ein paar Escudos.

Heinrich der Seefahrer

Infant Henrique oder Prinz Heinrich besaß nicht nur diese Qualitäten. Als einer der ersten wirklichen Verfechter der Renaissance in Portugal tat er sich mit 18 Jahren dadurch hervor, dass er einen erfolgreichen Überfall auf die Mauren in Ceuta in Nordafrika organisierte. Aber er war weder Soldat noch Seemann – Ceuta war nur der am weitesten entfernte Ort, zu dem er je gelangt war. Heinrich war ein Visionär, der Portugals Zeitalter der Entdeckungen eröffnete.

Heinrichs Palast befand sich in Lagos, doch aus Gründen der Geheimhaltung verlagerte er seinen Standort so weit wie möglich nach Westen und gründete die kleine Stadt Vila do Infante (heute Sagres, ➤ 123ff, 130). In dieser absolut geheimen Forschungsstation versammelten sich unter Heinrichs Führung große Denker, um ihr Wissen über Astronomie, Kartografie, Schiffsbau, Handel und andere Wissensgebiete zusammenzutragen. Hier wurde die *caravela* geboren: die Karavelle, ein Schiffstyp, durch den sich die Portugiesen im Wettlauf der Entdeckungen vor England und Spanien katapultierten.

Oben: Ein Hofchronist überlieferte, dass »Heinrich bei denen, die ihn nicht kannten, Angst auslöste«

Vorhergehende Seite: Die Herrschaft König Sebastians war eine Katastrophe

Doch es war der zweite unserer beiden Helden, Gil Eanes, der den ersten großen Durchbruch schaffte. Ihm gelang 1434 die Umrundung des gefürchteten Kap Bojador (vor der Westküste Afrikas, südöstlich der Kanarischen Inseln), das damals als der äußerste Rand der Welt galt. Das Gebiet zum Äquator hin war die »Glutzone«, in der die Schiffe, so die Überzeugung, verglühen würden, wagte man sich zu weit nach Süden.

In Heinrichs Ära wurden Expeditionen zur Entdeckung Madeiras, der Azoren und der Kapverdischen Inseln unternommen, doch die großen Reisen seiner berühmten Schüler Magellan, Vasco da Gama und Cabral (siehe Kasten unten), die das portugiesische Weltreich begründeten und das Land auf den Höhepunkt seiner Macht führten, erlebte er nicht mehr.

Die Herrschaft König Sebastians

Weniger als ein Jahrhundert nach Prinz Heinrichs Regentschaft führte König Sebastian das Land in seine tiefste Talsohle. 1554 geboren, bestieg er noch als Kind den Thron. Häufig ist er als labiler, eigensinniger, idealistischer ritterlicher Narr beschrieben worden, der älteren Beratern keine Beachtung schenkte. Es

Als vier Schiffe unter Vasco da Gama erfolgreich das Kap der Guten Hoffnung umsegelt hatten, war der Weg Portugals zu einer bedeutenden Handelsmacht frei

Das Vermächtnis Heinrichs des Seefahrers

- Vasco da Gama entdeckte zwischen 1497 und 1499 den Seeweg nach Indien.
- Pedro Alvares Cabral entdeckte 1500 Brasilien und nahm es ein.
- Die erste Weltumsegelung Ferdinand Magellans fand zwischen 1519 und 1522 statt.

heißt auch, dass Minderwertigkeitsgefühle an ihm nagten und er sich vielleicht deshalb in einem Kreuzzug gegen die Mauren zu beweisen suchte. Jedenfalls segelte er 1578 mit einer Streitmacht von 20 000 Mann von Meia Praia (► 121) an die marokkanische Küste. Doch seine Schiffe wurden unterwegs abgefangen, und seine Vorräte gingen verloren. Für einen Kampf in der Hitze schlecht gerüstet und zahlenmäßig unterlegen, wurden die »Kreuzritter« bei Alcacér-Quibir geschlagen. Rund 8000 Mann, einschließlich Sebastians und der gesamten Spitze des portugiesischen Adels, wurden getötet und über 10 000 gefangen genommen. Nur 100 kehrten nach Portugal zurück. Die Lösegeldforderungen der Sieger waren erdrückend, und bald fiel das Land unter spanische Herrschaft.

Doch die Erinnerung an Sebastian blieb. Nach seiner Niederlage behaupteten jahrelang verschiedene Betrüger, der König zu sein, und es entstand ein regelrechter Sebastianismus, bei dem die Erfahrung von Nordafrika einfach verdrängt wurde und man sich an jeden Strohhalm zur Befreiung von den Spaniern klammerte. Obwohl das Joch des Nachbarn bereits 60 Jahre später abgeschüttelt werden konnte, setzte sich dieser Kult – heraufbeschworen, wann immer das Land schwierige Zeiten erlebte – erstaunlicherweise bis ins 20. Jahrhundert fort. Für manche wird der Kult durch die umstrittene, ziemlich lächerlich wirkende Statue in Lagos mit in das Weltraumzeitalter genommen, doch für die meisten ist sie einfach ein Stück »moderne Kunst«.

Unten: Einst legte Schlachtschiffe von Lagos ab – heute sind hier Tretboote unterwegs
Ganz unten: Mit Hilfe der *caravela* gewannen die Portugiesen den Wettlauf in ferne Länder

Ausspruch des jungen Christoph Kolumbus:

»Die Glutzone kann nicht unbewohnbar sein, wenn die Portugiesen täglich dort hin- und zurücksegeln.«

Algarve-Erinnerungen

Dorothy Boulter und Sally Vincent sind Wegbereiterinnen des Tourismus in der Algarve. Auch wenn sie nicht gern daran erinnert werden möchten, kümmern sich diese langjährigen Hoteliers zusammengerechnet seit fast 70 Jahren um Unterkunft und Verpflegung von Besuchern.

Oben: Die sagenhaften Strände waren immer schon die Hauptanziehungspunkte der Algarve
Unten: Dorothy: »Als ich das erste Mal nach Portugal kam, wusste ich nur, dass es ein kleines Land ist und dass hier Weintrauben wachsen!«

Dorothy Boulter und der Sonnenpinguin

Dorothy kam 1962 mit dem Schiff aus Tanganjika (heute in Tansania) in Portimão an, zusammen mit ihrem Mann Royston und sieben kleinen Kindern. Sie weiß noch, mit welch freundlicher Neugierde die Einheimischen sie begrüßten und wie sie voller Stolz durch die florierenden Sardinenfabriken Portimãos geführt wurden.

Von den Möglichkeiten im benachbarten Praia da Rocha überzeugt, kauften Dorothy und Royston eine verfallene Pension in sagenhafter Lage auf einer Klippe direkt über dem Meer. 1918 auf einem alten Schlossgelände erbaut, hatte sie der Vorbesitzer rätselhafterweise Solar Penguin getauft. Der Name wurde beibehalten, das Haus renoviert (»wir hatten viel Spaß dabei«), und seither lebt Dorothy hier.

In den Sechzigerjahren säumten großartige Villen die Küste, dazu ein paar Hotels und ein einziges Lebensmittelgeschäft. Kein Restaurant weit und breit; und Nachtleben gab es nur im Kasino. Alles war »ganz schicklich, kein Billigtourismus«, erinnert sich Dorothy sehnsüchtig. Autos waren damals in dieser Region eine Neuheit, und die einzige öffentliche Transportmöglichkeit war die *carroca* – ein Pferd und ein Wagen –, die zwischen Portimão und Praia da Rocha verkehrte und bis zu zehn Passagiere für eineinhalb Escudos pro Fahrgast beförderte.

Im Lauf der Jahre hat Dorothy Besucher aus jeder Ecke der Welt beherbergt, doch der *Sonnenpinguin* bleibt ein sehr englisches Fleckchen Erde in einem fremdländischen Umfeld. Besonders stolz ist sie auf den Tag, an dem Feldmarschall Montgomery sie im *Pinguin* besuchte.

(Weitere Informationen über das Hotel ➤ 108).

Sally:
»Wir hatten hier schon Jerry Hall, Bryan Ferry und einen Diplomaten des Vatikans, allerdings nicht alle auf einmal!«

Sally Vincent und die Casa Grande

Sally Vincent landete 1972 in Burgau (etwas westlich von Lagos). Schauspielerin von Beruf und in jeder Hinsicht eine ausgeprägte Persönlichkeit, hatte sie sich von Chicago aus die Algarve als ein damals unterentwickeltes europäisches Land für einen neuen Start ausgesucht. Der Wechsel von den vielen Lichtern der USA zur Casa Grande – einem großen heruntergekommenen Landsitz in einem kleinen Dorf, ohne Elektrizität und fließendes Wasser – kam einem Kulturschock gleich. Doch Sally passte sich schnell an und machte aus der Not eine Tugend: Sie kaufte eine Kuh und versorgte die Dorfbewohner mit frischer Milch. Zusätzlich unterhielt sie eine »Flotte« von 13 Eseln, um ihren Gästen und anderen Touristen Trekkingtouren anbieten zu können.

»Ein wunderschöner Platz, um Kinder großzuziehen«, lacht Sally, »keine Kriminalität und insgesamt sieben Autos in ganz Lagos.« Doch die medizinische Versorgung war genauso primitiv, und sie erinnert sich noch gut an die unter Äthernarkose durchgeführte Blinddarmoperation ihrer Tochter.

Anfangs sprach sie nur wenig Portugiesisch und verständigte sich mit ihren acht Ange-

Die weißen Wohnblöcke von Praia da Rocha sind typisch für die moderne Algarve-Küste

So war's

stellten weitgehend durch Zeichensprache und Piktogramme. Doch vor allem durch ihre quirlige Art wurden sie und ihr Mann rasch in die Dorfgemeinschaft aufgenommen – »die Casa Grande war damals für das Dorf eine Art Clubhaus«.

Wenige Monate nach ihrer Ankunft brach die portugiesische Revolution aus und erleichterte der Casa Grande ihren Start, da nun viele ausländische Besitzer hiesiger Hotels und Restaurants von Feindseligkeit oder gar Verstaatlichung bedroht waren, in der Casa Grande liefen die Geschäfte jedoch weiter wie immer. An zwei Besucher, Agenten einer großen Fastfood-Kette, im Jahr 1972 erinnert sich Sally noch ganz genau. Vertrieben von der Revolution, tauchten sie einige Jahre später weiter östlich wieder auf, wo sie schließlich Läden gründeten und so der Kommerzialisierung mitten in der Algarve Vorschub leisteten.

Heute ist die Casa Grande nicht mehr das einzige Hotel im Dorf, und Sallys unverbauten Seeblick gibt es auch nicht mehr, aber Burgau ist immer noch ein kleiner verschlafener Ort, der jetzt dem geschützten Costa-Vincentina-Nationalpark angeschlossen ist.

(Weitere Informationen über das Hotel ➤ 132 .)

Ab 1965 gesellten sich Pauschalurlauber zu den Einheimischen an den Stränden der Algarve

Promis hinter Sonnenbrillen

Zur Mittagszeit in Gigis Restaurant in Quinta do Lago: Zwar ist es nicht das erste Mal, dass jemand zum Essen buchstäblich hereingefallen kommt, doch der Hubschrauber löst dann doch die eine oder andere Kopfbewegung aus. »Sie haben reserviert, mein Herr?«, fragt der Namen gebende Besitzer. »Wir sind heute – wie fast jeden Tag – ausgebucht.« Verlegene Blicke, und ein paar Minuten später schwebt der Hubschrauber wieder in die Luft. Bei der Sorte Kundschaft, die Quinta do Lagos bietet, kann Senor Gigi es sich leisten, wählerisch zu sein.

»Quinta« (► 83) ist in der Algarve der Platz schlechthin für eine Prominentenschau. Luxuriöse Häuser in weitläufiger Umgebung mit erstrangigen Sportanlagen direkt vor der Haustür ziehen seit langem die Reichen und Berühmten dieser Welt an. Madonna, Bon Jovi und Brad Pitt werden alle mit dieser Gegend in Verbindung gebracht. Meist kann man sich angesichts vieler Gerüchte nur auf das Wort eines

George Michael, Sir Paul McCartney (oben) und Prinz Rainier (unten) sind nur einige der Gefeierten, die die Algarve besuchen

Luis Figo, der berühmteste Sportler Portugals der vergangenen 30 Jahre

anderen verlassen, bis man einen Star wirklich selbst gesehen hat. Ein Teil der Anziehung Quinta do Lagos besteht in der Kunst, seine Berühmtheiten mit einem Mantel der Verschwiegenheit zu umgeben: Versuchen Sie nur einmal, durch einen Hotelportier etwas über sie zu erfahren!

Ganz in der Nähe, bei Porches, wurden Sean Connery, Prinz Rainier und Prinzessin Caroline beim Einkaufen von Töpferwaren gesehen, während der Popsänger Cliff Richard, der ein Haus nahe Guia hat, regelmäßig anzutreffen ist. Weitere englische Musikstars mit Häusern in der Algarve sind Paul McCartney (bei Lagos) und George Michael (bei Luz).

Die Algarve ist natürlich auch eine Attraktion für Sportcracks und ihre Fans, allen voran Luis Figo, der portugiesische Nationalheld. Er besitzt ein Restaurant mit Bar an der vordersten Ecke am Hafen von Vilamoura (➤ 76).

Im Bereich der Literatur und der Kunst hat die Algarve weniger zu bieten, auch wenn es in den Dreißigerjahren der Schlupfwinkel vieler Schriftsteller und Intellektueller war, insbesondere der französischen Autorin Simone de Beauvoir, die sich regelmäßig im Café Aliança in Faro (➤ 63) sehen ließ. Heute wird die Tradition durch den deutschen Romanschriftsteller, Dramatiker und Dichter Günter Grass, den Nobelpreisträger für Literatur im Jahr 1999, aufrechterhalten, der eine Sommerresidenz in Portimão hat.

Wo man sonst noch Reiche und Berühmte sehen kann

Hotel Vilajoya in der Nähe von Albufeira: einst Altkanzler Willy Brandt und Cliff Richard (➤ 87).
Hotel La Reserve, Santa Bárbara de Nexe: die spanische Königsfamilie und den portugiesischen Präsident, Jorge Sampaio. 185 D2
Vila Lara Hotel bei Armação de Pêra. 183 F2.

Keramik und die Kelten

Keramikmassenware, die entlang der Hauptstraßen angeboten wird, unterscheidet sich in vielem von der sorgfältig gearbeiteten *olaria*, die in Porches angefertigt wird

Wer je in der Algarve eingekauft hat, wird bestätigen können, dass man hier hervorragende Töpferwaren bekommt – und wer darum weiß, wird Ihnen als Keramikzentrum (*olaria* oder *cerâmica*) das Dorf Porches benennen. Gibt es etwas Typischeres aus Portugal als Keramik aus Porches? Hierzu ist noch eine Geschichte zu erzählen – von einem Iren, einem Portugiesen, drei Töchtern und einem Schotten.

Als der versierte irische Künstler Patrick Swift aus Dublin 1962 in die Algarve kam, stellte er zu seinem Entsetzen fest, dass das Töpfererbe der Region (das auf die Römer zurückging) dem neuen Plastikzeitalter zum Opfer gefallen war. Von der einstmals blühenden Industrie waren gerade drei kleine Töpfereien übrig geblieben. Gemeinsam mit dem portugiesischen Künstler Lima de Freitas beschloss Swift, diese Tradition neu aufleben zu lassen. Ihr Ziel war nicht nur, neue Kunstwerke zu kreieren, sondern auch durch die Produktion von hochwertigen Originalsouvenirs aus der Gegend für die Menschen vor Ort neue Arbeitsplätze zu schaffen. Zusammen mit Töpfern und

Malern aus der Region eröffneten sie 1968 die Olaria de Porches (Töpferei von Porches).

Ein unverwechselbarer Stil

Um einen speziellen Stil auszuprägen und auch Wettbewerbsvorteile gegenüber den billigen Tonwaren aus Nordportugal zu erringen, die den Süden überschwemmten, ließen sie die aus maurischen Zeiten stammende, 1000 Jahre alte Majolika-Technik wiederaufleben. Hierbei wird die Töpferware erst mit einer Glasur überzogen und vor dem zweiten Brennen mit Oxidfarben direkt auf der Oberfläche bemalt. Dadurch erhält man ein tieferes, kräftigeres und haltbareres Ergebnis.

Muster und Motive aus Vergangenheit und Gegenwart der Algarve inspirierten die beiden Künstler. So ist beispielsweise der auffallende, langschwänzige Vogel auf vielen ihrer Werke phönizischen Ursprungs, und ihre farbenprächtigen Blumen, Früchte und Blätter sind heute an jeder Straßenecke zu sehen. Achten Sie auch auf den Algarve-Hasen und einen mageren Jagdhund, ebenfalls aus der Zeit der Mauren.

Klare, frei fließende Pinselstriche unterschieden die Olaria de Porches von ihren Konkurrenten, die starr ihre Massenproduktionstechnik einsetzten. Swift und de Freitas verwendeten nur die besten Glasuren und Farben, und im Laufe der nächsten zehn Jahre wurde Porches zum Inbegriff hochwertiger Keramik (➤ 111).

Die Tradition lebt weiter

Patrick Swift starb 1983, Lima de Freitas 1998, doch ihre Techniken leben durch Patricks Frau, Oonagh, und seine beiden Töchter, Stella und Julie, fort. Sie führen das Geschäft weiter und beschäftigen elf Leute aus der Region.

Die dritte Tochter, Kate Swift, hat den Schoß der Familie verlassen, um sich als Keramikmalerin einen internationalen Ruf aufzubauen. Kates herausragende Arbeiten sind freie Interpretationen von altertümlichen iberischen, islamischen und präislamischen Motiven. Jedes Stück ist einmalig, ohne jede Schablone oder andere Wiederholungstechniken gefertigt.

Oben: In Julie Swift lebt der Anspruch ihres Vaters an hochwertige Töpferware fort

Unten: Entlang der ganzen N125 werden massenproduzierte Tonwaren angeboten

Majolika-Technik
Das Majolika-Verfahren hat seinen Namen von der Insel Mallorca – einem der Ursprungsorte dieser Technik. Die Farbpalette besteht aus den vier natürlichen Grundtönen: Blau (Kobaltoxid), Grün (Kupferoxid), Gelb (Antimonoxid) und Rot (Manganoxid).

Links: Frisch gebrannte Tonwaren
Unten: Kunstvolle *azulejos*

Derzeit arbeitet sie in Silves im Estúdio Destra (➤ 151).

Ähnlich wie Kate arbeitet Ian Fitzpatrick, der ebenfalls unter kaltem keltischem Himmel aufgewachsen ist. Ian, ein Schotte, kam – frisch dem Dundee Art College entsprungen – 1981 nach Porches, um sich mit Jorge Mealha zusammenzutun. Dieser hatte mit Patrick Swift gearbeitet, bevor er im Alleingang an der Stelle, wo die Olaria de Porches 1968 gegründet wurde, die Olaria Velha (Alte Töpferei) aufbaute. Jorge zog 1983 aus, und Ian übernahm die Räumlichkeiten unter dem neuen Namen Olaria Pequena (Kleine Töpferei). Ians Stil ist lebhaft, kräftig, einfach und farbenprächtig, und indem er weiterhin aus den Naturerzeugnissen der Region – Oliven, Fische, Orangen und Zitronen sind immer wiederkehrende Themen – seine Motive schöpft, fertigt er auf unverwechselbare Weise südeuropäisches Kunsthandwerk.

Ein Teller aus dem Estudio Destra

Kostproben aus der Algarve

Grill am Kai in der Bucht von Portimão

Sardinen und andere Fische

Es wurde einmal gesagt, dass der Geruch von auf Holzkohle gegrillten Sardinen der Duft der Algarve schlechthin sei, der, obwohl er nicht in Flaschen abgefüllt wird, doch länger in der Nase bleibt, als die Sonnenbräune anhält. Angeblich werden die Sardinen ja nur in Portimão richtig zubereitet, doch das ist natürlich Unsinn. Der Besuch des berühmten »Sardinen-Kais« (➤ 100f) der Stadt lohnt sich: Hier werden – wie in vielen anderen Orten entlang der Küste – die Fische an Land geholt und sofort gekocht.

Wenngleich die Portugiesen auch Sardinen mögen, gilt ihre Liebe aber dem *bacalhau* (ausgesprochen: »berkeljau«), dem getrockneten und gesalzenen Kabeljau (➤ 29). Bei den Besuchern beliebter ist allerdings *caldeirada*, ein deftiger *bouillabaise*-artiger Eintopf mit Tomaten und Pfeffer.

Die Küche der Kolonien

Im südlichen Portugal gibt es kaum kulinarische Vermächtnisse aus dem Kolonialreich – die einzige augenfällige Erinnerung ist der kleine, hellrote Chilipfeffer *piri-piri* (meist aus Angola), mit dem das Öl für Hühner-*piri-piri* gewürzt wird. *Piri-piri*-Soße steht auch als Gewürz auf dem Tisch; milde Suppen und Eintöpfe lassen sich damit ausgezeichnet würzen – aber gehen Sie vorsichtig damit um! Sowohl das Öl als auch die Pfefferschoten – wie zu einer Halskette aufgefädelt – werden auf den örtlichen Märkten feilgeboten. Hühner-*piri-piri* gibt es inzwischen überall in der Algarve, es wird aber besonders mit den Monchique-Bergen in Verbindung gebracht. Einer der besten Orte

Der allgegenwärtige *piri-piri*-Pfeffer, hier auf dem Markt von Loulé

zum Ausprobieren ist Guia in der Nähe von Albufeira, wo sich mehrere preiswerte Restaurants auf gebratenes Huhn spezialisiert haben.
Currygerichte – aus Goa oder Mosambik – sind schwieriger zu finden. Versuchen Sie es im Safari in Praia da Rocha (► 96) oder im sehr speziellen Kudissanga in Tavira (► 51), wo ausschließlich Gerichte aus den früheren afrikanischen Kolonien angeboten werden.

Feijoada, ein dicker Eintopf aus verschiedenen Schweinefleischsorten, Speck, Wurst und Bohnen, kommt aus Brasilien. Diese wärmende Bauernmahlzeit findet man vor allem im Frühling und im Herbst in eher ländlich-rustikalen Lokalen. Ebenso aus Brasilien stammen das beliebte Getränk *caipirinha* (ein Cocktail aus weißem Rum oder Zuckerrohrschnaps, Limonen und Zucker) und der portugiesische Kaffee.

Maurische Einflüsse

Dass die Mauren Feigen, Orangen und Zitronen und ihre zuckersüßen, auf Ei und Marzipan basierenden Leckereien in die Algarve brachten, ist allgemein bekannt – weniger jedoch, dass sie auch die *cataplana* erfunden haben. Diesen wie eine Venusmuschel geformten einfachen Schnellkochtopf sieht man manchmal in Touristengeschäften in hochglanzpoliertem Kupfer, doch normalerweise steht er auf den Restauranttischen in einer silbrigen, etwas zerbeulten Form. Egal – wenn der Klappdeckel aufspringt und der aromatische Dampf von Venusmuscheln, *chouriço* (würzige Wurst), Wein, Knoblauch, Petersilie, Zwiebeln, Tomaten und Schweinefleisch wie ein maurischer Dschinn hervorquillt, um die wartenden Gäste zu verzaubern, könnte es auch ein rostiger Kübel sein, um den sich alle scharen.

Ironischerweise wurde die heute bevorzugte Mischung aus Meeresfrüchten und Schweinefleisch erst *nach* der maurischen Besatzungszeit kreiert – als ein Gericht, das nur echte Christen genießen konnten. Denn diese Zutaten waren damals wie heute für Muslime und Juden – beide wurden im späten 15. Jahrhundert aus der Algarve verjagt – verboten.

Weißer Port und grüner Wein

Die beste Gelegenheit für den süßen, trüb-klebrigen Portwein ist ein milder Sommerabend in der Algarve. Denn gerade hierfür wurde der weiße Portwein erfunden. Er wird auf genau die gleiche Art hergestellt wie der dunkle Portwein – nur aus weißen Trauben! – und kann trocken wie ein

Sherry fino sein oder einem weichen süßen Dessertwein ähneln. Wenn er nicht kalt genug ist, geben Sie etwas Eis dazu.

Genüsse der Algarve: Süßigkeiten aus Marzipan, frische rote Paprikaschoten, Kürbisse, dicke Sardinen, Bauernbrot, frischer *vinho verde* und *cataplana*. Guten Appetit!

Vinho verde stammt aus Minho und wird buchstäblich als grüner Wein (im Sinn von jung oder unreif) übersetzt. Er hat wenig Alkohol und wenig Aroma, kostet nicht viel, und mit einem kleinen Schuss Mineralwasser gespritzt und eisgekühlt serviert, ist er genau das Richtige für die Algarve-Hitze.

BAUTEN Sehenswerte

Ein ABC des architektonischen Erbes in der Algarve: die besten und schlechtesten Beispiele.

Azulejos heißen die allgegenwärtigen Wandkacheln der Iberischen Halbinsel. Die wichtigsten historischen Beispiele findet man in Kirchen wie der Igreja de São Lourenço in Almancil (➤ 77f). *Azulejos* sind fast überall – in Wohnungen, Restaurants und öffentlichen Parks – zu sehen (siehe **Jardins** weiter unten).

Brücken stammen aus allen Epochen – von römischen Meisterstücken bis hin zu modernen Konstruktionen aus jüngster Zeit. Die stolzen Straßenbrücken aus Stahl in Portimão (➤ 100f; Bild oben) und Castro Marim (➤ 53) zählen zu den schönsten.

Chaminés **(**Kamine), filigran verziert auf 100 verschiedene Arten (wie der abgebildete), sind zu einem der inoffiziellen Markenzeichen Portugals geworden. Das Grundmuster ist maurisch, und viele sind sehr kunstvoll gearbeitet.

Den ***Descobrimentos*** (Entdeckungen) exotischer Länder durch portugiesische Seefahrer im 15. Jahrhundert folgte eine aufgeregte Zeit architektonischer Spielereien, die sich in maritimen Motiven, wie geknüpften Seilen, Segeln und Ankern, und solchen aus der neu entdeckten Flora und Fauna niederschlugen. Dieser so genannte Emanuelstil zeigt sich am besten an Kirchenportalen und Fenstern in Monchique, Alvor, Silves und Luz de Tavira.

Der **Estói-Palast** (➤ 58), hübsch in Rosa mit Phantasiemustern, ist ein barockes Juwel – wenn auch nur von außen zu besichtigen.

Ferragudo (➤ 104) nennt die schönste *fortaleza* (Seefestung) der Algarve sein Eigen. Gegenüber in Praia da Rocha (➤ 98f) und in Lagos (➤ 118f) gibt es weitere Anlagen.

Die **Häuser** der Algarve erscheinen meist wie einfache weiße Kästchen, verziert mit farbigen Bändern um

Das beeindruckende Innere der Kirche von São Lourenço

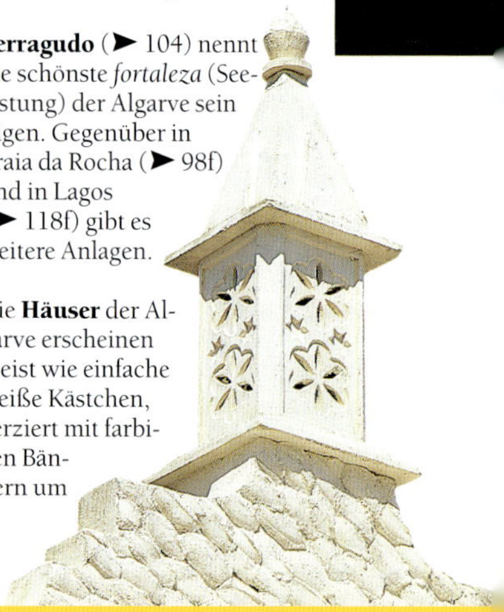

Fenster und Türen. Dieser Stil stammt – wie vieles andere – aus Nordafrika.

Igreja matriz steht für Pfarrkirche und ist oft das schönste Gebäude einer Gemeinde. Der Blick ins Innere lohnt meistens!

Jardins (öffenliche Parks): Tavira (► 49ff) hat den schönsten, nördlich und südlich des Flusses gelegen, und auch in Portimão gibt es erholsame Plätze, einschließlich des Largo 1 Dezembro, der für die Fliesen auf seinen Bänken bekannt ist.

Die **Jugendherberge** in Alcou-

tim (► 35) ist die beste im Süden und mit ihrem auffallenden weißen Rundbau besonders hübsch.

In den **Kapellen** in Faro (► 28, 56) und Alcantarilha werden die Gebeine von Menschen aufbewahrt.

In der Regierungszeit **König Emanuels I.** (1495–1521) befand sich die portugiesische Architektur auf ihrem Höhepunkt; daher auch der Begriff Emanuelstil.

In **Lissabon** sind die schönsten portugiesischen Bauten zu finden. Bei einem Tagestrip in die Hauptstadt Portugals sollten Sie

das majestätische Kloster Mosteiro dos Jerónimos und den kunstvollen Torre de Belém nicht verpassen.

Der Einfluss der **Mauren** ist in der Algarve allgegenwärtig – von der Altstadt Albufeiras bis Olhão und zu mancher pseudo-maurischen Hotel- und Wohnanlage.

Die **neolithische** Grabanlage von Alcalar nahe Portimão ist 5000 Jahre alt und damit die älteste Anlage der Algarve.

Noras (Brunnen), örtlich unterschiedlich gestaltet mit Wasserrädern und Bechern, sind in der ganzen Algarve zu finden.

Olhão (► 57) ist berühmt für seine *açoteias* – flache Terrassen auf den leuchtend weißen würfelartigen Fischerhäuschen, die über Außentreppen miteinander verbunden sind.

Palheiros, einfache runde strohgedeckte Hütten, waren in den entlegenen Teilen der Algarve noch bis ins 19. Jahrhundert bewohnt. Eine Nachbildung kann man im Parque Mineiro Cova dos Mouros (► 168) besichtigen.

Die Verkleidung der Fenster ist in der Algarve eine lebendige, wenn auch einfache Kunst

Als hässliches Entlein wird **Quarteira** (➤ 83) manchmal bezeichnet, dank seiner hochgezogenen Häuserblocks aus den Siebzigerjahren.

In **Quinta do Marim** (➤ 169f) steht eine der letzten Gezeitenmühlen Portugals.

Überreste **römischer** Villen finden sich in Milreu (➤ 58) und Vilamoura (➤ 75f), während anderswo als »römisch« bezeichnete Brücken stark erneuert wurden.

Silves (➤ 142ff) brüstet sich mit dem am besten erhaltenen Schloss der Algarve.

Talha dourada (goldene Holzschnitzereien) sind eine portugiesische Spezialität und in vielen Kirchen zu sehen.

Tavira (➤ 49ff) bildet mühelos das schönste architektonische Ensemble der Region – mit seinen über 30 Kirchen, einer römischen Brücke, den Uferanlagen und den hübschen Häusern aus dem 18. und 19. Jahrhundert.

Vilamoura (➤ 75f)und **Vale de Lobo** (➤ 83f) sind Beispiele für das neue Gesicht der Algarve: teure neomaurische Wohnungen und gepflegte Rasen.

Der Namenszusatz **Z** steht für **Casa do Zé** und ist die Verkleinerungsform von José – häufig bei preiswerteren Restaurants.

Ziemlich maurisch: von den traditionellen *platibandas* (oben) bis zum modernen Design (unten)

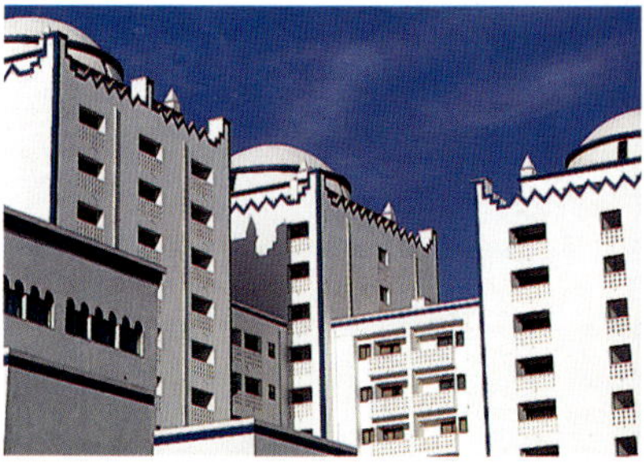

Detailreiche Schnitzerei im Emanuelstil an der Igreja Matriz in Alvor

Algarve-Highlights auf einen Blick

Der schönste Platz für den Sonnenuntergang

In Europas westlichstem Land reißen sich einige um diese Auszeichnung. **Cabe de SãoVicente** (➤ 123ff) jedoch scheint ganz offenbar *O Fím do Mundo* zu sein. Aber fast alle westwärts gerichteten Plätze im Umkreis einiger Kilometer sind spektakulär. Der Blick von der **Ponta da Piedade** bei Lagos (➤ 122) und der über die **Lagune von Faro** ist besonders gut.

Sagenhafte Aussicht

Im Westen, bei den Klippen von **Arrifana** (➤ 127) und dem **Miradouro da Cordoama** (➤ 126), erleben Sie wirklich atemberaubende See- und Felsenlandschaften.

Gutes Essen, grandioser Blick

Das Panorama von den Felsspitzen von Albufeira ist schwer zu überbieten – probieren Sie **O Cabaz do Praia** (französische Gourmetküche, ➤ 89) oder **A Ruina** (klassische Fischgerichte der Algarve, ➤ 88). Doch die Baumwipfel-Blicke vom **Restaurant Florestal** (➤ 134) in Barão de São João nahe Luz sind in dem Gebiet einmalig. Das hervorragende Essen ist nicht zu teuer, und die Ausblicke erinnern an Asien oder Afrika.

Für einen grandiosen Sonnenuntergang müssen Sie bis ans Ende der Welt *(O Fím do Mundo)* reisen – Sie finden es in der Algarve

Die schönsten Strände
Kann man die Bilderbuch-Buchten wie **Dona Ana** in Lagos oder **Benagil** in der Nähe von Carvoeiro mit der wilden Schönheit der Westküste bei **Arrifana**, **Amados** oder **Bordeira** vergleichen? Wohl kaum, man kann sie nur genießen.

Alle genannten Strände sind empfehlenswert, genauso **Marinha** (Lagos), **Ingrina**, **Cabanas Velhas** (Salema), **Castelo** (Albufeira) und **Praia da Rocha**, aber das ist subjektiv, und Sie werden Ihre eigenen Lieblingsplätze finden.

Wenn es nur ein Museum sein darf ...
... dann wählen Sie das **Museu Municipal** in Lagos (➤ 119f). Es zeigt eine Ansammlung unterschiedlichster Exponate: Menhire und Mosaiken, volkstümliche Gemälde, Münzen, Waffen und alte Fotos. Interessant sind die Nachbildungen alter Handwerksgeräte und eine Miniaturausgabe eines Sardinenkutters. Die schönste Museumsanlage jedoch ist der stille **Convento de Nossa Senhora da Assunção** in Faro (➤ 47).

Wenn es nur ein Kamin ist, der Sie beeindruckt ...
... dann wird es wohl das grandiose Exemplar im Zentrum von **Porches** sein (➤ 150).

Wenn Sie nur ein Dorf besuchen ...
... wählen Sie **Querença** in der Nähe von Loulé (➤ 161). Wenn es doch zwei sind, dann lohnt auch **Cacela Velha** bei Tavira (➤ 60) den Umweg.

Die besten Märkte
Schon wegen der ursprünglichen Atmosphäre: Besuchen Sie einen der täglich stattfindenden *mercados*. Samstags weist **Loulé** (➤ 79ff) all die örtlichen Farben, Klänge und Gerüche auf, die man sich denken kann. Hervorragend sind auch die **Markthallen Olhãos** (➤ 65), die trotz Modernisierung und Anpassung an Bessergestellte ihren natürlichen Charakter nicht verloren haben.

Gute Beobachtungsplätze
Albufeira bei Nacht: der Hauptplatz und »der Streifen« (»The Strip«) von Montechoro – Urlauber aller Nationalitäten in allen Formen, Farben, Größen und Moden.

Die **Grünanlagen Portimãos**: Hier kann man Einheimische und Touristen beobachten, die vom Sardinenschmaus am Hafen kommen oder auf dem Weg zum Hafen sind.

Jeder **Obst- und Gemüsemarkt**: Hier tummeln sich die Einheimischen.

Ganz oben: Noch ein Strand zum Verlieben – Praia de Beliche
Oben: Am Strand schmeckt das Essen einfach besser

Die schönste Keramik
Überall in der Algarve sind Tonwaren zu finden, oft Massenware. Doch die einzeln angefertigten Exemplare aus der **Olaria de Porches**, der **Pequena Olaria** in Porches (➤ 14ff, 111), dem **Estúdio Destra** in Silves (➤ 15) und der **Olaria Nova** in Lagos (➤ 135) schmücken jeden Haushalt.

Das beste Straßencafé
Gönnen Sie sich ein gutes Stündchen mit Kaffee und Kuchen auf der Terrasse des **Cafe Inglês** (➤ 144, 150) an den Stufen zum Schloss in Silves.

Sonntags um 15 Uhr kann man traditionelle brasilianische Gitarrenmusik hören.

Das beste Essen zum festen Preis
Normalerweise zu vermeiden, doch eine portugiesisch-internationale Schlemmermahlzeit zu einem lächerlich niedrigen Festpreis erhalten Sie bei **Anna's** (Rua Nova 7, Tel. 289 513 558) in Albufeira.

Die beste *bifana*
Ein erstklassiges Schweinesteak-Sandwich bekommen Sie in der freundlichen, durch und durch portugiesischen **Bar Ferradura** in Lagos (➤ 120).

Der beste Radiosender
Wenn er noch nicht bei Ihrem Mietwagenradio eingestellt ist, wählen Sie den Sender **Comercial** auf 96,1 FM – Rockmusik für Vielfahrer um die 40, von Led Zep, Stones, REM, U2, Oasis, Lenny Kravitz etc. Dröhnt zu sehr? Wechseln Sie zu 106,1 **Radio Nostalgie**.

Strandleben macht glücklich und zufrieden

Der König unter den Kaminen an der Algarve steht in Porches

GOLF-PLÄTZE

Sie sind also gerade in der Algarve angekommen, pflegen an den meisten Wochenenden Golf zu spielen und möchten jetzt die besten Plätze wissen, die Sie nicht das Fürchten lehren und Sie auch kein Vermögen kosten? Unsere Empfehlungen führen von Ost nach West.

Vilamoura Laguna

Ziemlich flach angelegt (Länge 6100 m), aber mit vielen Wasserhindernissen und dicht gelegenen Bunkern. Achten Sie auf Loch 5 (Par 4), auf Bäume, Bunker und den See.
☎ 289 310 180;
www.vilamoura.net

Gramacho (Carvoeiro)

Der raffiniert angelegte Platz (18 Abschläge und Greens, neun Bahnen) von 5900 Metern Länge ist eine echte Herausforderung für ein gutes Ergebnis. Achten Sie auf das zweite Loch (Par 5) – Sie werden *zwei* sehr gute Annäherungsschläge brauchen, um hier das Par zu schaffen.
☎ 282 340 900

Alto Golf (Alvor)

Mit 6100 Metern in hügelige Landschaft mit vielen Bäumen, Büschen und Bunkern gesetzt und bereit, alles und jedes auf eine eigenwillige Probe zu stellen. Achten Sie auf das 16. Loch (Par 5) – nur 604 Meter!
☎ 282 416 913

Palmares (Lagos)

Dieser 6000-Meter-Golfplatz bietet auf den ersten neun Löchern eine spektakuläre Aussicht auf die Bucht von Lagos und auf den letzten neun eine Parklandschaft mit Panoramablick auf Hügel und das Meer. Achten Sie auf das erste Loch (Par 4) – eines der imponierendsten Holes der Algarve mit einem erhaben gelegenen Abschlag Richtung Meer und einem steil abfallenden Fairway mit dem Green außerhalb der Sichtweite.
☎ 282 762 953

Parque de Floresta (Budens)

Attraktiver hügeliger Platz mit sagenhaften Ausblicken auf 5700 Metern und somit etwas kürzer als die zuvor genannten. Achten Sie auf das 14. Loch (Par 4). Das Green – sollten Sie so weit kommen – kommt einer Achterbahnfahrt gleich.
☎ 282 690 055;
www.vigiasa.com

Im Westen am besten: Parque da Floresta (ganz oben) und Palmares (oben)

Links: Probieren Sie das 16. Loch auf dem Royal Course in Vale do Lobo

Plätze der Spitzenliga

San Lorenzo (► 92, Tel. 289 396 522) ist als einer der besten Plätze Europas eingestuft. Das großartige Gelände liegt mitten im Reserva Natural da Ria Formosa (► 27). Nicht weit davon befindet sich in ähnlicher Lage der Platz **Quinta do Lago** (► 92, Tel. 289 390 700). Um auf einem der beiden Plätze zu vorzeigbaren Ergebnissen zu kommen, werden Sie Ihr Bestes geben müssen.

Das berühmteste Hole der Algarve – und vielleicht auch das auf der ganzen Welt meistfotografierte – ist das 16. Loch auf dem **Royal Course** in Vale do Lobo (Tel. 289 393 939), einem weiteren unvergesslichen Golferlebnis.

Familienfreundlich
Im Parque da Floresta kann man auch andere Sportarten wie Bogenschießen, Bowling, Reiten, Mountainbikefahren oder Tennis betreiben und den Swimmingpool (überdacht oder im Freien) mit Sauna, Turnhalle und Whirlpool nutzen. Das hoch gelegene Clubhaus ist ein schöner Platz zum Mittagessen.

Gut zu wissen
Auf allen Plätzen (außer im Parque da Floresta) ist ein Handikap-Nachweis erforderlich, und viele haben eine Kleiderordnung. Fragen Sie beim Buchen nach Ihrer Abschlagszeit.

kurz und kurios

Geschichten der Einheimischen –

Die Geschichte vom Zottelhund

Eigentlich ist der *cão d'agua* (»Wasserhund«) der Algarve ein echter »Seehund«. Mit seinen Schwimmfüßen kann er über Flugsand laufen, und sein dickes zotteliges Fell hält die Kälte ab: In früheren Zeiten war er der beste Freund des Fischers. Er holte Netze und Angelgerät ein, bellte wie ein Nebelhorn, lieferte schwimmend Nachrichten von Boot zu Boot und tauchte sogar ins schäumende Meer, um Thunfisch zusammenzutreiben oder Ertrinkende aus dem Wasser zu ziehen. Zwar ist er heute nicht mehr »berufstätig«, doch die Art ist erhalten geblieben und in Quinta de Marim (➤ 57, 169f) im Reserva Natural da Ria Formosa zu bewundern.

Schädelstätte in der Kapelle

In Faro gibt es eine kleine Kapelle, in der selbst am heißesten Tag ein kühler Luftzug herrscht. Sie ist der Igreja do Carmo angegliedert (und leicht zu übersehen) und wird Capela dos Ossos (Knochenkapelle, ➤ 56) genannt. Beim Eintreten sieht man sich grinsenden Totenschädeln sowie Schien- und Wadenbein-, Oberschenkel- und anderen Knochen von über 1000 einstigen Gemeindemitgliedern und Mönchen gegenüber, die buchstäblich die Kapellenwände stützen.

Knochenkapellen (Gebeinhäuser) sind eine portugiesi-

Mit netzartigen Membranen zwischen den Zehen fühlt sich dieser zottelige Großpudel im Wasser und auf Treibsand sprichwörtlich »pudelwohl«

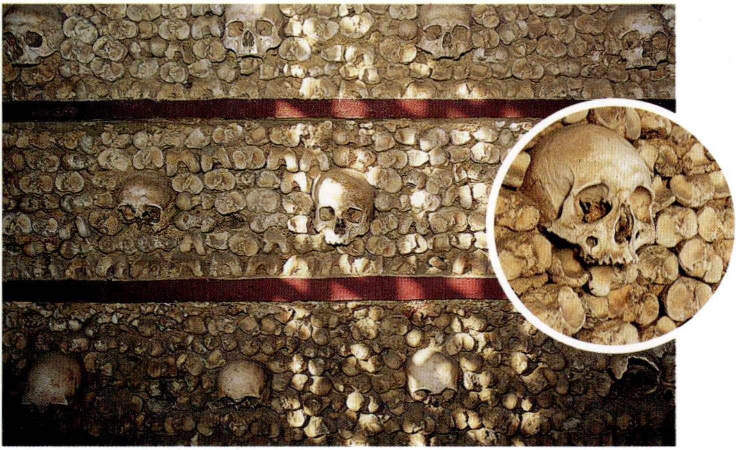

Grimmige Erinnerung an unsere Vergänglichkeit in der Knochenkapelle in Faro

sche Besonderheit. Ein ähnliches Beispiel gibt es in Alcantarilha, karge Überreste davon in der Kathedrale von Faro, und in Evora, in der Alentejo-Region, befindet sich die größte dieser Kapellen mit den Gebeinen von über 5000 Mönchen.

Pappkartonfisch

Warum nur hat ein Land mit einer über 800 Kilometer langen Küste und weiß der Himmel wie viel verschiedenartigem, schmackhaftem, fangfrischem Fisch vor Ort den *bacalhau* – einen aus Skandinavien importierten, getrockneten Kabeljau in Salz – zu seinem Nationalgericht erkoren? Im 14. Jahrhundert gelangte der *bacalhau* (➤ 17) das erste Mal auf die portugiesische Speisekarte, als große Flotten vor Neufundland danach jagten, und ist aus irgendwelchen Gründen dort geblieben. In altmodischen Lebensmittelgeschäften können Sie ihn entdecken, wenn Sie sich gut umsehen. Er erinnert an versteinerten grauen Pappkarton und muss mit einer Säge zerkleinert werden, bevor er mehrere Stunden eingeweicht wird, damit das konservierende Salz sich löst und der Fisch weich wird. Angeblich gibt es 365 Zubereitungsarten, doch Landesfremde kommen meist über den zweiten Versuch nicht hinaus.

Verzauberte Algarve

Ganz romantisch wird die Algarve »das Land des verzauberten Mauren« genannt, nach dem Werk *As Mouras Encantadas e os Encantamentos do Algarve* (Die verwunschene Maurin und der Zauber der Algarve), 1898 von Dr. Francisco de Ataide Oliveira geschrieben. In seinen Sagen über die Mauren und das Übernatürliche taucht immer wieder das maurische Mädchen auf, das in Verzauberung zurückbleibt, während ihr Volk nach Afrika zurückgedrängt wird (➤ 30). Als Geist erscheint es in der Algarve und bittet Passanten in dunklen Nächten um bestimmte Arbeiten, damit der Bann gebrochen wird und es nach Hause zurückkehren kann.

Die vermutlich bekannteste Geschichte ist jedoch die von dem maurischen Adligen, der sich in die schöne Sklavin Gilda aus dem Norden verliebt. Sie heiraten, doch Gilda verfällt aus Sehnsucht nach dem Schnee ihrer Heimat in tiefe Niedergeschla-

Mandelblüten in der Algarve – die einzige Art von »Schnee«, die die meisten Menschen in diesem milden Klima je sehen werden

genheit, und ihr Leben beginnt ihr zu entgleiten. Zum Glück gibt ein weiser Alter dem Araber den Rat, im ganzen Königreich Mandelbäume anzupflanzen. Als im Frühling die weißen Mandelblüten an den Schnee erinnern, ist Gilda geheilt.

Heiße Kastanien in der Sonne

Etwas kurios und unpassend wirken die Verkaufsstände mit heißen Kastanien im Oktober und November, während die Touristen in T-Shirts und Shorts vorbeiflanieren.

Die Reconquista
Im frühen 8. Jahrhundert fielen die Mauren – Araber aus Nordafrika – auf der Iberischen Halbinsel ein und übten einen nachhaltigen, auch kulturellen Einfluss aus, insbesondere auf das südliche Portugal. Die Rückeroberung des Landes setzte im frühen 11. Jahrhundert ein, als die Mauren vom Norden her wieder zurückgedrängt werden konnten, doch im Süden hielten sie sich noch weitere 200 Jahre lang. König Alfons III. gewann die entscheidenden Kämpfe in der Algarve zwischen 1239 und 1249, und gegen Ende des 13. Jahrhunderts war die Rückeroberung Portugals durch die Christen abgeschlossen.

Viele schöne und unerwartete Eindrücke werden Sie in den ländlichen Gegenden der Algarve sammeln können

Links: Heiße Kastanien von einem Straßenverkäufer in Faro

Erster Überblick

Ankunft

Die Algarve erreicht man am besten über den 6 Kilometer außerhalb der Stadt liegenden Flughafen von Faro. Informationen gibt es unter Tel. 289 80 80 80 (allgemein) und Tel. 289 800 801 (Flugzeiten).

Touristeninformation

- Es gibt einen **Informationsschalter** im Ankunftsbereich (von 8 Uhr bis Mitternacht besetzt) und einen im **Zentrum von Faro** (Tel. 289 803 604).

Wie Sie nach Faro kommen

- Die Busfahrt dauert etwa 15 bis 20 Minuten. Mitte Mai bis Oktober verkehrt täglich außer dienstags ein **kostenloser Pendelbus** von 8 bis 20 Uhr.
- Die **öffentlichen Busse Nr. 16** und **Nr. 18** fahren regelmäßig in die Stadt.

Wie Sie weiter ins Land kommen

- Wenn Sie mit dem Bus irgendwo anders hinmöchten, nehmen Sie Bus Nr. 16 oder 18 zur Endstation in Faro und steigen dann um. Von dort fahren die **Fernbusse** in die ganze Algarve ab.
- Der **Bahnhof** liegt etwa 200 Meter westlich von der Busstation am Meer.

Taxigebühren

- Die **Durchschnittspreise** für Taxifahrten in alle Gebiete sind an einer Tafel im Ankunftsbereich angeschlagen; sicherheitshalber sollten Sie den Preis absprechen, bevor Sie losfahren.
- **Gepäck** ist im Preis enthalten, aber bei Fahrten zwischen 22 und 6 Uhr sowie an Sonn- und Feiertagen fällt ein Aufpreis von 15 und 20 Prozent an.
- Um ein Taxi vorzubestellen, rufen Sie die **Associação Taxistas** (Taxifahrerverband, Tel. 289 800 860) an.
- Bei **Fragen** aller Art können Sie sich an den allgemeinen Informationsschalter in der Flughafenhalle wenden.

Orientierung

- Haben Sie einen **Leihwagen** gebucht, wird Sie wahrscheinlich Ihr Autovermieter am Flughafen abholen und zu Ihrem Wagen bringen. Das Depot liegt etwa fünf Autominuten entfernt an der Hauptstraße, die zum Flughafen führt (es gibt nur eine Straße, die zum Flughafen hin- und auch wegführt).
- Die **Richtung** von dort zu finden ist einfach. Fahren Sie auf derselben Straße weiter, biegen rechts ab auf die N 125 nach Faro bzw. links nach Quinta do Lago oder Vale do Lobo, oder nehmen Sie die Autobahn E01 für alle anderen Ziele im Westen oder Osten.

Abflug

Stand-by- und Last-Minute-Flüge

- Wenn Sie kein Rückflugticket besitzen, besorgen Sie sich eine Ausgabe des *Algarve Resident* und rufen Sie bei einer Reiseagentur an und fragen nach billigen **Spätbucherflügen**.
- Um ein **Stand-by-Ticket** zu bekommen, gehen Sie an dem entsprechenden Tag zum ASAP-Schalter im Ankunftsbereich des Flughafens – im Sommer gibt es im Lauf eines Tages meist mehrere Flüge in europäische Länder. Dort wird man Ihnen Flugzeiten und Ticketpreis mitteilen und Sie bitten, etwa 45 Minuten vor Abflug des ausgewählten Flugs wieder zu erscheinen.

- Sollte schon beim **nächsten Flug** Platz sein – und normalerweise sind auch in der Hochsaison ein oder zwei Sitze frei –, verkauft man Ihnen auf der Stelle ein Ticket, und Sie müssen schnell durch die Abfertigung und den Wartebereich direkt zum Flugzeug.
- Der **Ticketpreis** hängt von Saison und Nachfrage ab, ist aber meist günstig.

Verspätungen

- In der Hochsaison sind Verspätungen unvermeidlich. Bleiben Sie dann so lange wie möglich **im Außenbereich des Flughafens**, und nutzen Sie (so lange das Wetter gut ist) die Besucherterrasse im Freien, von der man auch einen hervorragenden Blick über die Lagune zum Strand hat (siehe unten). Sie befindet sich im Obergeschoss des Ankunftsbereichs.
- Beträgt die Verspätung **mehr als ein oder zwei Stunden** und Ihr Gepäck ist bereits abgefertigt, können Sie mit dem Taxi zum Strand von Praia de Faro fahren – wenn nicht zum Baden, dann um ein paar letzte Sonnenstrahlen in einem der Restaurants zu genießen. Bitten Sie den Taxifahrer, am Strand links abzubiegen und Sie vor dem Restaurant O Paquete mit seiner sehr angenehmen Terrasse zur Strandseite abzusetzen.

Unterwegs in der Algarve

Die Algarve ist klein – nur 150 Kilometer sind es von Sagres nach Spanien und etwa 30 bis 40 Kilometer von der Südküste in die Alentejo-Region. Von A nach B zu kommen ist einfach, auch wenn in Spitzenzeiten mit Verkehrsstaus zu rechnen ist. Günstige Konditionen und die Beweglichkeit, die ein Auto verschafft, machen den Mietwagen zum bevorzugten Fortbewegungsmittel.

Auto fahren

Straßen

- Im Allgemeinen sind die **Straßen** der Algarve in einem guten Zustand, wobei die EU-Mittel in vielen Fällen geholfen haben, ein großes Straßennetz bis weit ins Landesinnere hinein aufzubauen. Auch zweitrangige und kleinere Straßen müssten jetzt einen guten Straßenbelag aufweisen.
- Die **beste Karte** ist die Allianz Freizeitkarte (Algarve 1:125.000); achten Sie darauf, dass Sie die neueste Ausgabe bekommen.
- Die **wichtigste Straße** der Algarve ist die berüchtigte **N125**, in Spitzenzeiten immer überfüllt und eine der gefährlichsten Strecken Europas. Doch bei einer Algarve-Erkundung ist sie kaum zu umgehen, da sie die ganze Küste entlangläuft und die Hauptverkehrsader für jede Stadt und jedes Gebiet ist.
- Die Autobahn **E01 (auch als Via do Infante IP1 bekannt)** führt über zwei Drittel der Algarve, von der spanischen Grenze bis kurz hinter Alcantarilha (8 km westlich von Albufeira). Im Jahr 2002 soll sie bis Lagos führen. Häufig wenig benutzt, ist sie oft die bessere Alternative zur N125.
- Derzeit wird eine neue Autobahn von der Algarve bis Lissabon gebaut. Als **A2** bezeichnet, wird sie nördlich von Albufeira beginnen und sich zunächst bis Castro Verde erstrecken. Eröffnet wird sie voraussichtlich im Sommer 2002.
- Geschwindigkeitsbegrenzung auf Autobahnen: **120 km/h**.
- Geschwindigkeitsbegrenzung auf Landstraßen: **90 km/h**.
- Geschwindigkeitsbegrenzung in der Stadt: **40 oder 60 km/h**.

Verkehrssituation

- **Auto fahren** in Portugal ist nicht ungefährlich – die Unfallrate bezogen auf die Zahl der Autofahrer ist eine der höchsten in Europa.
- Insgesamt sollten Sie so **defensiv wie möglich** fahren. Versuchen Sie, mit Gelassenheit einfach zu akzeptieren, dass sie geschnitten werden oder langsamer fahren müssen, um überholende Fahrzeuge einscheren zu lassen, und dass Ihnen manchmal jemand an Ihre hintere Stoßstange fährt.
- **Alkohol am Steuer** sollten Sie tunlichst vermeiden. Seit 1999/2000 läuft eine Null-Promille-Kampagne auf der N125.
- Eine Besonderheit der N125 ist der **breite befestigte Seitenstreifen**, auf den langsamere Fahrzeuge oft ausweichen, um anderen das Überholen zu ermöglichen. Für eine kurze Strecke ist das in Ordnung (vor allem um die Drängler im Heck loszuwerden), aber fahren Sie hier nicht für längere Zeit, da Sie auch unvermittelt mit stehenden oder geparkten Fahrzeugen rechnen müssen.

Autovermietung

- **Ortsansässige Unternehmer** bieten oft den gleichen Service wie internationale Firmen, jedoch zu einem günstigeren Preis.
- Sie müssen **mindestens 21 Jahre alt** sein, bei manchen Vermietern auch 23.
- Durch **eine Agentur** bereits von zu Hause aus zu buchen ist im Allgemeinen nicht nötig, da es auch zu Spitzenzeiten genügend Autos gibt; zudem ist es teurer.
- Schauen Sie sich nach **Sonderpreisen** um.
- Eine kleine Delle oder ein Kratzer kann leicht passieren; achten Sie deshalb auf einen **alles abdeckenden Vertrag**.
- Sie brauchen nur Ihren **Führerschein** als Nachweis.

Verzögerungen

- Zwischen Alcantarilha (Ende der Autobahn) und Lagos geht es im Sommer oder zu Ferienzeiten auf der **N125 oft nur Stoßstange an Stoßstange** voran. Der Kreisverkehr in Lagos ist dabei besonders oft verstopft. Und leider gibt es außer einem sehr langen Umweg über Caldas de Monchique und Aljezur keine Ausweichroute. Vor **2004**, wenn die Autobahnverlängerung bis ganz in den Westen fertig sein soll, wird sich das wahrscheinlich auch nicht ändern.

Busse

- **Örtliche Busse** eignen sich gut für kurze Entfernungen.
- Für größere Entfernungen gibt es annehmbare **regionale und Fernreise-Verbindungen**.
- Moderne **Schnellbusse** verkehren zwischen der West- und Ostalgarve und bis nach Sevilla und Lissabon in wenigen Stunden. Von Albufeira bis Lissabon oder von Sagres bis Sevilla dauert es etwa vier Stunden.
- In der **Touristeninformation** vor Ort oder am **Busbahnhof** erhalten Sie weitere Informationen.

Eisenbahn

- Mit **Zügen** kommt man in der Algarve am langsamsten voran.
- Die Strecke verläuft von **Ost nach West** und größtenteils neben der N125. Von Lagos nach Vila Real de Santo António dauert die Reise gute vier Stunden – im Sommer nicht schlecht, wenn man ohne weiteres eine halbe Stunde im Stau festsitzen kann.
- Die meisten **Bahnhöfe liegen ziemlich außerhalb** (über 6 km) der Stadtzentren.
- Die größte Eisenbahngesellschaft, EVA, bietet einen **Passe Touristico** (Touristenpass) für drei oder sieben Tage uneingeschränkte Zugfahrten.

Übernachten

Von der einfachen Pension und Jugendherberge bis zu Luxushotels und Villen werden in der Algarve alle Möglichkeiten geboten. Die meisten Urlauber haben ein Pauschalangebot gebucht, aber es gibt auch viele schöne Alternativen für Individualreisende. In der Hochsaison, vor allem im Juli und August, ist dann allerdings eine Vorausbuchung unerlässlich. Während dieser Monate sind die Unterbringungskosten am höchsten. In der Nebensaison (November bis März) fallen die Preise um bis zu 50 Prozent, wobei Januar und Februar hier zu den billigsten Zeiten gehören.

Informationen zu Hotels und Ferienwohnungen in Südportugal erhalten Sie auch bei den portugiesischen Verkehrsämtern im Ausland.

Hotels

- Portugiesische Hotels sind offiziell mit **einem bis fünf Sternen** klassifiziert, wobei der Standard innerhalb der einzelnen Kategorien deutlich schwankt.
- Die **mittlere Kategorie** ist am häufigsten vertreten, bedient vor allem Pauschaltouristen und ist für die Sommermonate oft für Gruppenbuchungen vorab reserviert. In der Regel haben diese mittelgroßen bis großen Hotels laute Swimmingpools und relativ unpersönliche Speisesäle, aber für einen einfachen Strandurlaub sind sie gut geeignet.
- Am oberen Ende rangieren die **Strandhotels** mit verschiedenen Restaurants, allen denkbaren Sport- und Entspannungsmöglichkeiten und luxuriösem Komfort.
- In jedem Zimmer sollte eine **offizielle Preisliste** hängen; für kleine Kinder gibt es normalerweise Nachlässe.
- Wer unverfälschten Landescharakter sucht, sollte sich für eines der privat betriebenen Gasthäuser ***(estalagens*** oder ***albergarias***) entscheiden. Sie bieten meist weniger Möglichkeiten als vergleichbare Hotels, sind aber für ihren Preis oft mehr wert.

Pousadas

- *Pousadas* sind staatlich betriebene Hotels in **umfunktionierten historischen Gebäuden** oder in Neubauten in **herausragender Naturlandschaft**. Auf Grund ihres naturnahen Charakters liegen sie abseits touristischer Zentren und werben für Tradition, Kunsthandwerk und Küche der Einheimischen. In Portugal gibt es über 40 solcher Anlagen, in der Algarve zwei der zweiten Kategorie: die Pousada de São Bras de Alporte (➤ 62) und die Pousada do Infante (mit ihrem Anbau der Forteleza do Beliche) in Sagres (➤ 134). Eine dritte *pousada* wird derzeit in Tavira gebaut.
- Zu allen *pousadas* gehören **Restaurants,** die Gerichte speziell aus der Region anbieten. Die Qualität ist normalerweise sehr gut.
- Da viele der Meinung sind, dass *pousadas* zu den besten Unterkünften Portugals gehören, sollten Sie entsprechend **früh im Voraus buchen**.

Pensões und *Residenciais*

- In *pensões* und *residenciais* können Sie **einfache Räume** mieten.
- Wer auch **Frühstück** möchte, hat bei der *residenciai* eine größere Chance.
- Der **Standard** hat in den letzten Jahren zugenommen, sodass Sie heute in besseren Einrichtungen ein Zimmer auf dem Niveau eines Mittelklassehotels mit TV und Bad zum Bruchteil des Hotelpreises bekommen können.

Solares de Portugal (früher *Turismo de Habitação*)

- Bei diesem Staatsprojekt werden rustikale alte Besitzungen – meist auf dem Land oder etwas außerhalb einer Ortschaft – in **komfortable und meist landestypische Touristenunterkünfte** umgewandelt.
- Die Preise schwanken je nach Lage und Komfort, aber hier bekommen Sie am ehesten ein Gefühl für die »**echte Algarve**«.
- Die **Anlagen sind eingeteilt in Kategorien** von A (am teuersten) bis C (am billigsten).
- Manche **Spezialagenturen** bieten ein paar solcher *solares de Portugal* in ihren Broschüren an (auch wenn sie nicht so bezeichnet werden), und die örtlichen Touristeninformationen führen vollständige Listen.

Jugendherbergen

- Die Algarve war nie so richtig ein Land für Rucksacktouristen, und nachdem die Ansprüche an Unterkünfte gestiegen sind, werden Schlafplätze seltener. Aber es gibt **ein paar wenige richtige Jugendherbergen**, sodass ein Bett nie mehr als ein paar Euro kosten muss.
- Die beste Jugendherberge ist in **Alcoutim** mit etwa 50 Betten.
- Weitere Jugendherbergen sind in **Lagos** (Rua Lançarote Freitas 50), in **Vila Real de Santo António** (Rua Dr. Sousa Martins 40) und **Portimão** (Lugar de Coca Maravillas; mit 180 Betten die größte).
- Die Plätze sind **begrenzt**, also buchen Sie möglichst im Voraus!

Weitere **Informationen** zu Jugendherbergen in Portugal bei: Associação de Pousadas de Juventude (Av. Duque de Ávila 137, 1000 Lisboa, Tel. 21 355 9081).

Camping

- Es gibt **viele Campingplätze** in der Algarve, viele davon nicht sehr teuer.
- Die Plätze befinden sich **entlang der Küste** in der Nähe vom Strand oder in Waldgebieten. Manche sind sehr einfach, andere bieten Möglichkeiten wie Swimmingpool oder Supermarkt. Manche haben Stellplätze für Wohnmobile, Wohnwagen oder Zelte.
- Weitere **Informationen** zum Camping in Portugal bei: Federação Portuguesa de Campismo (Rua da Vaz do Operáio 1, 1010 Lisboa, Tel. 21 812 6890; www.roteiro-campista.pt).

Selbstversorgung

- Das **Angebot** an Ferienwohnungen und -häusern entlang der Küste **steigt**.
- Bei den **anonymen Apartmentblocks** gibt es unterschiedliche Raum- und Komfortangebote in unterschiedlichen Lagen.
- Auch sie können wie die Hotels in Spitzenzeiten für **Gruppenbuchungen** reserviert sein.
- **Villen** können kleine Häuser mit gemeinsamen Freizeiteinrichtungen bis zu einzeln stehenden Residenzen mit eigenem Swimmingpool und Marmorbädern sein.
- Manchmal kann man ergänzend zu den Kochgelegenheiten (meist ein Gaskocher und ein kleiner Kühlschrank) für mindestens einmal pro Woche einen **Hausservice** mieten.
- Eine **Privatbuchung** gegenüber der Agenturbuchung ist oft günstiger, oder man bekommt zum gleichen Preis eine bessere Ausstattung.

Übernachtungspreise

Die Preise in diesem Führer werden in drei Gruppen angegeben und gelten für ein Doppelzimmer pro Nacht:

€ unter 50 Euro **€€** 50–125 Euro **€€€** über 125 Euro

Essen und Trinken

Ein Teller mit gegrilltem Fisch und Salat ist immer noch das typischste Gericht der Algarve. Und abzureisen, ohne gegrillte Sardinen gegessen zu haben, ist wie ein Nürnberg-Besuch ohne Rostbratwürste.

Wahl des Restaurants

- In den meisten Restaurants gibt es **keine Kleiderordnung**. Die **besten Gerichte** bekommen Sie oft bei den mit Papiertischtüchern gedeckten, hell erleuchteten Treffpunkten der Einheimischen.
- Am anderen Ende der Skala gibt es für ein stilvolles Essen ein paar elegante und **relativ teure Restaurants internationalen Charakters**, die zwar typisch sein mögen, aber Atmosphäre und Service berechnen.

Unbestellte Vorspeisen

- Sowie Sie an Ihrem Platz sitzen, wird Ihnen der Kellner einen **Vorspeisenteller mit Brot** bringen, normalerweise mit Sardinenpaste, Streichkäse (in Plastik) und Oliven.
- In gehobeneren Lokalen können es auch selbst gemachte Sardinenpastete, flambierte, würzige Wurstscheiben, eingelegtes Gemüse, marinierte Oliven und richtiger Käse sein. Die Vorspeisen finden sich, wenn auch günstig, auf Ihrer **Rechnung**. Sie können diese Häppchen mit einem *»não obrigado«* (nein danke!) ablehnen.

Hauptgerichte

- Fast überall bestimmen **Fischgerichte** die Speisekarte. Achten Sie auf den Preis, vor allem bei frischem Fisch, der nach Gewicht berechnet wird.
- **Huhn und Schweinefleisch** sind wirklich auf jeder Speisekarte zu finden und schmecken gegrillt (*churrasco*) am besten.
- Der ***prato do dia*** (Tagesgericht) steht oft in einem exzellenten Preis-Leistungs-Verhältnis und bietet meist lokale Spezialitäten.
- Als **Vegetarier** kommt man mit Suppe oder Salat und Fisch zu jeder Mahlzeit gut durch. Strenge Vegetarier werden in internationalen Restaurants essen müssen.
- Eine Flasche oder Karaffe **Hauswein** passt gut zum Essen. Die regionale Marke ist vor allem der billige Lagoa (➤ 111); gehobene Qualität bieten die ausgezeichneten Rotweine aus der Alentejo-Region.

Tipps für den Restaurantbesuch

- **Mittagessen** gibt es normalerweise von 12 bis 15 Uhr, **Abendessen** von 19 bis 22 Uhr (in ländlichen Gegenden nur bis 21 Uhr).
- Der Service wird selten berechnet. Geben Sie im Normalfall etwa **zehn Prozent Trinkgeld**. Fast immer kommt das Gedeck zur Rechnung hinzu.
- **Kreditkarten** werden oft, aber bei weitem nicht überall akzeptiert.
- **Portugiesische Portionen sind riesig** – sich ein Gericht zu teilen oder nach einer halben Portion (*uma meia dose*) zu fragen ist relativ normal.
- Die meisten Restaurants bieten eine **mehrsprachige Speisekarte**; wenn nicht, kann Ihnen die Bedienung in Englisch oder Deutsch behilflich sein.

Restaurantpreise

Die Preisangaben in diesem Buch beziehen sich auf den zu erwartenden Betrag für ein dreigängiges Menü pro Person ohne Getränke und Trinkgeld.

€ unter 15 Euro **€€**15–23 Euro **€€€** über 23 Euro

Einkaufen

Die Algarve ist zwar weder für Shopping noch für die Qualität der hiesigen Handarbeiten berühmt, doch es gibt Ausnahmen und Schnäppchen, vor allem bei den typisch südeuropäischen Produkten aus Leder, Keramik, Holz und Korbgeflecht. Das beste Kunsthandwerkszentrum ist Loulé mit seinem wunderschönen Markt am Samstagvormittag, wo man noch beim Herstellen von Kupfer- und Messinggeschirr zuschauen kann.

Direkt aus Nordafrika

Die Vorliebe für maurische Waren ist in der Algarve nie verloren gegangen. Einige der besten Holz- und Lederartikel in den Geschäften stammen aus Nordafrika.

Gut bestuhlt

Mit kräftigen Farben handbemalte Kinderstühle und elegante x-förmige zusammenklappbare »Scherenstühle« – vermutlich römischen Ursprungs – sind eine Besonderheit aus Monchique und gut transportierbare Souvenirs.

Der Hahn, der krähte

Wenn es etwas gibt, das signalisiert: »Ich war in Portugal«, dann ist es ein kleiner bunt bemalter Hahn aus Holz oder Ton aus Barcelos. Der Sage nach war ein Mann aus Barcelos unschuldig wegen Mordes zum Tode verurteilt worden. Sein letzter Wunsch war es, noch einmal den Richter zu sprechen. Der war gerade dabei, ein Brathähnchen zu verzehren. »Wenn ich unschuldig bin, wird dieser Hahn krähen«, rief der Verurteilte und zeigte auf den Teller. Zur Verwunderung aller krähte der Hahn tatsächlich, und der Mann war gerettet. Der Hahn wurde zum Nationalsymbol und rief eine ganze Souvenirindustrie ins Leben.

Souvenirs besonderer Art

- Ein Glas hausgemachte *piri-piri*-Soße oder ein Halsband mit *piri-piri*-Schoten.
- Eine Heiligenstatue aus einem Antiquitätengeschäft in Lagos oder Faros Altstadt.
- Ein Scherenstuhl aus Monchique (siehe oben).
- Ein echter *medronho*-Destillierapparat – etwa aus der Rua de Barbaça, Loulé (➤ 90).
- Eine Reihe *azulejos* aus Porches oder den Éstudios Destra, Silves (➤ 15, 151).
- Eine *cataplana*, der Kochtopf der Algarve (➤ 18).
- Ein dicker Wollpullover aus Fóia (➤ 148) oder Sagres (➤ 135).
- Weißer Portwein (➤ 18), *aguardente* (Weinbrand) oder *medronho* (➤ 157).

Trödelmärkte

Wöchentlich oder zweiwöchentlich finden in den größeren Städten und Touristenzentren Wochenmärkte statt. Leider sind auf manchen dieser Märkte einheimische Arbeiten der Billigware von schlechter Qualität gewichen.

Öffnungszeiten

Viele Geschäfte sind mittags für ein bis zwei Stunden und sonntags geschlossen, in den Urlaubsorten jedoch bis spät in den Abend geöffnet.

Service

Das Personal in den Geschäften ist nicht aufdringlich, meist freundlich und hilfsbereit, aber leider auch oft unaufmerksam. Mit *»faz favor«* signalisieren Sie Beratungsbedarf.

Ausgehen

Sportfreaks haben die Qual der Wahl, sei es Golf, Tennis, Reiten oder Wassersport. Unterhaltung am Abend beschränkt sich meist auf Bars und Diskotheken; nur in größeren Städten wie Faro und Lagos werden gelegentlich Konzerte und Folkloreabende angeboten.

»Sportugal«

- Auf Grund der hervorragenden Angebote um die Urlaubsorte **Quinta do Lago**, **Vale do Lobo** und **Vilamoura** wird das Gebiet zwischen Faro und Vilamoura manchmal auch als »Sportugal« bezeichnet.
- Das Hinterland ist voll der schönsten **Golfplätze** Europas, mit Golfschulen und Golfgeschäften.
- Die **Golfsaison geht übers ganze Jahr**, und spezielle Golfferien sind hier und in der übrigen mittleren und westlichen Algarve der große Schlager. Derzeit gibt es **22 Plätze**, weitere sind geplant.
- Bei den ausländischen Verkehrsämtern gibt es eine kostenlose **Broschüre über Golf** und die Golfclubs in der Algarve.
- **Östlich von Faro** und **westlich von Lagos** gibt es weniger Golfmöglichkeiten.
- **Weitere Informationen** finden Sie in diesem Buch in den Einträgen zu den einzelnen Urlaubsorten und in den Abschnitten »Wohin zum Ausgehen?«.
- **Tennisschulen** gibt es in Vale de Lobo und Quinta do Lago, Tennisclubs in den wichtigsten Urlaubszentren, und viele Hotels haben ihre eigenen Plätze.
- **Reiten** kann man in der ganzen Region; Reitschulen bieten für jede Stufe etwas an. Pferdetrecks entlang des Strands oder ins ländliche Hinterland können organisiert werden.

Wassersport

- **Windsurfen** ist der wichtigste Wassersport der Region; Bretter und Unterricht sind entlang der Küste überall erhältlich. Der raue Atlantik schließt Wasserski aus, aber in den größeren Urlaubszentren werden beliebte Touristensportarten (wie Jetski und Paragliding) angeboten. Wasserski- und Surfneulinge finden am See in Quinta do Lago gute Bedingungen.
- **Taucher** können sich in Sagres, Lagos, Burgau, Albufeira, Armação de Pêra und Tavira in die Tiefe wagen; hier gibt es jeweils Tauchclubs.
- **Wellenreiter** müssen an die Westküste fahren, um die großen Atlantikbrecher nutzen zu können.
- **Panoramafahrten** entlang der Küste werden von den Hauptorten aus organisiert.
- Um ein **Boot zu mieten** oder am **Hochseefischen** teilzunehmen, fragen Sie am besten in Portimão oder in den Häfen von Vilamoura und Lagos an.

Anspruchsvolle und landestypische Unterhaltung

- In den Urlaubszentren der Algarve wird wie in vielen Touristenorten eher anspruchslose, neutrale Unterhaltung geboten, doch normalerweise gibt es ein oder zwei Plätze – meist große Hotels –, wo wöchentliche Veranstaltungen mit ***fado*** (schwermütige Balladen, meist von einer Frau gesungen, begleitet von ein oder zwei Gitarristen) oder **Folklore** (traditionelle Lieder und Tänze) stattfinden, oder auch eine ruhige Bar mit Jazzmusik.
- In **Faro und Lagos** gibt es etliche Treffpunkte und ein Monatsprogramm mit Tanz-, Klassik- und Jazzveranstaltungen.
- In **Portimão** und in den Kirchen von **Silves** und **Tavira** ist regelmäßig klassische Musik zu hören. Für genauere Informationen wenden Sie sich an die örtlichen Verkehrsämter.

Was wird geboten?

Die beste Angebotsübersicht finden Sie in der kostenlosen Monatszeitung *Welcome to the Algarve* oder dem Monatsheft *Algarve Guide*. Beide sind bei den Verkehrsämtern erhältlich. Eine weitere Möglichkeit ist das monatliche Hochglanzmagazin *Essential Algarve*.

Kasinos

In Vilamoura, Praia da Rocha und Monte Gordo können Sie Ihr Geld verspielen (Pass oder Personalausweis erforderlich!), begleitet von einem Nachtprogramm, gelegentlich mit erstrangigen portugiesischen oder brasilianischen Vorstellungen.

Wichtige Kulturveranstaltungen

Jahrmärkte und Feste sind über das ganze Jahr verteilt. Städte und Dörfer begehen den Tag des lokalen Schutzheiligen mit Paraden und Liedern, Feuerwerk und Tanz. Manche sind streng religiöser Art, manche werden vor allem für die Urlauber veranstaltet. Im nächsten Verkehrsamt oder in der örtlichen Tageszeitung erfahren Sie Genaueres. Hier die wichtigsten Feste:

Februar–März: Vier Wochen vor Faschingsdienstag beginnt der Karneval und gipfelt in einem dreitägigen Straßenfest. Den größten und lebendigsten Fasching erlebt man in Loulé mit seinen farbenfrohen Festwagen, Kapellen und Tanzgruppen.
März–April: Osterprozessionen finden in Faro statt.
Mai: Internationales Filmfest, verschiedene Orte. Die *Festa da Espiga* (Getreidefest) wird in Salir mit Festwagen, Feuerwerk und Volkstänzen begangen.
Mai–Juni: Internationales Musikfest – Highlight in der Algarve: zwei Monate lang klassische Musik und Ballett mit internationalen Künstlern. Jazzfestival in Portimão.
Juli: Motoclube Faro Festival – die größte Einzelveranstaltung in der Algarve. Rund 60 000 Motorradfahrer kommen nahe dem Flughafen Faro zur größten Motorradrallye Europas zusammen: drei Tage lang Motorradschau und Rockkonzerte und am Sonntagmorgen um 11 Uhr Parade durch Faro.
Juli–August: Internationales Jazzfestival in Loulé.
Oktober: Chorfest der Algarve mit Veranstaltungen in der ganzen Region.

Kulinarische Feste

Zwar kommen nur wenige Besucher wegen der Küche in die Algarve, aber die Einheimischen nehmen es mit den kulinarischen Festen sehr ernst. Wurstprobe in Querença im Januar, Fisch- und Meeresfrüchtefest in Portimão von April bis Mai; genießen Sie Honig (*mel*) und *medronho* aus den Früchten des Erdbeerbaums in Monchique im Mai; genießen Sie Schalentiere und Sardinen am Meer in Olhão im August oder Süßkartoffeln mit Schalentieren in Aljezur im späten Oktober. Mitte Juni können Sie sich durch die portugiesische Gastronomiewoche in Lagoa futtern, um dann das kurze Stück bis Silves zu fahren und dort alles beim jährlichen Bierfest hinunterzuspülen.

Stierkampf

Der portugiesische Stierkampf unterscheidet sich in erster Linie dadurch von der blutrünstigeren spanischen Form, dass der Stier in der Arena nicht getötet wird, seine Hörner abgeschnitten und gepolstert sind (und also auch weniger Stierkämpfer in der Arena sterben müssen) und der Hauptkämpfer auf einem Pferd sitzt. Dieser *cavaleiro* in seiner Tracht aus dem 18. Jahrhundert ist wirklich ein schöner Anblick, aber wenn seine farbenprächtigen *bandarilhas* auf den Stier einhämmern, fragen sich viele Nichteinheimische, ob sie hier richtig sind.

Faro und der Osten

Erste Orientierung

Die östliche Algarve, auch als Sotavento (Leeseite) bekannt, ist – im Unterschied zur Mittelalgarve und der westlichen Mittelalgarve – die weniger bekannte Hälfte mit ganz anderer Typografie und eigenem Charakter. Touristische Einrichtungen sind selten, das Leben schreitet langsamer voran, und die Strände sind lang und flach. Drei kleine Städte, Faro, Olhão und Tavira, kümmern sich (mit äußerlicher wie innerlicher Distanz) um den Strand und beherbergen Erholungsuchende auf entspannte Weise, ohne ihren eigenen Lebensstil aufzugeben.

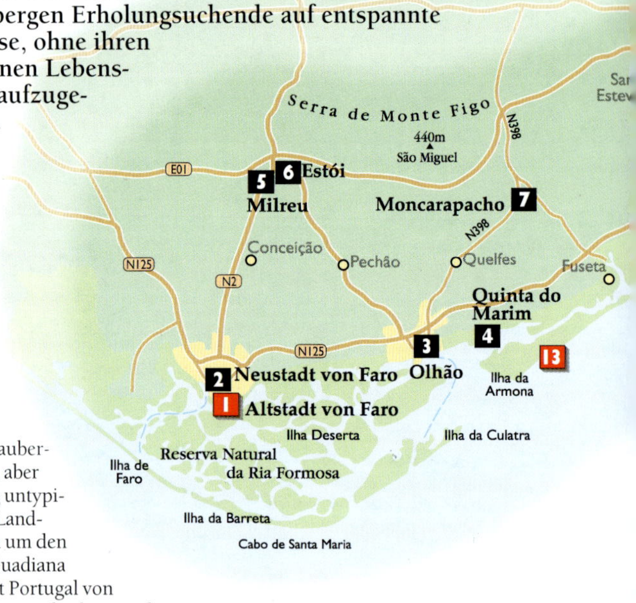

Der zauberhafte, aber völlig untypische Landstrich um den Rio Guadiana trennt Portugal von Spanien und gehört zu den am besten gehüteten Geheimnissen der Algarve.

Die Hauptstadt der Algarve, Faro, ist die interessanteste der östlich gelegenen Städte und bietet genügend Sehenswürdigkeiten, Restaurants, Bars und Nachtleben, um neugierige Besucher für ein paar Tage zu unterhalten. Der Fischerhafen Olhão mit seinen der Küste vorgelagerten Stränden hat eine viel herbere Atmosphäre, aber außer seinem quirlig-malerischen Markt bietet er nicht viel mehr. Doch das nahe gelegene Gebiet Quinta do Marim ist gerade richtig für einen Halbtagsausflug. Tavira, häufig als die hübscheste Stadt der

Vorhergehende Seite: Fischerboote im Hafen, Olhão

★ Nicht verpassen!

… Algarve bezeichnet, ist mit einigen wunderschönen privaten und kirchlichen Bauten, den friedlichen Parkanlagen am Fluss, guten Unterkünften und einigen verlockenden Restaurants der vornehmste Ort der Region. Auch das Nachtleben erwacht hier zunehmend.

Clown und Touristen in Faro

Nach Lust und Laune!

Flussverkehr in Tavira

Von eleganter Architektur zu idyllischen Flusslandschaften und sanften Hügeln – diese Rundfahrt durch die östliche Region zeigt, dass es in der Algarve viel mehr gibt als hektische Urlaubszentren, Strandbuchten und Golfplätze.

Faro und der Osten in vier Tagen

Erster Tag

Vormittags

Fahren Sie in die **Altstadt von Faro** (➤ 46ff) über den Arco da Vila hinein, parken Sie vor dem Verkehrsamt, und besorgen Sie sich einen Stadtplan. Die Kathedrale, das Museu Arqueológico und die Igreja de São Francisco sind – neben der ruhigen historischen Atmosphäre – die wichtigsten Sehenswürdigkeiten.

Nachmittags

Fußgängerzone in der Rua de Santo António, der Hauptstraße. Am oberen Ende befindet sich das kleine **Museu Regional** (➤ 56). Um zur **Igreja do Carmo** (➤ 56) und ihrer makabren Knochenkapelle (➤ 28) zu kommen, gehen Sie die Rua Vasco da Gama hoch in die Praça Ferreira de Almeida, dann durch die Rua José Estevão in den Largo de São Pedro und den anschließenden Largo Carmo. Zurück geht es direkt durch die Praça Ferreira de Almeida zur *doca*, dem kleinen Innenhafen.

Zweiter Tag

Vormittags

Fahren Sie auf der N125 ostwärts nach Olhão weiter. Haben Sie sich mit einem Kaffee am Kai gestärkt und die Atmosphäre des Ortes erkundet, können Sie direkt über die Straße in die Rua do Comércio gehen, die zur **Pfarrkirche** (➤ 57) führt. Im Tamboril oder der Pérola de República können Sie direkt am Meer ein Mittagessen mit Fisch genießen.

Nachmittags

Die N125 führt weiter zum Besucherzentrum der **Reserva Natural da Ria Formosa** (➤ 57) in Quinta da Marim, wo Sie am Nachmittag auf gut gekennzeichneten Wegen die faszinierende Naturgeschichte des Reservats kennen lernen können. Übernachten Sie in Tavira, das 20 Minuten mit dem Auto in Richtung Osten entfernt ist.

Dritter Tag

Vormittags

Parken Sie so nahe wie möglich am Zentrum von **Tavira** (➤ 49ff, links das Ufer des Flusses Gilão), holen Sie sich einen Stadtplan von der Touristeninformation, und machen Sie die vorgeschlagene Besichtigungstour durch die Stadt (➤ 164f).

Nachmittags

Nach kurzer Fahrt sind Sie in Quatro Águas, wo Sie parken und im Restaurant Quatro Águas (➤ 55) zu Mittag essen können. Für einen Nachmittag am Strand nehmen Sie die Fähre zur **Ilha de Tavira** (➤ 55).

Vierter Tag

Am frühen Morgen brechen Sie auf und fahren die empfohlene Strecke (➤ 166ff) von Tavira nach Castro Marim entlang dem wunderschönen **Rio Guadiana** (➤ 52ff) und landeinwärts zum **Parque Mineiro Cova dos Mouros** (➤ 168, rechts abgebildet). Bei Ihrer Rückkehr nach Tavira haben Sie sich Ihr Abendessen verdient – vielleicht afrikanisch im Kudissanga (➤ 51)!

0

Altstadt von Faro

Faro, vor allem seine Altstadt, gehört zu den am meisten unterschätzten Sehenswürdigkeiten – viele fahren auf ihren Wegen zum Strand oder Golfplatz einfach unbeirrt daran vorbei. Gut so, sagen manche, denn sonst würde wahrscheinlich der normale portugiesische Alltagscharakter und sein beschaulicher, historischer Charme verloren gehen.

Der Zugang zur Altstadt führt durch den **Arco da Vila** (Stadttor), ein elegantes Wahrzeichen der Stadt aus dem 18. Jahrhundert. Achten Sie auf das Hufeisentor direkt in dem Bogen – ein einzigartiger Überrest der maurischen Stadtmauern. Von hier laufen Sie die Straße hoch zum **Largo da Sé** (Platz der Kathedrale), einem großen schönen Platz mit Kopfsteinpflaster, umgeben von Orangenbäumen. Mit etwas Glück spielt gerade ein Straßenmusiker Gitarre. Gegenüber der Kathedrale steht das **alte Rathaus** (*câmara municipal*), die lange Gebäudereihe daneben ist der 400 Jahre alte **Paco Episcopal** (Bischofspalast).

Seit vielen Jahren ist der anmutige Arco da Vila ein Nistplatz für Störche

Die Kathedrale

Erbaut wurde die Kathedrale ursprünglich im späten 13., Anfang 14. Jahrhundert, doch aus dieser Zeit stammen nur noch der Haupteingang, der niedrigere Turm und die zwei Kapellen im Querschiff. Der Rest wurde nach der Stadtplünderung durch den Grafen von Essex (Günstling der englischen Königin Elisabeth I.) im Jahre 1596 und nach dem großen Erdbeben im Jahre 1755 (➤ 78) wieder aufgebaut.

Seitlich des Haupteingangs, beim Eintrittskartenkiosk, ist der Zugang zur Kirche. Nachdem Sie bezahlt haben, aber kurz bevor Sie die Kathedrale richtig betreten, achten Sie auf die spärlichen Überreste einer **Capela dos Ossos** (Knochenkapelle, ➤ 29) auf der rechten Seite. Die Kapellen in der Kathedrale sind für ihre Schnitzereien berühmt, die zu den schönsten in der Algarve zählen. Ein barockes Juwel ist auf der Südseite die warm leuchtende Kapelle **Nossa Senhora dos Prazeres** (Unsere Liebe Frau der Freuden). Die große **Kirchenorgel**, 1751 in einer Art chinesischem Stil in Rot und Gold verziert, ist nicht weniger prächtig.

Links: Die einfache wuchtige Kathedrale von Faro birgt in ihrem Inneren viele kleine Schätze wie dieses in Marmor gearbeitete Wappen (links oben)

Unten: Der Largo da Sé ist ein beliebter Treffpunkt

Convento de Nossa Senhora de Assunçao

Nach dem protzigen Übermaß der Kathedrale wirken die luftigen Kreuzgänge des Klosters »Mariä Himmelfahrt« ein bisschen leichter. Das Kloster wurde im 16. Jahrhundert erbaut, verwahrloste jedoch im 19. Jahrhundert und wurde als Korkfabrik benutzt. Heute beherbergt es das **Museu Arqueológico** und bietet einen wunderschönen Rahmen für die kleine Exponatensammlung. Besonders bemerkenswert ist das **»Ozeanmosaik«**, das einen Teil vom Gesicht des Königs Neptun zeigt. Es stammt aus dem 3. Jahrhundert und wurde ganz in der Nähe gefunden. Aus der römischen Villa von Milreu (➤ 58) stammen die **beiden Büsten** von Kaiser Hadrian und Agrippina.

KLEINE PAUSE

Für eine Kaffeepause eignet sich die **Taverna do Sé** (direkt bei der Praça Dom Afonso III), zum Mittagessen die Terrasse der **Mesa dos Mouros** (Largo da Sé, Tel. 289 878 873) direkt neben der Kathedrale.

Catedral
180 B2 Largo da Sé Mo–Fr 10–12 und 14–17 Uhr preiswert

Museu Arqueológico
180 C1 Praça Dom Afonso III
289 824 085 Mo–Fr 9–12, 14–17 Uhr

Galeria do Trem
180 C1 Rua do Trem 289 804 197

Galeria do Arco
180 C1 Rua do Arco 289 801 037

Für Kinder

Im Zentrum des **Convento de Nossa Senhora de Assunçao** gibt es Figuren aus Holz, in die Besucher für ein Foto ihre Köpfe durch eine Öffnung stecken können. Sie stellen den Befreier der Stadt, Afonso III. (die mächtige Statue vor dem Konvent würde ihm zweifelsohne besser gefallen), eine Maurin und einen Römer dar.
• Achten Sie auch auf die verschiedenen **Grotesken** und **Wasserspeier** im Inneren des Klosters.

Außerdem sehenswert

Aktuelle Ausstellungen moderner Kunst in der **Galeria do Trem** und der **Galeria do Arco** (ausgeschildert).
• Die **Werkstatt** (ohne Kennzeichnung) rechts vom Restaurant Mesa dos Mouros, wo religiöse Figuren und Antiquitäten restauriert werden.
• **Galeria Vila Adentro:** Antiquitätengeschäft.

In den Winkeln der Altstadt findet man noch immer das traditionelle Portugal in voller Blüte

ALTSTADT VON FARO: INSIDER-INFO

Top-Tipps: Fragen Sie beim Kauf Ihrer **Eintrittskarte** zur Kathedrale, ob jemand vom Personal Ihnen die Kirche zeigen könnte. Das ist kostenlos, aber ein Trinkgeld ist sicher nicht falsch.
• Die Besichtigung des **Kirchturms** ist im Eintrittspreis enthalten. Es sind nur 68 Stufen, und der Blick über die Dächer und hinaus auf die Lagune bis zum Flughafen ist sehr schön.
• In einigen Kapellen der Kathedrale kann der Besucher zusätzliche **Beleuchtung** einschalten.
• **Parken in Faro** kann schwierig sein; direkt neben der Kathedrale am Largo de São Francisco findet sich aber meist ein Platz.

Geheimtipp: Die **Igreja de São Francisco** befindet sich gleich außerhalb der Stadtmauern gegenüber dem Largo de São Francisco. Läuten Sie an der Glocke, wenn Sie hineinmöchten (am besten am späten Nachmittag). Trotz der umfangreichen Restaurierungsarbeiten verspürt man in dieser Kirche mit ihren Fliesen zu Szenen aus dem Leben des heiligen Franziskus eine stimmungsvolle Atmosphäre.

8

Tavira

In jedem Reiseführer über die Algarve wird Tavira zu Recht als »attraktivste«, »eleganteste«, »hübscheste«, »vornehmste«, »exklusivste« Stadt der Region beschrieben. Taviras Blütezeit lag zwischen dem 16. und 18. Jahrhundert, als vor allem die enormen Thunfischfänge viel Geld einbrachten, Tavira zur bevölkerungsreichsten Stadt in der Algarve wurde und der Hafen eine große strategische Bedeutung errang.

In Tavira geht es immer noch beschaulich zu

Zum Glück richtete das 20. Jahrhundert in Tavira nur geringen architektonischen Schaden an, und es dürfte eine der Städte der Algarve sein, die Robert Southey, ein Reisender im frühen 19. Jahrhundert, heute noch wiedererkennen würde. »Reinlich und wohlhabend«, schrieb er vor rund 200 Jahren – und wenn jetzt die Zeit des Überflusses auch vorbei sein mag, so ist es immer noch sehr sauber, und viele der hübschen Häuser aus dem 18. und 19. Jahrhundert sind auffallend gut erhalten.

Heute gehört Tavira als Gastgeber für einen beständigen Strom an Besuchern nicht mehr zur »unentdeckten Algarve«, aber es hat sich auch nicht dem Massentourismus hingegeben. Hier finden Sie weder internationale Futterkrippen, Kneipen, Souvenirläden, große Hotel- und Ferienanlagen noch laute Diskotheken. Wer das sucht, wird im nahe gelegenen Canabas fündig.

Stadtbesichtigung

Am besten starten Sie Ihren Spaziergang durch die Stadt (➤ 164f) an der Touristeninformation in der Nähe des Schlosses und zweier Kirchen Taviras. Die Stadt besitzt erstaunlich viele Kirchen (Schätzungen schwanken von 26 bis weit über 30), aber nicht immer sind alle geöffnet (Öffnungszeiten siehe Kasten).

Direkt von den Treppen der Touristeninformation erblicken Sie rechts vor Ihnen das wundervolle Portal der **Igreja da Misericórdia** (Kirche der Barmherzigkeit). Oft wird diese Kirche das schönste Bauwerk der Algarve aus dem 16. Jahrhundert genannt. Wenn Sie in die Kirche hineinkommen, können Sie die herrlichen blau und weiß glasierten *azulejos* und den kunstvoll geschnitzten Altar bewundern.

Um die Ecke finden Sie die hübsche **Igreja de Santa Maria do Castelo**. Diese Kirche ist vor allem durch seine zwei Gräber zu beiden Seiten des Altars berühmt. Zur Rechten symbolisieren sieben Kreuze die Ruhestätte der sieben christlichen Ritter, die 1239 von den Mauren – damals die Herrscher der Stadt – überfallen und ermordet wurden. Dies war der Auslöser für die Bewohner von Tavira, durch einen Aufstand ihre Stadt wieder zurückzuerobern. Angeführt wurden sie von Dom Paio Peres Correa, dessen Grab

Oben: Die schöne Kirche Igreja do Santa Maria do Castelo
Unten: Eine Gedenkplatte an der Kirche Igreja de Santiago erinnert an den hl. Jakob, den Bezwinger der Mauren

gegenüber dem der Ritter liegt.

Das **Castelo dos Mouros** (Überreste eines Kastells) inmitten eines gepflegten Gartens stammt aus der Zeit des Königs Dinis (1261–1325). Den besten Blick auf die stilvollen Villen mit ihren typischen Walmdächern aus dem 18. und 19. Jahrhundert und die vielen Kirchtürme hat man von den Wehrgängen (aber achten Sie auf die ungesicherten Abgänge).

Die Römische Brücke in Tavira überspannt den Gilão

Ein weiteres elegantes Bauwerk der Stadt ist die **Ponte Romana** (Römische Brücke). Zwar hat der niedrige siebenbogige Flussübergang römische Fundamente, was Sie heute sehen, stammt aber hauptsächlich aus dem 17. Jahrhundert.

KLEINE PAUSE

In der **Praça da República** nahe der Brücke gibt es zahlreiche Cafés – am besten fanden wir das **Veneza**. Fisch ist die Spezialität in Tavira, z. B. im alteingesessenen **Imperial** (Tel. 281 322 234) oder im **O Canecão** (Tel. 281 325 260), das ganz unbescheiden die »weltbeste *cataplana*« für sich beansprucht und jedenfalls ein breites Angebot bietet. Oder Sie probieren etwas ganz anderes am gegenüberliegenden Ufer: das afrikanische Restaurant **Kudissanga** (Tel. 281 321 670).

Igreja de Santa Maria do Castelo

186 A2
Calçada de Paio Peres Correia
Mo–Sa 10–12.30 und 14–18 Uhr

Castelo dos Mouros

186 A2
Calçada de Paio Peres Correia
Mo–Fr 8–17 Uhr, So 9–17.30 Uhr

Oben rechts: Der ist übrig geblieben – ein *espada* vom Fischmarkt in Tavira

Verschlossene Kirchen ohne angegebene Öffnungszeiten sind ein Verdrussthema bei den Besuchern Taviras. Fragen Sie in der Touristeninformation nach den jeweiligen Öffnungszeiten. Jeweils direkt vor oder nach einer Messe ergibt sich zumindest die Möglichkeit, einen kurzen Blick auf das Kircheninnere zu erhaschen.
Hier die Gottesdienstzeiten:
São Tiago, Sa 16.30 Uhr, So 18 Uhr
São Paulo, Sa 17.30 Uhr, So 9 Uhr
Santa Luzia, So 21 Uhr
Santa Maria do Castelo, So 11 Uhr
Darüber hinaus werden Kirchen für Führungen, Besuchergruppen, Konzerte oder Ausstellungen geöffnet.

TAVIRA: INSIDER-INFO

Top-Tipp: Wenn Sie stilvoll im Herzen von Tavira wohnen möchten, dann achten Sie auf die Eröffnung der neuen *pousada* (➤ 35).

- Am alten Fischmarkt in Tavira wird ein neues Einkaufs- und Kulturzentrum erbaut.

12

Rio Guadiana

Der Rio Guadiana entspringt weit entfernt von der Algarve in der Provinz von Albacete im südwestlichen Spanien, um nach 780 Kilometern in den Atlantik zu münden, wo er die portugiesische Stadt Vila Real de Santo António von der spanischen Stadt Ayamonte trennt. Nur auf den letzten 48 Kilometern, bis nach Pomarão in der Alentejo-Region, ist er schiffbar, und auch dann nur mit relativ kleiner Fracht. Seine letzten 40 Kilometer bilden die Grenze zwischen Portugal und Spanien.

Heute nicht mehr von Angreifern bedroht – die Festung São Sebastião

Der Guadiana wurde nach der Rückeroberung der Iberischen Halbinsel (► 30) zwischen dem 14. und 15. Jahrhundert zur Landesgrenze, bewacht von Kastellen wie Castro Marim, Alcoutim und – auf spanischer Seite – San Lúcar. Im 20. Jahrhundert jedoch wurde er zum friedlichen Gewässer. In den frühen Neunzigerjahren wurde die erste Straßenbrücke zwischen der Algarve und Andalusien gebaut, und ein paar Jahre später wurden alle Grenzformalitäten zwischen Spanien und Portugal abgeschafft.

Castro Marim

In Castro Marim, der nächsten Ortschaft, hat sich durch den Brückenbau jedoch wenig verändert. Der ***castelo*** (Hauptburg) wurde im 13. und 14. Jahrhundert erbaut und umschließt eine gut erhaltene maurische Anlage aus dem 10. bis 12. Jahrhundert. Sie beherbergt ein kleines **archäologisches Museum**. Zwar gibt es hier nicht viel zu sehen, aber der Ausblick ist sagenhaft.

Die **Feuchtgebiete** unterhalb stehen als Teil der Reserva Natural do Sapal de Castro Marim unter Schutz und ziehen eine Unmenge Vögel an. Die Salzbecken im Reservat sind jahrhundertealt und werden noch heute betrieben. Von den Ruinen der **Festung São Sebastião** aus dem 17. Jahrhundert (immer zugänglich) auf dem gegenüberliegenden Hügel hat man ebenfalls einen guten Ausblick.

Reiher im Feuchtgebiet von Castro Marim

Alcoutim

Alcoutim genießt eine idyllische Lage an einem der schönsten Abschnitte des Flusses und hat in der ebenso attraktiven spanischen Stadt San Lúcar am anderen Ufer ein passendes Gegenstück. Eine Fähre pendelt zwischen beiden Städten, und entlang des Ufers sind überall kleine Boote zu mieten. Im Sommer herrscht hier ein buntes Treiben von Bootsbesitzern und jungen Leuten aus der Jugendherberge (im angrenzenden neuen Teil der Stadt), die die Ufercafés bevölkern oder mit Booten herumfahren. Den besten Blick auf die Festungen bei-

Spanien liegt über dem Fluss bei Alcoutim nur einen Steinwurf weit entfernt

der Städte und die orangefarbenen Dächer Alcoutims hat man von der ehemaligen Ermida de Nossa Senhora da Conceição (Einsiedelei Mariä Empfängnis), heute das **Núcleo Museológico Arte-Sacra** (Museum geistlicher Kunst). Eventuell können Sie hier bei der Restaurierung von Statuen und Bildern zuschauen. Auf dem Hügel neben der Kirche thront der ***castelo*** von Alcoutim, der im 14. Jahrhundert zur Verteidigung der Grenzen gebaut wurde. Heute finden sich dort kleine Grasterrassen und ein kleines neues **archäologisches Museum**, das vor allem den Ruinen der früheren Burgen an dieser Stelle gewidmet ist. Aber der Hauptgrund für den Besuch ist sowieso der schöne Blick.

KLEINE PAUSE

Die Terrasse des **Cafés O Soeiro** (Rua do Municípo, Tel. 281 546 241) am Ufer in Alcoutim ist der ideale Platz, um den Blick auf den Fluss zu genießen.

Castro Marim
186 C3
Castelo
281 510746
tägl. 10–18 Uhr im Sommer; 10–17 Uhr im Winter; Museum 13–15 Uhr geschlossen
Burg: frei; Museum: preiswert

Alcoutim
186 C5
Núcleo Museológico Arte-Sacra
Di–Sa 9–12.30 und 14–17.30 Uhr
preiswert

Castelo
281 546104
Burg: tägl. 9–17.30 Uhr; Archäologiemuseum: Di–Sa 9–12.30 und 14–17.30 Uhr
Burg: frei; Museum: preiswert

Der Rio Guadiana trennt Portugal von Spanien mit der Festung San Lúcar

RIO GUADIANA: INSIDER-INFO

Top-Tipps: Wenn Sie mal kurz nach **Spanien** wollen, denken Sie daran, dass es dort eine Stunde früher ist und die Spanier noch Siesta halten.

- Der **Flussabschnitt zwischen Castro Marim und Alcoutim** ist besonders sehenswert – eine der friedlichsten und landschaftlich schönsten Strecken folgt direkt seinem Lauf (➤ 166ff).
- Wenn Sie nicht selbst fahren möchten, machen Sie eine **Bootsfahrt** den Fluss entlang, eventuell verknüpft mit einer **Jeepsafari** (➤ 65).

Geheimtipp: Anfang September findet in Castro Marim ein **dreitägiges Fest zum Thema Mittelalter** – einschließlich Bankett – statt.

13

Strände

An der Sotavento-Küste der Algarve sind die Strände lang und flach und weisen nur wenig charakteristisches Hinterland auf. Ein Großteil der Küste gehört zu der geschützten Reserva

Natural da Ria Formosa, doch nach Zugeständnissen drängen sich auf den beliebteren Abschnitten im Sommer viele Menschen. Aber sowie Sie etwas weiterziehen, finden Sie einen ruhigen Fleck, und Sie fühlen sich weit weg von den übervölkerten Badebuchten der westlichen Mittelalgarve.

Ilhas Desertas 185 D1

Diese Sandbänke locken verführerisch, wenn man vom Dach der Kathedrale in Faro blickt. Es gibt dort ein Imbisslokal und Wassersportmöglichkeiten einschließlich Wasserski, aber Ruhe und Frieden sind damit nicht garantiert. Mit der Fähre ab Faro, gleich außerhalb der Altstadt, zu erreichen.

Ilha da Armona 185 E1

Hier finden Sie warme seichte Gewässer an einem langen weichen Sandstrand, aber Sie werden etwas laufen müssen, um den Massen zu entkommen. Mit der Fähre ab República.

Ilha de Tavira 186 A1

Dies ist der geschäftigste unter den Stränden auf den Barriereinseln mit Campingplätzen und zahlreichen Restaurants. Der der Fähre aus Tavira am nächsten liegende Strand ist auch am schönsten, aber es kann hier voll werden. Mit der Fähre von Quatro Águas, Tavira, oder über die Fußgängerbrücke von Santa Luzia.

Manta Rota/Cacela Velha 186 B2/C2

Dieser riesige Strand führt an dem überfüllten, kommerzialisierten Monte Gordo vorbei bis zur spanischen Grenze. Manta Rota ist ruhig, mit niedrigen Dünen und Bäumen, Cacela Velha ist ein ganz verschlafenes Nest.

KLEINE PAUSE

Natürlich gibt es viele Strandbars und Restaurants, doch die meisten bieten nichts Besonderes. Eine bemerkenswerte Ausnahme ist das ausgezeichnete Fischrestaurant **Quatro Águas** (Tel. 281 325 329) am gleichnamigen Pier.

Fußspuren im Sand (oben und links) auf der Ilha Tavira

Nach Lust und Laune!

Das moderne Faro hat einen quirligen Hafen

2 Neustadt von Faro

Ungeachtet ihres Namens stammt die Neustadt Faro vor allem aus dem späten 19. Jahrhundert, und ihr Kern direkt westlich der ummauerten Altstadt (➤ 46ff) ist ein liebenswerter Wirrwarr aus engen Wohnstraßen und einer Fußgängerzone um die Hauptstraße Rua do Santo António herum. In den vielen richtig portugiesischen Bars, Cafés und Restaurants trifft man sowohl Einheimische wie Besucher an. Ein Muss bei der Besichtigung der Altstadt ist die schaurige **Capela dos Ossos** (Knochenkapelle) in der **Igreja do Carmo** (➤ 28).

Besuchen Sie aber möglichst auch die zwei kleinen Museen der Stadt. Das traditionelle **Museu Regional** für Ethnografie der Algarve behandelt eher allgemeine Themen, mit aufrüttelnden Schwarzweißfotografien und Kuriosem wie den Holzkarren der Wasserträger, die noch bis in die frühen Siebzigerjahre durch die Gegend rollten. Das **Museu da Marítimo** am Ufer zeigt vor allem Modellboote.

Eine neue interessante Errungenschaft Faros auf der anderen Seite des Docks ist die **Ciência Viva** (lebendige Wissenschaft). Hier wird anschaulich gezeigt, wie Dinge funktionieren, insbesondere das Sonnensystem. Für ältere Kinder kann das lustig und spannend zugleich sein, und das Personal ist hilfsbereit, aber um davon zu profitieren, sollte man gute Portugiesischkenntnisse haben.

Capela dos Ossos
180 C5 · Igreja do Carmo, Largo do Carmo · Mo–Fr 10–13 und 15–17 Uhr, Sa 10–13 Uhr · preiswert

Museu Regional
181 E3 · Praça da Liberdade · 289 827610 · Mo–Fr 9.30–12.30 und 14.30–17.30 Uhr · preiswert

Museu da Marítimo
180 A3 · Doca de Faro · 289 803601 · Mo–Fr 9.15–12 und 14–16.30 Uhr · preiswert

Ciência Viva
180 B2 · Doca de Faro · 289 890920; www.ualg.pt/ccviva · Mitte Sept.–Juni Di–Fr 10–17 Uhr, Sa, So, feiertags 15–19 Uhr; Juli–Mitte Sept. Di–So 16–23 Uhr · mittel (Mi preiswert)

Wo die Einheimischen essen

- **Adega Nortenha**, gleich bei der Praça Ferreira de Almeida
- **Adega Nova**, Rua Francisco Barreto
- **Adega Rocha**, Rua da Misericórdia

Muss nicht sein: **Café Aliança** (➤ 63) am Ufer. Werfen Sie ruhig einen Blick in dieses etwas heruntergekommene historische Gebäude, eines der ältesten Cafés in Portugal, aber essen Sie wegen des langsamen Services besser woanders.

3 Olhão

Olhão ist ein nüchterner Betriebshafen (heutzutage selten in der Algarve) und der größte der Region nach Portimão. Besucher erkunden hier entweder den Fischmarkt – den besten der Algarve (▶ 65) –, oder sie nehmen ein Boot zu den Stränden der Reserva Natural da Ria Formosa (▶ unten). Die Stadt bietet sogar ein paar Übernachtungsplätze und einige richtige Restaurants, aber sie ist keine Touristenstadt.

Außerdem:
- Wer länger im Ria-Formosa-Naturpark bleiben möchte, kann in Quinta do Marim übernachten.
- Machen Sie eine Lagunenfahrt mit dem für das Reservat restaurierten Thunfischboot.

Gefällt Ihnen Faro, dann gefällt Ihnen auch Olhão – es hat eine ähnliche Atmosphäre, wenn auch in kleinerem Stil. Schlendern Sie von der Küste und dem Fischmarkt über die Rua do Cómercio zur Igreja de Nossa Senhora do Rosário. Vom Turm hat man einen schönen Blick, auch auf einige der für die Stadt bekannten *açoteias* (▶ 21). Beachten Sie auf der Rückseite der Kirche die wundersame Capela dos Aflitos (Kapelle der Geplagten) mit ihrer sonderbaren Sammlung an Votivgaben, einschließlich verschiedener Glieder und Körperteile.

185 E1
Igreja de Nossa Senhora do Rosário
Praça da Restauração **Di–So 9.30–12 und 15–18 Uhr (ggf. an die Tür klopfen)** **preiswert**

Getrockneter Tintenfisch auf dem Fischmarkt von Olhão

4 Quinta do Marim / Reserva Natural da Ria Formosa

Der Naturpark Ria Formosa erstreckt sich von Praia do Garrão/Praia d'Ancão bei Quinta do Lago bis Praia da Manra Rota, etwas westlich von Monte Gordo. Ria Formosa bedeutet »schöner Fluss«, doch eigentlich ist er eine riesige Lagune aus Salzsümpfen, fünf schmalen Sandinseln und unzähligen Kanälen. Für viele Vögel und Meereslebewesen bietet er ein ideales Zuhause, dazu einige beliebte Strände (▶ 55). Die beste Einführung in den Park ist der informative zweistündige Spaziergang (▶ 169f) ab Quinta do Marim, einen Kilometer östlich von Olhão.

Quinta do Marim Besucherinformation
185 E1
Quinta do Marim, N125
289 704134
tägl. 9–12.30 und 14–17 Uhr

Aufwändige Delphin-Mosaiken in Milreus Schwimmbecken

5 Milreu

Unmittelbar benachbart zum Schloss vom Palacio d'Estói, liegen die römischen Ruinen von Milreu. Zu den Glanzlichtern zählen einige fein gearbeitete Delphin-Mosaiken und der Teil einer Mauer eines christlichen Heiligtums aus dem frühen 4. Jahrhundert. Unsicher ist, ob das Hauptgebäude eine Villa oder ein öffentliches Bad war, doch Ausgrabungen zufolge datieren die Ruinen hauptsächlich aus dem 3. Jahrhundert. Die besten Funde werden in den archäologischen Museen von Lagos und Faro aufbewahrt.

185 D2 Estói 289 997823 Mai–Sept. Di–So 9.30–12.30 und 14–18 Uhr; Okt.–April Di–So 9.30–12.30 und 14–17 Uhr preiswert

6 Estói

Der Palacio d'Estói wurde ab 1840 für den Conde de Cavalhal gebaut. Er ist ein romantischer rosafarbener Cocktail aus verschiedenen Baustilen (Jugendstil, Barock und Rokoko) und soll die schönsten Gipsdecken der Algarve haben – aber leider sind sie nicht zugänglich. Die Restaurierung dauert schon viele Jahre, und er soll als *pousada* (➤ 35) wiedereröffnet werden. Bis dahin kann man nur durch die Tore spähen, die hübsch gekachel-

ten, feierlichen Treppenhäuser hinauf- und hinabsteigen und durch einen Teil des Gartens spazieren. Der Ausflug zu diesem Prachtbau in seinem wunderschönen Arrangement aus klassischen Statuen, Wasserspielen und regelmäßig angelegten Gärten lohnt sich, auch wegen seiner verwunschenen, magischen Atmosphäre. Parken Sie auf dem Platz vor der Kirche, und folgen Sie der Ausschilderung links.

185 D2 Estói Garten: Di–Sa 9.30–12.30 und 14–17.30 Uhr frei

Der märchenhafte rosa Palast in Estói

7 Moncarapacho

Dieses hübsche kleine Bergdorf mit seinen unaufdringlichen Sehenswürdigkeiten liegt nahe der N125 zwischen Olhão und Tavira. Die Pfarrkirche an dem baumbestandenen Hauptplatz ist für ihre Renaissancefassade, auf der modern anmutende Figuren Christus geißeln, für ihr buntes gotisches Inneres und die in verblassendem Rot und Blau bemalten Akanthussäulen bekannt. Beim Verlassen der Kirche gehen Sie erst links, dann gleich wieder rechts auf die hübsche Kapelle aus dem 17. Jahrhundert vor Ihnen zu. Nebenan befindet sich das vom Pfarrer gegründete Museu Parroquiala für lokale Geschichte und Archäologie. Zu der bunten Sammlung gehören auch eine Olivenpresse, Sklavenfesseln, Grabsteine, Kanonenkugeln und eine bezaubernde 42-teilige neapolitanische Krippenszene. Bei geschlossener Kapelle fragen Sie im Museum, ob Sie einen Blick ins Innere mit seinen *azulejos* werfen dürfen.

185 E2
Museu Parroquial
Moncarapacho kein Telefon
Mo, Mi, Fr 11–15 Uhr

Für Kinder

- **Capela dos Ossos**, Faro (➤ 56)
- Jeder der **Barriereinselstrände** in der **Ria Formosa** (➤ 65)
- **Fischmarkt** in Olhão (➤ 65)
- **Quinta do Marim, Besucherzentrum** (vor allem die Gezeitenmühle und die portugiesischen Wasserhunde, ➤ 169f)

Wasserverkäuferkarren im Museu Regional

9 Cacela Velha

Zur unentdeckten Algarve gehört Cacela Velha sicher nicht mehr, aber der kleine Weiler ist der richtige Platz, wenn man in dieser Region Abgeschiedenheit sucht. Einzigartig für diesen Küstenabschnitt, liegt Cacela Velha hoch oben auf einer Klippe über dem Strand in der Nähe des westlichsten Punktes der Reserva Natural da Ria Formosa (➤ 59). Es umfasst ein paar Häuser, eine hübsche Kirche, ein Restaurant, mehrere Cafés und eine gedrungene Festung aus dem 18. Jahrhundert. Leider wird die Anlage von der Regierung beansprucht und ist nicht zu besichtigen. Stufen führen zum breiten Sandstrand hinunter, der sich ostwärts bis Monte Gordo erstreckt. Das kurze Stück zur Barriereinsel erreichen Sie per Boot oder bei Ebbe zu Fuß.

186 B2

10 Monte Gordo

An der ganzen Ostküste der einzige Urlaubsort, dessen hoch aufragende Anlagen kilometerweit sichtbar sind. Ein zwar riesiger, aber eintöniger Strand mit warmem Wasser, ein Kasino, zahlreiche Essmöglichkeiten und niedrige Preise sind die Hauptattraktionen für die sommerlichen Besucherströme.

186 C2

11 Vila Real de Santo António

Für den einst blühenden Hafen an der Mündung des Rio Guadiana war die Errichtung der Straßenbrücke nach Spanien und der damit verbundene Wegfall des Fährverkehrs eine Art Todesstoß, doch für Urlauber lebt die Stadt durchaus. In den Geschäften wird etwas Touristenschnickschnack angeboten, und preiswerte Handtücher, Textilien und Kleidung für die Einheimischen und spanische Tagesausflügler gehören zum Standardrepertoire.

Der eindrucksvolle Hauptplatz erinnert an eine Sonnenuhr mit seinen schwarzweißen Segmenten und dem Obelisken in der Mitte, umringt von Orangenbäumen und ein paar hübschen Gebäuden und Cafés aus dem 18. Jahrhundert. In der schön renovierten Markthalle gleich neben dem Platz befinden sich die Touristeninformation und das kleine, nach dem hiesigen Künstler benannte Manuel-Canabas-Museum mit dessen Holzschnittarbeiten. In der Halle werden auch Wanderausstellungen gezeigt.

186 C2
Museu Manuel Cabanas
kein Telefon
tägl. 10–17 Uhr

Erholsame Pause auf dem ruhigen, eleganten Hauptplatz in Vila Real an der spanischen Grenze

Wohin zum … Übernachten?

Preise
Mit folgenden Preisen müssen Sie pro Doppelzimmer pro Nacht rechnen:
€ unter 50 Euro **€€** 50–125 Euro **€€€** über 125 Euro

Convento de Santo António €€

Die familienbetriebene Pension weist als ehemaliges Kloster einen ganz besonderen Charme auf. Nur 500 Meter von Taviras Zentrum entfernt, finden sich hinter dem Portal tropische Gärten, friedliche Kreuzgänge und weiß getünchte Mauern. Großzügige, gut ausgestattete Apartments gehen auf einen Hof hinaus, und aus den ehemaligen Mönchszellen sind kleine schlichte Zimmer geworden. Das Frühstück mit Brioche, geräuchertem Schinken und Käse wird im Freien serviert oder in dem bezaubernden Salon. Der Mindestaufenthalt beträgt je nach Saison zwei bis vier Nächte. Buchen Sie im Voraus!

186 A2
Atalaia 56, 8800 Tavira
und Fax 281 325 6322

Estalagem do Guadiana €€

Das einzige Hotel in Alcoutim wurde in den Neunzigerjahren für den zunehmenden Besucherstrom in die Ortschaft gebaut. Das weiß getünchte zweistöckige Haus mit 31 Zimmern liegt im neueren Teil Alcoutims mit Blick über den Fluss. Die Zimmer sind mit Kachelböden, geblümten Stoffen und dunklen Holzmöbeln einfach eingerichtet. Im Restaurant serviert man frische Gerichte der Umgebung, vor allem Fisch aus dem Guadiana. Zum Hotel gehören ein Swimmingpool, eine Terrasse und zwei Tennisplätze.

186 C5
8970 Alcoutim
281 540 120; Fax 281 546 647

Eva €€€

Obwohl in erster Linie für Geschäftsreisende gedacht, ist das Hotel ein angenehmer Ausgangspunkt für ein oder zwei Nächte in Faro, mit schneller Anbindung zum Flughafen und schönen Ausblicken über Hafen und Ria Formosa. Das Ambiente ist modern und nüchtern, aber die Räume sind mit Klimaanlage, Satelliten-TV, Minibar und Safe gut ausgestattet. Den schönsten Blick hat man vom Swimmingpool auf dem Dach und vom Restaurant im fünften Stock.

180 B3
Avenida da República 1, 8000-078 Faro
289 803 354; Fax 289 802 304

Guadiana €€

Im Gegensatz zu den meisten anderen Hotels in der Algarve besteht dieses schon seit dem frühen 20. Jahrhundert. Im Lauf der Zeit diente es als Treffpunkt für Politiker und Staatsmänner, wie etwa Franco und Salazar. Mit seinem Blick über den Guadiana hat es nicht nur eine Spitzenlage, sondern ist auch ein schönes Belle-Époque-Gebäude mit stilgerechten Zimmern und einem Hauch von Grandeur. Es betreibt kein eigenes Restaurant, aber das ausgezeichnete Caves do Guadiana (➤ 63) liegt gut erreichbar direkt nebenan.

186 C2
Avenida da República 94–96, 8900-206 Vila Real de Santo António
281 511 482; Fax 281 511 478

Hotel La Réserve €€€

Wenn Geld keine Rolle spielt, finden Sie nichts Besseres als La Réserve. Als Treffpunkt von Berühmtheiten hat es dennoch seine freundliche und offene Atmosphäre behalten. Alle 20 Wohnungen schauen nach Süden über den subtropischen Garten und die Küste bis zum zehn Kilometer entfernten Faro. Die weiß getünchten Apartments sind luxuriös eingerichtet, das Frühstück unter Bougainvilleen beim Swimmingpool ist ausgezeichnet.

✚ 185 D2
✉ Santa Bárbara de Nexe, 8000 Faro
☎ 289 999 474; Fax 289 999 402

Monte do Casal €€€

»Das malerischste Hotel der Algarve«, schreibt das englisch geführte Haus über sich selbst, und es ist schwer, das zu widerlegen. Das Haus aus dem 18. Jahrhundert liegt zurückgezogen in den Anhöhen nördlich von Faro, inmitten von blühenden Sträuchern und Zitronenbäumen, mit Blick über Palmen bis zum Meer. Die 13 Zimmer (fünf davon sind Suiten) haben Zugang zum beheizten Pool und Garten. Das köstliche Frühstück mit frischen Croissants und Brötchen wird auf den Terrassen gereicht, das Restaurant (➤ 63) zählt zu den besten der Region.

✚ 185 D2
✉ Cerro do Lobo, Estói, 8000 Faro
☎ 289 991 503; Fax 289 991 341; E-Mail: montecasal@mail.telepac.pt; www.montedocasal.pt

O Pequeno Castelo €

Abseits staubiger Straßen in den Hügeln oberhalb des kleinen Ortes Santo Estevão ist O Pequeno Castelo eine perfekte Zuflucht in Reichweite von Tavira. Das moderne Haus hat geräumige Zimmer mit geschmackvoller, traditioneller Einrichtung. (Eventuell teilen Sie jedoch ein Bad mit anderen Gästen.) Beim Frühstücken auf der Terrasse – mit frischen Früchten und warmem Brot und Gebäck – können Sie auf das Meer schauen. Ein Swimmingpool mildert die große Sommerhitze.

✚ 185 F2
✉ Poço das Bruxas, Apartado 107, 8800 Tavira
☎ und Fax 281 961 692

Pousada de São Brás de Alportel €€

Wie alle staatlich betriebenen *pousadas* ist auch diese in außergewöhnlich schöner Naturumgebung angelegt. Das Hotel oberhalb der kleinen Stadt São Brás genießt einen sagenhaften Blick über Berge und Meer. Aus den ursprünglich fünf Zimmern im Jahr 1944 sind mittlerweile 33 geworden, doch der Stil und die Ausstattung der modernisierten Räume sind weiterhin typisch portugiesisch. Zur Anlage gehören der Panoramaswimmingpool und eine Terrasse (auf der im Sommer serviert wird) sowie ein Landrestaurant mit ausgezeichneter portugiesischer Küche.

✚ 185 D2
✉ São Brás de Alportel, 8150 Faro
☎ 289 842 305; Fax 289 841 726; www.pousadas.pt

Quinta da Lua €

Wenn Sie ein ruhiges preisgünstiges Quartier nahe Tavira suchen, dann sind Sie bei der Quinta da Lua richtig. Die freundliche holländisch-portugiesisch geführte Pension liegt hübsch und friedlich zwischen Orangenbäumen und Weinbergen und nennt einen großen Swimmingpool ihr Eigen. Es gibt nur neun unterschiedlich eingerichtete Räume, wovon zwei Suiten mit großen Badezimmern sind. Ein Restaurant gehört nicht dazu, aber so oft, wie die Besitzer für sich selbst kochen, werden sie Ihnen wohl auch ein Essen zubereiten.

✚ 185 F2
✉ Bernardinheiro, 8800-513 Tavira
☎ und Fax 281 961 070

Quinta do Caracol €€

Durch ein blau-weißes Tor und einen Garten voller Zitronen, Palmen und Granatapfelbäume kommt man zur bezaubernden Quinta do Caracol. Der ehemalige alte Bauernhof mit Stallungen wurde zu sieben Apartments, von Terrassen mit Bougainvilleen unterteilt, umgebaut. Jedes ist nach einer Pflanze benannt und antik mit altem Kamin und Balken eingerichtet. Ein großer Grill im Garten, ein Swimmingpool mit Flutlicht, ein Tennisplatz und Tischtennisplatten stehen für die Gäste bereit. Ein Restaurant ist nicht dabei, aber bei ein- oder zweitägiger Voranmeldung wird man Ihnen eine Mahlzeit kochen.

✚ 186 A2
✉ Bairro de São Pedro, 8800-405 Tavira
☎ 281 322 475; Fax 281 323 175

Wohin zum … Essen und Trinken?

Preise
Für ein Essen ohne Getränke und Service zahlen Sie pro Person:
€ unter 15 Euro **€€** 15–23 Euro **€€€** über 23 Euro

Bica €

Das von Einheimischen für sein günstiges und gutes Essen bevorzugte Lokal findet sich am Ende einer kleinen Straße nördlich des Flusses Gilão. Die Hausspezialität *bife de atum cebolada* (Thunfischfilet mit Zwiebelsoße) wird täglich angeboten; gut schmeckt auch Seezunge mit Orangensoße, Langustenreis, Tintenfischkebap mit Krabben oder *porco à Alentejana* (Schweinefleisch mit Venusmuscheln).

186 A2
Rua Almirante Cândido dos Reis 24–28, Tavira
281 323 843
tägl. mittags und abends

Café Aliança €

Dieses historische Café mit Spiegeln und kleinen Marmortischen, ehemals ein Literatentreffpunkt, hat eine interessante, wenn auch etwas düstere Einrichtung. Touristen sitzen meist auf der großen Terrasse an der Rua Francisco Gomes und lassen das Straßenleben an sich vorbeiziehen. Frühstück und Kleinigkeiten wie Salate, Omelettes oder Frikadellen gibt es hier, und ausländische Zeitungen sind am Verkaufsstand im Café erhältlich.

180 C3
Praça Francisco Gomes 6–11, Faro
289 801 621
tägl. 8–24 Uhr

Camané €€€

Die Praia de Faro mag nicht der Traumstrand sein, aber ein Umweg dorthin lohnt schon wegen des besten Restaurants in Faro. Warten Sie auf die richtige Gelegenheit – etwa vor Ihrem Rückflug, denn der Flughafen ist nur drei Kilometer entfernt. Frischer Fisch und Meeresfrüchte sind hervorragend, ebenso die Risotti. Probieren Sie Kaiserfisch mit Muschelreis, gemischten Bratfisch oder Hummer- oder Langustenreis.

185 D1
Avenida Nascente, Praia de Faro
289 817 539
Di–So mittags und abends

Caves do Guadiana €€

Im Restaurant am Ufer des Grenzflusses zu Spanien (➤ 52ff) erhält man gutes portugiesisches Essen und ausgezeichnete Weine. Draußen kann man den Fluss überblicken, innen kommen die Einheimischen für den *prato do dia* (das Tagesgericht) oder eine der beliebten Kabeljau-Spezialitäten zusammen: *bacalhau dourado* (Kabeljaufilet mit Kartoffeln und Eiern) oder *bacalhau a Africana* (mit Paprika gewürzter Kabeljau). Ein gutes Fleischgericht ist *caldeirada de cabrito* (Zickleineintopf).

186 C2
Avenida da República 90, Vila Real de Santo António (neben dem Hotel Guadiana)
281 544 498
Fr–Mi mittags und abends

Centenário €

Von den vielen Restaurants im Zentrum von Faro ist dieses eines der freundlichsten und günstigsten. Sie können draußen unter Bäumen essen oder im gewölbten Innenraum, wo sich mittags die einheimischen Arbeiter drängen. Die schlichte Speisekarte bietet Fischsuppe, Fleisch oder Fisch vom Grill, regionale Gerichte und *cataplanas* an.

180 C3
Largo Teirrero do Bispo 4, Faro
289 823 343
tägl. mittags und abends

Monte do Casal €€€

Das Restaurant des Estalagem Monte do Casal (➤ 62) hat eine wunderschöne Lage in den Bergen. Die Speisen sind – bei professionellem Service – elegant angerichtet. Die *Table-d'hôte-* und *Á-la-carte-*Gerichte sind Hausspezialitäten wie selbst geräucherte pürierte Wachteln oder Meeresfrüchte Monte do Casal – Tigergarnelen, Langustinen und Anglerfisch auf Lauch- und Zucchini-*rosti* in Champagnersoße. Im Sommer kann man unter Palmen auf der Terrasse speisen, in kühleren Monaten sorgen offene Holzfeuer und Kerzenlicht für ein warme Atmosphäre.

185 D2
Cerro do Lobo, Estói, Faro
289 991 503; Fax 289 991 341
tägl. mittags und abends

O Ideal €

Cabanas ist ein unbedeutener Fischerort etwa fünf Kilometer östlich von Tavira. O Ideal ist ein kleines unauffälliges Café am Ende einer Seitenstraße, auf das man normalerweise nicht genauer achtet. Doch da es für seinen hervorragenden Fisch zu Schleuderpreisen berühmt ist, strömen die Portugiesen von weit her herbei.

186 A2
Rua Infante D. Henrique, Cabanas, Tavira
289 370 232
Di–Do mittags und abends

O Pátio €€

In dieses freundliche, quirlige Restaurant kommen viele Gäste des Ambientes und des Essens wegen. Sie können auf der Dachterrasse sitzen oder im Inneren, das mit Flaggen, Fischernetzen, Keramik und Hüten dekoriert ist. Die Speisekarte bietet nicht weniger als neun verschiedene *cataplanas*, außerdem Reis mit Schalentieren oder Anglerfisch, Couscous, Ente mit Orangensoße oder – als Spezialität – Hummer. Mit einer Vorbestellfrist von 24 Stunden können Sie auch Fondue oder gefüllten Tintenfisch haben.

186 A2
Rua António Cabreira 30, Tavira
281 323 008
tägl. mittags und abends

Paris €

Einen ägyptischen (Küchen-) Chef in einem portugiesischen Restaurant namens Paris? Die Speisekarte ist sehr einfallsreich, da Mohamed gern seine Gerichte selbst kreiert. Die Lage gegenüber Portugal Telecom ist nicht so reizvoll wie die der Restaurants am Flussufer, aber das Preis-Leistungs-Verhältnis ist kaum zu überbieten. Küchenschwerpunkt sind Kräuter und Gewürze – probieren Sie die köstliche Meeresfrüchte-*cataplana* mit Korianderreis. Dina, Mohameds portugiesische Frau, spricht mehrere Sprachen und sorgt für Herzlichkeit.

186 A2
Rua Dr. Silvestre Falcão, Lote 8, Tavira
281 324 996
Mo–Sa mittags und abends, So abends

Portas do Mar €€

Dies ist eines von mehreren Fischrestaurants in Quatro Águas, flussabwärts vom Zentrum Taviras gelegen, mit einem schönen Blick auf den Gilão-Fluss. Im nahe gelegenen Hafen bringen die Fischer ihren Fang an Land. Gönnen Sie sich Hummer, Garnelen oder Flusskrebs, probieren Sie *cataplana* von Schalentieren, oder wählen Sie Mönchsfisch, entweder mit Garnelenspieß oder grüner Soße. Es gibt auch Fleisch, z. B. das Filetsteak Portas do Mar in Pilzrahm.

186 A2
Sítio das Quato Águas, Tavira
281 321255
tägl. mittags und abends

Salsa & Coentros €€

Im Zentrum von Faro sind freundliche und gute Restaurants wie dieses hier eher die Ausnahme. Emídio Góis hat auf seiner Karte südportugiesische Traditionsgerichte neben neuartigen Gerichten wie mit Garnelen gefüllte Papayas. Die Betonung liegt auf einfachen frischen Zutaten und – wie der Name (»Petersilie und Koriander«) schon sagt – vielen frischen Kräutern, wobei Fischgerichte die Karte bestimmen. Kabeljau wird täglich anders zubereitet, doch die Variante *Salsa & Coentros* ist immer zu haben.

181 D3
Travessa da Mota 10, Faro
289 826 918/289 863 142
tägl. mittags und abends

Wohin zum … Einkaufen?

MÄRKTE

Einzelheiten über die großen regionalen Märkte erfahren Sie in den örtlichen englisch- oder deutschsprachigen Magazinen. Auf den so genannten **Zigeunermärkten** (Trödelmärkten) wird alles verkauft, vom frischen Bergkäse bis zu Schnapsdestillierapparaten, Töpferwaren, Körben und Kunsthandwerk.

In Olhão findet täglich außer sonntags gemeinsam mit dem Obst- und Gemüsemarkt in einem markanten roten Gebäude mit Mauertürmchen der beste **Fischmarkt** der Algarve statt. Er wurde zwar EU-gerecht renoviert, hat aber seinen ursprünglichen Charakter behalten. Eine unglaubliche Auswahl wird hier geboten: von Krabben und Schalentieren bis hin zu ganzen Seeaalen und riesigen Thunfischbrocken.

Einige der Küstenorte betreiben farbenfrohe **Sommermärkte** mit Musikbands, gutem Essen und Weinproben. Der Kunsthandwerksmarkt in Tavira, die Schau von Kunst, Kunsthandwerk, Landwirtschaft und Freizeit in Mocarapacho, das Sardinen- und Meeresfrüchtefest in Olhão und das Thunfischfest in Vila Real de Santo António finden alle im August statt, während die Kunsthandwerksfeste in Faro und Alcoutim im Juli abgehalten werden.

FARO

Die Rua Santo António und ihre angrenzenden Straßen bilden im Zentrum von Faro die Fußgängerzone mit den meisten Geschäften. Bekleidungsläden nehmen laufend zu, viele mit Designermode, aber Schuhe, Lederwaren, Spitzen, Keramik und anderes Kunsthandwerk sind ebenfalls zu finden. Die **Casa Branca** (Rua Santo António Nr. 10, 21 und 29) ist auf Töpfer-, Spitzen- und Lederartikel spezialisiert. Um die Ecke, in der Rua Tenente Valdim (Tel. 289 890 090), bietet **Martinez** auf drei Stockwerken elegante Mode für Damen, Herren und Kinder an. Südlich der Rua Santo António, bei **Sapatearia Hera** (Travessa Rebelo da Silva 13, Tel. 289 812 413), findet man eine gute Auswahl schöner Schuhe für Damen und Kinder.

Für einen guten Portwein gehen Sie am besten in den **Supermercado Garrafeira** (Praça de Almeida 28, Tel. 289 822 803) – dessen Besitzer, Rui, Ihnen gern bei der Weinauswahl behilflich ist. Die **Vila Adentro** (Largo Afonso III, Tel. 289 821 777) nahe der Kathedrale in der Altstadt von Faro führt eine große Auswahl erlesener Antiquitäten aus ganz Portugal.

Ein großer Supermarkt, 62 Geschäfte, drei Kinos und ein Panoramarestaurant sind im **Einkaufszentrum Faro** (N125, Sítio das Figuras) unter einem Dach zusammengefasst, allerdings findet man hier nichts typisch Portugiesisches, und die Preise sind eher etwas höher als in den Geschäften im Stadtzentrum.

TAVIRA

Die meisten Geschäfte bieten Kunsthandwerk an. Im **Casa do Artesanato de Tavira** (Rua D. Marcelino Franco 23) sehen Sie die ganze Bandbreite regionaler Handwerkskunst, vom Miniaturbootbau über Korbflechten bis zum Weben. Körbe kaufen Sie am besten im **Artesanato Regional Bazar**, wo Sie auch manchmal beim Weben zuschauen können. Töpferwaren und dergleichen bekommen Sie bei **Alart** (Rua de Caleria) nahe der Touristeninformation oder in der **Artesanato Regional Casa Matias** beim Stadtmarkt (Rua do Cais).

Auf dem täglich stattfindenden Markt kann man den morgendlichen Fischfang und die frischen Früchte der Region Sotavento bewundern. Taviras großer **Monatsmarkt** wird am dritten Samstag des Monats am Campo de Feira abgehalten. Wie auf allen guten Traditionsmärkten werden hier die Produkte der umliegenden Bauernhöfe und fangfrischer Fisch feilgeboten.

Wohin zum ... Ausgehen?

IM FREIEN

Die wichtigsten Aktivitäten für Besucher sind Flusstouren, Wandern, Radfahren, Golfen und das Strandleben. Die langen Sandstrände der *ilhas* (Inseln) sind ideal zum Schwimmen und Sonnenbaden, auch wenn einige nur per Fähre erreichbar sind. Das Wasser ist wärmer als westlich von Faro, aber es gibt weniger Wassersport- und keine Surfmöglichkeiten.

Für Angel- und Tauchexkursionen, einen Ria-Formosa-Trip oder um auf die Inseln zu gelangen, kann man **Wassertaxis** (Tel. 964 515 073) mieten.

Radtouren oder Wanderungen in der Ria Formosa organisiert »**Rent-a-bike**« (Rua do Forno 22, Tavira, Tel. 919 338 226), Bootstouren in das Naturreservat oder Jeepsafaris durch den Nordosten bietet **Viagens Cebola** (Rua Antero de Quental 117, Faro, Tel. 289 827 822) an. In Alcoutim können Sie bei **Alcatia Domus** (Rua Nostra Senhora da Conceicão, Apt. 2, Tel. 96 638 1001) Bootstouren auf dem Fluss, Kanufahren, Trekking, Radfahren und andere Freiluftaktivitäten buchen.

Benamor Golf (Quinta de Benamor, Tel. 281 320 880) war der erste Golfplatz östlich von Faro. Die 18-Loch-Anlage liegt sehr schön zwischen der Küste bei Tavira und den Hochebenen der Serra do Caldeirão.

Jüngere Kinder kann man auf der **Quinta Alegre** (Cabanas, Tavira, Tel. 966 321 021) bei Laune halten, einer Straußenfarm mit Minizoo, Minigolfplatz, Esel zum Reiten, einer Hüpfburg und Elektroautos.

FLUSSFAHRTEN

Bei einer Bootsfahrt auf dem Guadiana können Sie eine der unberührtesten Landschaften der Algarve erleben. Dreimal pro Woche starten die Boote in Vila Real de Santo António und fahren flussaufwärts bis Foz de Odeleite. Die Tagesausflüge beinhalten ein Mittagessen und die Gelegenheit zum Schwimmen. Eine Flusstour kann auch mit einer Jeepsafari durch die Berge und einem Besuch im Naturreservat Castro Marim (➤ 53) kombiniert werden. Details erhalten Sie bei den Touristeninformationen oder bei **Riosul** (Rua Tristão Vaz Teixeira, Monte Gordo, Tel. 281 510201). Für Bootstouren bis nach Alcoutim fragen Sie bei **Turismar** (Tel. 281 513504) nach.

NACHTLEBEN

Das Nachtleben in Faro konzentriert sich auf die Straßen nördlich der Praça Francisco Gomes. Am lebhaftesten ist die Rua do Prior mit Nachtbars, Livemusik und zwei Diskos: **Emporium** (Nr. 23) und **24 de Julho** (Nr. 38).

In der **Câmara Municipal de Tavira** (Tel. 281 320 500) werden ab und an Konzerte gegeben, im Sommer findet in der Stadt ein Jazzfest mit einheimischen und internationalen Musikern statt, einschließlich *fado*-Aufführungen (➤ 39), folkloristischer und klassischer Musik.

Die einzige Disko in Tavira (**Ubi**, Antiga Fábrica Balsense, Rua Almirante Cândido dos Reis, Tel. 281 324577) befindet sich in einem Lagerhaus am Stadtrand und hat im Sommer bis sechs Uhr früh geöffnet.

Monte Gordos Nachtleben konzentriert sich um das **Kasino** (Tel. 281 512 224) am Strand, das sowohl ein Unterhaltungsprogramm – ja nach Wunsch mit Abendessen und Tanz – anbietet als auch Roulette, Blackjack und Bakkarat. Pass oder Personalausweis nicht vergessen! Weitere Informationen erhalten Sie in Ihrem Hotel, jedem Reisebüro oder direkt im Kasino.

Albufeira und die östliche Mittelalgarve

Erste Orientierung

In dem Küstenstreifen zwischen Faro und Albufeira finden sich die beiden Extreme des Tourismus in der Algarve: die am dichtesten besiedelten Gebiete des Landes (vor allem die östlichen Vororte Albufeiras) und der am dünnsten besiedelte Lebensraum Europas – bei Quinta do Lago. Während die Wohlhabenden für etwas Kaviar im Privathubschrauber nach »Quinta« kommen, tummeln sich in Albufeira Touristenmassen bei Fisch und Pommes frites.

Möglicherweise haben Sie ein anderes Portugal erwartet: Quinta do Lago, Vale do Lobo und Vilamoura stehen für die »Algarve Nouveau«, die internationale Golfzone in »Sportugal«, die mehr an Florida in den USA oder Wentworth in England erinnert. Und ebenso gleichen manche Vororte Albufeiras und Quarteiras gesichtslosen Ferienanlagen auf den Inseln des Mittelmeers oder den Kanaren.

Natürlich ist das nicht überall so. Die Altstadt Albufeiras hat verwinkelte Straßen, eigene Besonderheiten, einige sehr gute, günstige Restaurants mit wunderschönem Blick, tolle Strände und – außerhalb der Saison – eine entspannte Atmosphäre.

Und wer hätte ernsthaft etwas dagegen, in einer schönen Villa in Quinta im Luxus zu schwelgen, solange man es sich leisten kann? Doch um die ursprüngliche Algarve zu erspüren, müssen Sie die Küste verlassen, jenseits der N125 finden Sie Loulé, Paderne, Salir und Alte, eine geschäftige Marktstadt und drei kleine Bergdörfer voller Ausstrahlung und Kultur.

Vorhergehende Seite: Ganz oben auf den Felsen an der Praia de São Rafael in Albufeira

Oben: Ruhige Ecke im Hafen von Vilamoura

Links: Der kunstvoll geschnitzte Torbogen der Igreja de São Sebastião, Albufeira

★ Nicht verpassen!

1 **Albufeira** ➤ 72ff
3 **Vilamoura** ➤ 75f
7 **Igreja de São Lourenço** ➤ 77f
8 **Loulé** ➤ 79ff

Nach Lust und Laune!

2 Die Strände Albufeiras und ihre Ableger ➤ 82
4 Quarteira ➤ 83
5 Vale do Lobo ➤ 83
6 Quinta do Lago ➤ 83
9 Salir ➤ 84
10 Alte ➤ 84
11 Paderne ➤ 85

Feilschen und kaufen – auf dem berühmten Trödelmarkt am Mittwoch in Quarteira

Bereichern Sie Ihr Programm abhängig davon, an welchen Tagen Sie in der Gegend sind: mittwochs mit dem Zigeunermarkt in Quarteira (gefolgt von einem Mittagessen in der Nähe des Fischmarkts) und mit Volkstanz im Lokal Pequena Forte in Alte dienstag- und mittwochabends. Der Samstagmorgen eignet sich für den Besuch von Loulé. Die Distanzen sind gering, man kann in Albufeira oder Vilamoura übernachten.

Albufeira und die östliche Mittelalgarve in vier Tagen

Erster Tag

Vormittags

Der Yachthafen in **Vilamoura** (Bild oben, ➤ 75f) erwacht nur langsam zum Leben, gehen Sie also eine halbe Stunde ins **Cerro da Vila Museum** (➤ 76) und zum römischen Grabungsfeld, bevor Sie sich beim Minigolf entspannen. Sehen Sie eine Weile den Booten zu, und wählen Sie ein Lokal für ein Mittagessen (➤ 76).

Nachmittags

Seien Sie so aktiv, wie Sie Lust haben: Angeln Sie Marlins, fahren Sie Jetski, besuchen Sie den Zigeunermarkt in Quarteira (Bild rechts), oder relaxen Sie bei einer Fahrt mit dem Aussichtsballon Vista Flyer und einem Sonnenbad am nahen Strand Falésia. Den Abend verbringen Sie in Vilamoura und essen am Hafen oder in einem einheimischen Fischlokal in Quarteira.

Zweiter Tag

Vormittags
Nehmen Sie die N125 nach Westen über Boliqueime zum Dorf Alte (➤ 84) und der Burg von **Paderne** (➤ 85). Mittagessen im Pequena Fonte in Alte.

Nachmittags
Kehren Sie auf dem gleichen Weg zurück, und besuchen Sie die **Igreja de São Lourenço** (➤ 77f, Bild oben) in Almancil (letzte Führung ca. 17.30 Uhr) und das benachbarte Kulturzentrum (schließt um 19 Uhr). Speisen Sie in einem von Almancils vielen guten Restaurants, und übernachten Sie in Vilamoura oder Albufeira.

Dritter Tag

Vormittags
Fahren Sie auf der N125 nach Osten, und folgen Sie den Schildern nach **Loulé** (➤ 79ff, im Bild links sein moderner Brunnen). Bereiten Sie die empfohlene Fahrt und den Spaziergang vor (➤ 161ff): Verbringen Sie den Vormittag in Loulé, kaufen Sie in den Markthallen für das Picknick ein. Machen Sie sich mit Ihren einheimischen Leckereien auf zum Fonte de Benémola.

Nachmittags
Folgen Sie dem Pfad am Fonte de Benémola (➤ 163), und picknicken Sie am Fluss. Wenn Sie Zeit haben, besuchen Sie Querença, bevor es heimwärts geht.

Vierter Tag

Vormittags
Besuchen Sie Albufeiras **Altstadt** (➤ 73). Mittagessen auf der Klippe.

Nachmittags
Räkeln Sie sich am Strand des Ortes oder, wenn Sie die Energie haben, suchen Sie einen der ruhigeren Strände westlich der Stadt auf.

0

Albufeira

Die jüngere Geschichte von Albufeira ähnelt der von Hunderten von Fischerdörfern am Mittelmeer: Sein schöner Strand mit den pittoresken Klippen im Hintergrund und seine Altstadt mit engen Gassen und malerischen Steinhäusern hatten nie eine Chance, sich gegen die Tourismuswelle zu behaupten. Also beschloss die Stadt: Wenn sie nicht zu besiegen ist, warum sich nicht mit ihr verbünden? Albufeira hat sich dem Massentourismus geöffnet, ist beunruhigend rasch gewachsen und in nur wenigen Jahren Portugals beliebtester Ferienort geworden.

Heute bezichtigt man Albufeira, übermäßig kommerziell zu sein, doch wenn man in der Nebensaison kommt, westlich der Altstadt wohnt und die neuen Vororte im Osten meidet, kann man noch immer etwas von dem spüren und verstehen, was die Reisenden und Urlauber in den Sechziger- und frühen Siebzigerjahren so anzog.

Der Strand ist der Schlüssel zu Albufeiras Erfolg, und der östliche, noch immer von Booten gesäumte Abschnitt, der Fischerstrand, ist der wohl meistfotografierte Küstenabschnitt der ganzen Algarve. Die beste Zeit verbringt man hier am frühen Morgen, wenn man den Fischern dabei zusehen kann, wie sie ihren Fang einholen. Am Strand, zwischen Tanzbars und echten englischen Pubs, gibt es kleine Cafés und *adegas*, wo Fischer und Einheimische sitzen und plaudern.

Der Fischerstrand

Die Altstadt

Bemerkenswert ist, dass das eigentliche Herz der Altstadt, hoch oben auf der Klippe über dem Hauptstrand des Ortes, den Tourismusboom fast unbeschadet überstanden hat. Abgesehen von ein oder zwei Restaurants, ist dies eine reine Wohngegend mit einem weiß getünchten Gewirr aus gepflasterten Gassen. Es gibt drei Zugänge: einen auf der Ostseite, das alte St. Anna-Tor, die Treppen hinauf, vorbei an den Restaurants A Ruina und Anna's, einen auf der Westseite hinter dem Museu Arqueológico und einen auf der Nordseite bei den alten Wällen in der Rua Joaquim Pedro Samora (im Süden liegt die nackte Felswand).

Das Viertel besteht nur aus etwa einem halben Dutzend Straßen, deren Glanzpunkte der romantische maurische Bogen und die typischen Laternen der Travessa da Igreja Velha sind. Die Aussicht direkt aufs Meer ist seit Jahrhunderten unverändert. Der Bogen ist eines der wenigen Relikte maurischer Herrschaft, unter der die Stadt nach der Burg (*buhera*), die sich in der Nähe des alten Rathauses befand, Al-buhera genannt wurde. Wo einst das Rathaus war, steht heute das **Museu Arqueológico**. Das Museum, klein und modern, unternimmt einen tapferen Versuch in örtlicher Geschichte; es zeigt 5000 Jahre alte Menhire, römische Kapitelle und Mosaiken, Westgotengräber und mittelalterliche Kirchenfragmente im manuelinischen Stil (➤ 21).

Links: Hochsaison am Strand des Ortes
Unten: Die Häuser der Altstadt am Rand der Klippen aus der Sicht der Sonnenbadenden

Die von Cafés gesäumten Kopfsteinpflasterstraßen im Zentrum von Albufeira

KLEINE PAUSE

Entfliehen Sie dem Chaos des Marktplatzes treppauf in das **Garrafeira Soares** (➤ 89). Hier können Sie in der ruhigen Bar sitzen, alte Portweine und *medronho* kosten und Schnittchen mit einheimischem *enchido* (kaltem Aufschnitt) knabbern.

184 A2
Museu Arqueológico
✉ Praça da República
🕘 Okt.–Mai Di–So 10.30–17 Uhr; Juni–Sept Di–So 14.30–20 Uhr

Der berühmteste Sohn von Albufeira

Jacinto d'Ayet, 1590 in Albufeira geboren, war nach allem, was man hört, ein Prachtkerl: ein ausgebildeter Sänger, Gitarrist, Gelehrter alter Sprachen, Medizinstudent, Tänzer und Fechter. Unglücklicherweise, wie sich herausstellte, beschloss er, Missionar im heidnischen Japan zu werden. Als er sich weigerte, seinem christlichen Glauben abzuschwören, wurde er zwei Jahre in Nagasaki inhaftiert und gefoltert. Schließlich starb er 1632 in einem brennenden Käfig den Märtyrertod. Seine Statue steht in der Largo Jacinto d'Ayet, westlich der Ortsmitte.

ALBUFEIRA: INSIDER-INFO

Top-Tipps: Sehen Sie sich direkt westlich der Altstadt von den Klippen aus den **Sonnenuntergang** an: von Bizzaro's Bar, vom Restaurant O Penedo (beide in der Rua Latino Coelho) oder von einem der drei Restaurants am Klippenrand in der Praça Miguel Bombarda gleich um die Ecke.
• **Ausflüge:** Nehmen Sie im Museu Arqueológico ein Heft mit, und erkunden Sie auf eigene Faust, was Ihnen gefällt. Oder nehmen Sie an der kostenlosen Stadtführung teil. Sie findet von Februar bis Juni, Mittwoch bis Freitag, um 10.30 Uhr statt. Details erhalten Sie von der Touristeninformation.

Muss nicht sein! Das auch als »**der Streifen**« (»The Strip«) bekannte Montechoro im Osten der Stadt ist für sein derbes Nachtleben berüchtigt.

3

Vilamoura

Das 1974 entstandene Vilamoura ist eine der größten Freizeitanlagen Europas. Ihr Herz bildet der in große Hotels, das Casino Vilamoura, luxuriöse Ferienhäuser und gepflegte Golfplätze eingebettete Yachthafen mit 1000 Liegeplätzen. Vor seiner Tür liegen zwei Strände – Praia de Falésia (der malerischere von beiden) und Praia da Marina. Dank des reichen Sportangebots ist dies ein guter Ort, um sich auszutoben. Es mag ihm an Lokalkolorit mangeln, aber er bietet viel fürs leibliche Wohl.

Oben: Der Yachthafen von Vilamoura vom Aussichtsballon Vista Flyer aus

Rechts: Moderne Kunst aus dem alten Vilamoura: eine Skulptur im Cerro da Vila

Das sportliche Leben

Vilamouras Hauptattraktion ist **Golf**. Es gibt vier Championship Courses – fünf, wenn man den benachbarten Platz Vila Sol mitzählt –, und mindestens ein weiterer ist in Planung. Ihre Wahl hängt von Ihrem Budget und Können ab: Alle Golfplätze verlangen einen Handikap-Nachweis (für Old Course und Millennium Course Herren 24, Damen 28). Der beste und prestigeträchtigste ist **The Old Course**, dem **Millennium Course** hingegen sagt man eine große Zukunft voraus. Die Wahl zwischen Pinhal und Laguna hängt im Wesentlichen von Ihrem Faible für *pinheiros* (Pinien) oder *lagoas* (Lagunen und andere Wasserhindernisse) ab. The Old Course und Millennium kosten fast doppelt so viel wie die anderen.

Wassersport, inklusive Hochseefischerei und Großfischjagd, ist ein weiterer Magnet. Gehen Sie zu den dicht gedrängten Ständen am Rand des Yachthafens. Hier hängt ein 743 Kilo schwerer, ausgestopfter Schwarzer Marlin; der Weltrekordfang gelang einem Boot aus dem Yachthafen. Hier buchen Sie auch Jetski, Paragliding und Bootsfahrten.

KLEINE PAUSE

Akavit (Loja 7, Tel. 289 380 712) ist das vielleicht verlockendste Restaurant am Yachthafen und verleiht den Meeresfrüchten der Algarve erfolgreich modernen europäischen und schwedischen Schliff. Footballfreunde sollten die **Bar 7** besuchen (➤ 13).

Vista Flyer
184 B2
Straße nach Praia da Falésia
289 316576/7
tägl. 10–22 Uhr; Flüge alle 15 Min. (witterungsabhängig)
teuer (20% Rabatt auf den Rückflug)

Cerro da Vila
184 C2
Avenida do Cerro da Vila 289 312153
Nov.–April tägl. 9.30–12.30 und 14–18 Uhr; Mai–Okt. tägl. 10–13 und 16–21 Uhr
preiswert

Golf Clubs
Old Course
289 322 650
Laguna, Pinhal, Millennium
289 310 180
Vila Sol
289 300 505

Links: Rekordfang – ein Schwarzer Marlin im Yachthafen von Vilamoura. Unten: Abschlag auf dem Old Course von Vilamoura

VILAMOURA: INSIDER-INFO

Top-Tipps: Vilamouras helle Lichter sehen bei einer Nachtfahrt mit dem **Vista Flyer**; der unübersehbare Fesselballon steigt auf 122 Meter. Der Blick reicht von Carvoeiro bis Faro. Pullover und Kamera nicht vergessen!
• **Mieten Sie einen Wagen**, selbst wenn Sie den Ferienort nicht verlassen wollen. Obwohl Vilamoura ein in sich geschlossener Komplex ist, sind die Entfernungen im Ort so groß, dass Sie fast überallhin fahren müssen.

Geheimtipp: Direkt neben dem Yachthafen liegen die Ruinen eines Ortes, den die Römer **Cerro da Vila** nannten. Die Funde, meistenteils Kleinfunde, werden im Cerro da Vila Museum ausgestellt, und mit Hilfe eines Plans kann man den angrenzenden spärlichen Resten einer Villa, öffentlicher Bäder, einer Nekropole und des Hafens nachspüren.

7

Igreja de São Lourenço

Das Kircheninnere ist mit Bemalungen oder blau-weißen *azulejos* aus dem 18. Jahrhundert geschmückt

Die Kirche von São Lourenço steht friedlich auf einem kleinen Hügel in einem eigenen winzigen Weiler, wenig passend eingerahmt vom Kriechverkehr auf der alten N125 und der Autobahnhektik der neuen E01. Lassen Sie sich aber davon nicht abbringen. Der Innenraum, von den Kuppeln bis zum Boden mit herrlichen blau-weißen *azulejos* ausgekleidet, ist von Dr. Santos Simões, einem Experten auf diesem Gebiet, als der »bemerkenswerteste in der Algarve und einer der außergewöhnlichsten Portugals« beschrieben worden. Heute ist sie die meistbesuchte Kirche der Algarve.

Ihre Geschichte reicht zurück in das Jahr 1722, als die Region unter einer Dürre litt. Beim Graben nach Wasser stießen die Bewohner von São Lourenço auf eine Quelle. Zum Dank schworen sie, an der Stelle der alten verfallenen Klause eine neue Kirche zu errichten. Der Plan gewann an Bedeutung, als einer der höchsten Würdenträger der Region, Dr. Manuel de Sousa Teixeira, seine Unterstützung anbot. Er war es, der die besten Handwerker der Region dazu brachte, die *azulejos* beziehungsweise die Holzschnitzereien zu liefern. Die Kirche hat das große Erdbeben von 1755 (siehe Kasten, ➤ 78) praktisch unversehrt überstanden.

Der heilige Lorenz

Die *azulejos* erzählen die Legende des hl. Lorenz: wie er den Armen Almosen spendet, zwei Blinden das Augenlicht schenkt, von Kaiser Valerian angeklagt wird, Kirchenschätze versteckt zu haben, wie er seinem Glauben abschwören soll und wie man den Märtyrer zuletzt (im Jahr 258) auf einem Eisengitter bei lebendigem Leib röstet. Die Kacheln links vom Altar zeigen Lorenz bekümmert: Eben hat er erfahren, dass der Papst den Märtyrertod erdulden wird, und er möchte mit ihm sterben. Als er erfährt, dass er dessen Schicksal nur Tage später teilen wird, ist er getröstet.

Centro Cultural de São Lourenço

Nur wenige Meter von der Kirche entfernt, liegt das Kulturzentrum in sehr schön umgebauten, 200 Jahre alten traditionellen Häusern. Die kleine Ausstellung internationaler und zeitgenössischer Kunst wechselt alle paar Wochen, und man veranstaltet regelmäßig klassische Konzerte (Genaueres entnehmen Sie der Tagespresse vor Ort). Höhepunkt dieser charmanten Oase ist der entzückende Skulpturengarten. Ein überlebensgroßer, nackter Samson empfängt den Besucher, und das kleine, aber subtropisch üppige Areal wird von raffiniert gestalteten Schrott-Insekten und anderen recycelten Tieren bewohnt.

Sie sollten die meterlange Schrottmetall-Ameise im Centro Cultural nicht reizen!

KLEINE PAUSE

Gegenüber vom **Centro Cultural de São Lourenço** gibt es ein Café, die nächsten Restaurants, fünf Autominuten entfernt, in Almancil. **Pequeno Mundo** (Tel. 289 399 866) und **Aux Bons Enfants** (Tel. 289 396 840) sind zwei der vielen exzellenten, erstklassigen Lokale hier. Beachten Sie: Fast alle guten Restaurants öffnen erst am Abend.

Igreja de São Lourenço
184 C2 · São Lourenço, Almancil
Führungen: Mo 14.30–18 Uhr, Di–Sa 10–13 und 14.30–18 Uhr (im Winter bis 17 Uhr)
preiswert

Centro Cultural de São Lourenço
184 C2
São Lourenço, Almancil
289 395 475
Mo 14.30–18 Uhr, Di–Sa 10–13 und 14.30–18 Uhr (Winter: 17 Uhr)

Das große Erdbeben

Das große Erdbeben von 1755 – es traf die Algarve besonders hart – war die größte Naturkatastrophe, die sich je im Land ereignete. Man nimmt an, dass sein Epizentrum direkt vor der Küste zwischen Tavira und Faro lag, die so verursachte Flutwelle 6,5 Kilometer in das Landesinnere vordrang, dabei Tausende tötete und fast alle Gebäude zerstörte.

IGREJA DE SÃO LOURENÇO: INSIDER-INFO

Top-Tipps: Erfragen Sie die Konzerttermine beim Centro Cultural de São Lourenço vor der Anreise; die Karten sind schnell ausverkauft.

- Die **Kirche steht in der Regel nur Führungen** offen. Wenn Sie allein reisen, müssen Sie auf die nächste Führung warten und hoffen, dass sie in Ihrer Sprache gehalten wird. Findet keine Führung statt, lässt der Küster Sie vielleicht allein ein.

8

Loulé

Loulé ist der bedeutendste Marktflecken der Mittelalgarve – ein geschäftiger Wirrwarr aus alten Gassen, antiken Kirchen, Burgruinen, einer neomaurischen Markthalle, modernen Fußgängerzonen und einem breiten Boulevard. Sechs Tage in der Woche bleibt der Ort ruhig und vom Tourismus unberührt, samstags aber lockt der Zigeunermarkt (Trödelmarkt) Besucher an.

Trotz der Massen ist der Samstag zum Besuch der Stadt definitiv der beste Tag, denn dann findet hier der größte, umtriebigste und beste Markt lokaler Waren statt. Die von Einheimischen geführten Stände ergießen sich von der Markthalle mit Zwiebelkuppeln (nach 1900 erbaut) in die umliegenden Gassen, und die berauschende Mischung aus Bildern, Geräuschen und Gerüchen – Kräutern, Pfeffer, Oliven und Würstchen, Gemüse, Käse, Fleisch und Fisch, Stockfisch und lebenden Hühnern – ist reinstes Portugal.

Vom Islam zum Christentum: Der Glockenturm der São Clemente war einst das Minarett der Stadtmoschee

Die Altstadt

Die Touristeninformation ist im Hof der mittelalterlichen Burgruine von Loulé untergebracht, gleich neben dem Markt. Hier erhalten Sie einen Stadtplan, der Sie durch die labyrinthischen Seitengassen der Altstadt führt. Das kleine archäologische Museum, das **Museu Municipal**, beherbergt eine Hand voll prähistorischer, römischer und mittelalterlicher Funde und belegt einen Teil der unteren Burg. Steigen Sie die Treppe hinauf, die Aussicht von der Burgmauer lohnt sich.

Fast gegenüber vom Eingang zum Burghof (schräg links) ist die winzige Wallfahrtskapelle **Nossa Senhora da Conceiçao** (Unsere Liebe Frau von der Empfängnis). Die *azulejos* aus der Mitte des 18. Jahrhunderts und das vergoldete Altarbild der Mitte des 17. Jahrhunderts erbauten Kirche sind bemerkenswert. Leider ist die Kirche in sehr schlechtem Zustand. Seien Sie also vorsichtig, wo Sie hintreten! Es fühlt sich tatsächlich so an, als könnten die Dielen einbrechen!

Direkt gegenüber vom Eingang zum Burghof, in der Rua Vice Almirante Cândido dos Reis, liegt das einstige Kloster Espîrito Santo, das man in eine leuchtend weiße **Galleria Municipal** verwandelt hat, in der wechselnde Ausstellungen zumeist moderne Kunst zeigen.

Die eigentliche Pfarrkirche, **São Clemente**, ist nur drei Minuten entfernt und ein architektonischer Genuss. Sie wurde im 16. und 18. Jahrhundert wiederaufgebaut, hat aber ihre gotischen Bögen und alten Steinfenster aus dem 13. Jahrhundert behalten. Der unübersehbare frei stehende Glockenturm ist der einzige noch erhaltene Teil der Hauptmoschee der Stadt (➤ 30).

Nossa Senhora da Piedade

Den Kontrast dazu bildet Loulés neueste Kirche, Nossa Senhora da Piedade (Maria von der Gnade), knapp außerhalb des Stadtzentrums auf einem Hügel über der Hauptstraße nach Albufeira, – ein Aufsehen erregender, raketenförmiger Bau. Daneben liegt die kleine Kapelle der Kirche aus dem 18. Jahrhundert. Die Aussicht von hier ist ausgezeichnet und reicht bis zur Küste.

Nossa Senhora da Piedade ist wohl die Kirche in der Algarve, deren Gestaltung am stärksten überrascht

KLEINE PAUSE

Gegenüber dem einstigen Kloster Espírito Santo in einem alten Gebäude an der Rua Vice Almirante Cândido dos Reis liegt die wunderschön umgebaute **Bar Carlindos** (Tel. 289 417 632), deren Innenhof sich bestens für eine Kaffeepause abseits der Menschenmengen eignet. Eine komplette Mahlzeit bietet das **A Muralha** (Rua Martim Moniz, Tel. 289 412 629, ➤ 88), ebenfalls mit hübschem Innenhof.

184 C2
Museu Municipal
✉ Rua de Paio Peres Correia
☎ 289 415 000 (Durchwahl 211) ⊙ Mo–Sa 9–17.30 Uhr

Ermida de Nossa Senhora da Conceição
✉ Rua de Paio Peres Correia
⊙ unregelmäßig, am ehesten morgens, sonst in der Touristeninformation erfragen; wenn geschlossen, Schlüssel in der Nr. 27 gegenüber

Galleria Municipal
✉ Kloster Espírito Santo, Rua Vice Almirante Cândido dos Reis ⊙ Mo–Sa 10–17 Uhr

São Clemente
✉ Largo Batalaó dos Sapadores do Caminho
⊙ tägl. 10–13 und 14–19 Uhr; wenn geschlossen, Schlüssel in der Nr. 19 Calçada dos Sapateiros, ganz in der Nähe des Platzes

Oben: Auf Schnäppchenjagd
Links: Messing in der Rua da Barbacá

Das Handwerk am Ende

Loulés traditionelle Handwerker – die Korbflechter, Spitzenmacher, Kupferschmiede, Ledermacher und Töpfer –, deren Berufe noch in die Maurenzeit zurückreichen, sterben aus: Die letzten Handwerker werden nicht durch Söhne und Töchter ersetzt. Einzelne Werkstätten sind über die Stadt verstreut, die einzige verbliebene Ansammlung findet sich in der Rua da Barbacá im Schatten der Burgmauer.

LOULÉ: INSIDER-INFO

Top-Tipps: Um samstags einen **Parkplatz** in der Stadt zu bekommen, müssen Sie vor 9 Uhr hier sein.

- Ende Februar oder Anfang März veranstaltet Loulé jährlich den besten **Karneval** der Algarve. Nach südlichen oder spanischen Maßstäben mag er zahm sein, trotzdem macht er Spaß.
- Im Juli gibt es ein internationales **Jazzfestival** mit etwa zehn Konzerten in der ganzen Stadt.

Nach Lust und Laune!

Der Strand von Santa Eulália ist einer der besten östlich von Albufeira

2 Die Strände Albufeiras und ihre Ableger

Viele von Albufeiras Ferieneinrichtungen konzentrieren sich eher um Praia d'Oura und Montechoro, Areias de São João oder Santa Eulália als in Albufeira selbst. Diese östlichen Vororte bestehen hauptsächlich aus Hotels, Apartments und Time-Sharing-Anlagen, Restaurants und Bars (meistens am günstigen Ende der Skala); das Nachtleben hier ist nicht jedermanns Sache.

Die Gegend im Westen von Albufeira mit ihren privaten Villen und Siedlungen ist nicht ganz so stark entwickelt und verfügt über schönere und ruhigere Strände als die östlichen Vororte, allerdings ist es in der Hochsaison in Albufeira und Umgebung nirgends ruhig.

184 A2/B2

Sechs der besten Strände rund um Albufeira

Westen

- **São Rafael:** ein langer Strand mit Felssäulen und kleinen Buchten an der Ostseite.
- **Castelo:** eine Serie kleiner, durch seltsam geformte Klippen, Felssäulen und Luftlöcher getrennte Strandbuchten. Herrlich zum Klettern und Entdecken.
- **Coelha:** eine charmante, kleine, geschützte Bucht, die eigentlich eine Fortsetzung von Castelo ist. Kann sehr voll werden.
- **Galé:** Die Ostseite dieses Strandes besteht aus kleinen, behaglichen Buchten mit großen Felsen, auf denen Kinder klettern können. Die Westseite ist lang gestreckt und offen und reicht bis nach Armação de Pêra.

Osten

- **Santa Eulália:** ein langer, breiter Strand, ansprechend vor niedrigen Klippen und Pinien gelegen.
- **Olhos de Água:** ein kleiner, hübscher Strand mit Fischerbooten und erodierten Felsformationen, kann aber sehr voll werden.

Sportangebot in Quinta do Lago und Vale do Lobo

Golfclubs

- **Quinta do Lago** (Plätze Quinta do Lago und Ria Formosa, Tel. 289 390 700).
- **Vale do Lobo** (Royal Course, Atlantic Course, Tel. 289 393 939; www.valedolobo.pt).
- **San Lorenzo** (Tel. 289 396 522, 289 396 534).
- **Pinheiros Altos** (Tel. 289 359 910).

Tennis und Reiten

- **Jim Stewart Tennisschule** (Quinta do Lago, Tel. 289 398 848).
- **Vale do Lobo Tennisschule** (Tel. 289 396 991).
- **Centro Hípico** (Reitschule, Quinta dos Amigos, Almancil, Tel. 289 399 339).

Villen überblicken den Royal Course in Vale do Lobo

4 Quarteira

Quarteira ist keine Schönheit. In den Siebzigerjahren stand das verschlafene Fischerdorf an der Spitze der Bautätigkeit, heute gilt seine Hochhausfront als Geschmacksverirrung. Was der Ferienort allerdings bietet, ist ein langer Sandstrand mit Wellenbrechern, der perfekt für kleinere Kinder geeignet ist, eine Gruppe authentischer, preiswerter Fischrestaurants und eine entspannte familiäre Atmosphäre, die portugiesische Urlauber anzieht. Mittwochs findet hier der größte und lebendigste »Zigeunermarkt« der Algarve statt.

Der Yachthafen von Vilamoura (► 75f) liegt praktisch nebenan, einen 15-minütigen Strandspaziergang entfernt; so haben auch Quarteiras Urlaubsgäste Zugang zu seinen Geschäften, Restaurants und Wassersportangeboten.

Vor Quarteira liegt der Atlantic Park, der kleinste Wasserpark der Algarve, der dennoch kleinen Kindern viel Vergnügen bereitet. Zudem hat er Kinder-Quad-Bikes und Hüpfburgen.

Touristeninformation Quarteira
184 C2
Ecke Via Infante de Sagres / Rua Dioga Cao

Atlantic Park
184 C2
N125, Quatro Estradas, Straße nach Loulé
289 397282, 800 204767
April–Juni und Sept. 10–18 Uhr; Juli–Aug. 10–19 Uhr mittel

5 & 6 Vale do Lobo / Quinta do Lago

Obwohl diese benachbarten Ferienorte recht eigenständig sind, ähneln beide dem Wesen und der Atmosphäre nach eher einem amerikanischen Country Club als der restlichen Algarve. Einfach gesagt: Sie bieten Gästen, die ein ruhiges Leben und kurze Wege zu den besten Golfplätzen der Algarve wünschen, luxuriöse Quartiere. (Tagesgäste

sollten berücksichtigen, dass diese Plätze recht exklusiv sind; manche sind sehr teuer und müssen lange im Voraus gebucht werden.)

Auch Tennis ist sehr beliebt, und Reiten ist eine phantastische Art, die wilderen Teile der Region kennen zu lernen. Windsurfer nutzen die Salzwasserseen von Quinta do Lago.

Die Strände von Quinta do Lago wie auch Vale do Lobo sind ausgezeichnet und, da viele Urlauber den Pool der eigenen Villa der kühlen See vorziehen oder Golf spielen, selten überfüllt. Für Vogelbeobachter mag interessant sein, dass Quinta do Lago noch im Reserva Natural da Ria Formosa liegt (➤ 57).

184 C1

9 Salir

Obwohl es nur wenig nördlich von Loulé und an der gleichen Straße wie Alte liegt, ist Salir, eines der hübschesten Dörfer der Algarve, weitgehend unentdeckt geblieben. Das Dorf liegt auf einem Hügel, gekrönt von einer ansprechenden Kirche und einem eher hässlichen Wasserturm. Von hier aus überblicken Sie den Nachbarhügel mit dem einst ansehnlichen Castelo Mouro (Maurenburg) von Salir. Heute ist von der Burg nur noch sehr wenig zu sehen: in Beton eingebettete Grundmauern der vier Ecktürme und innerhalb der Außenmauern verstreute Häuser. Der Panoramablick über das Land bis nach Salir lohnt die Mühe, den steilen Hügel zu erklimmen (den Großteil des Weges kann man fahren).

184 C3

Die spärlichen Überreste einer maurischen Festung in Salir

10 Alte

Alte hat sich in den Jahrzehnten, wenn nicht Jahrhunderten, kaum verändert, und oft werden dem Ort Attribute wie »hübschester«, »typischster« und »besterhaltener« der Algarve verliehen. (Ein viertes könnte »am häufigsten falsch ausgesprochen« sein – es heißt »Alt«, nicht »Alté«.

Die Touristeninformation in der Hauptstraße lockt mit einer kleinen Ausstellung (Casa Memória d'Alte) über örtliche Handwerkskunst und Geschichte. Schlendern Sie von hier aus zu Altes reizender *igreja* (Kirche) aus dem 16. Jahrhundert hinauf, ihr Portal mit Tau- und Knotenornamenten ist ein ausgezeichnetes Beispiel manuelinischer Architektur (➤ 21). Das Kircheninnere wurde sorgfältig restauriert und beeindruckt durch schöne Seitenkapellen und ein glitzerndes Altarbild.

Für Kinder

- **Atlantic Water Park**, nahe Quarteira (➤ 83).
- Die von Wind und Wasser geformten Winkel und Nischen am **Strand von Castelo**, westlich von Albufeira, sind ein ideales Revier für den Forscherdrang älterer Kinder – vorzugsweise unter Aufsicht.
- **Reiten** für alle Altersgruppen in Quinta do Lago (➤ 91).
- Der **Aussichtsballon von Vista Flyer** in Vilamoura (➤ 76).

Alte schmiegt sich an die Barrocal genannten Kalksteinausläufer

Beachten Sie die prächtigen *azulejo*-Kacheln aus dem 16. Jahrhundert. Sollten Sie Hilfe benötigen, wird der Küster Ihnen gern alles Sehenswerte zeigen.

Vom Ortszentrum aus sind es zum Fonte Pequena (Kleiner Wasserfall oder Quelle) und zum Fonte Grande (Großer Wasserfall oder Quelle) nur fünf Minuten zu Fuß (ausgeschildert). An diesen wunderschönen Fleckchen münden Quellen in flache Kanäle, an deren Ufern Sie Bänke, Grasflächen und gekachelte Wände finden. Hier versammeln sich sonntags die Einheimischen zum Picknick oder zum Grillen. Dienstag- und mittwochabends kommen Reisegruppen zum Volkstanz ins Restaurant von Pequena Fonte.

Igreja
184 B3 Mo –Sa 8–13, 15–19 Uhr (im Winter kürzer)

11 Paderne

Padernes stimmungsvolle Burgruinen liegen auf einem Hügel etwa zwei bis drei Kilometer außerhalb vom Ortszentrum. Folgen Sie den Schildern am Ortseingang, gehen Sie an der *fonte* (Quelle) und an einer kommerziellen Wasserabfüllanlage vorbei und biegen Sie nach rechts auf den holprigen Feldweg ab. Vor ihnen erhebt sich die Autobahnbrücke der Via do Infante. Wenn Sie die Brücke überquert haben, biegen Sie gleich links ab und folgen, sich rechts haltend, der Straße. Die Burg wurde im 12. Jahrhundert von Mauren errichtet. Schauen Sie von der Seite der Burg, wo der Parkplatz ist, auf die hübsche mittelalterliche Brücke.

Wenn Sie den Hügel wieder herunterkommen, wenden Sie sich nach links und folgen dem Fluss (im Sommer ausgetrocknet). Nach kurzer Zeit erreichen Sie einen Parkplatz und eine Trittsteinbrücke über den Fluss. Alte Mühlsteine zeugen von einer Wassermühle, die einst hier stand. Ein Stück weiter, und Sie gelangen zu der Brücke, die Sie zuvor von oben gesehen haben.

184 B3

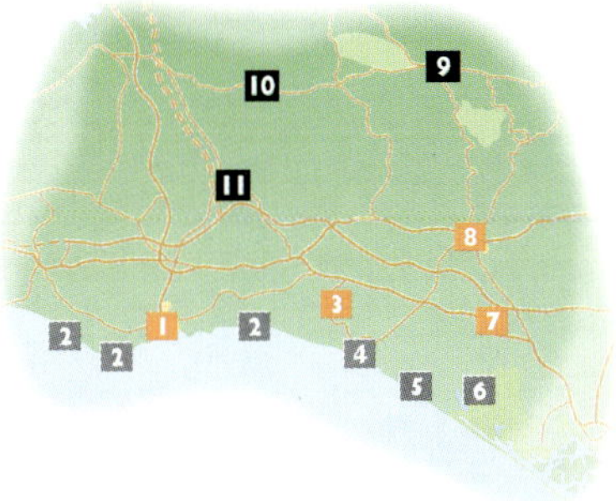

Gute Plätze für ein Picknick

- **Paderne** am Fluss oder am Fuß der Burg.
- Über den Stränden von **Castelo** und **São Rafael**, westlich von Albufeira.
- **Alte** neben dem Fonte Pequena oder Fonte Grande (sonntags überfüllt) oder weiter stromaufwärts.
- **Fonte de Benémola** (➤ 161ff).

Wohin zum ... Übernachten?

Preise
Mit folgenden Preisen müssen Sie pro Doppelzimmer pro Nacht rechnen:
€ unter 50 Euro **€€** 50–125 Euro **€€€** über 125 Euro

Alte Hotel €€

Dieses kleine Hotel über dem hübschen Bergdorf ist ein guter Ausgangsort, um die Landschaft der Region zu erkunden. Zu den Annehmlichkeiten zählen ein beheizter Pool, ein Tennisplatz, ein Spielzimmer, ein Fernsehraum und ein Bus zum Strand. Das Restaurant bietet regionale Spezialitäten oder frischen Fisch.

184 B3
Motinho, 8100-012 Alte
289 478 523/4; Fax 289 478 646; E-Mail: altehotel@mail.telepac.pt

Boa Vista €€

Das Hotel wird seinem Namen gerecht und bietet einen spektakulären Blick über das Meer und das Zentrum von Albufeira. Das Dekor ist sehr modern, besonders das helle und luftige Restaurant im fünften Stock mit seinen aufs Meer blickenden Panoramafenstern. Die 86 Zimmer variieren in Größe und Preis, doch haben alle Meerblick. Zum Hotel gehören zwei Restaurants und Bars, ein ausreichend großer Pool und eine umlaufende Terrasse.

184 A2
Rua Samora Barros 20, 8200 Albufeira
289 589 175; Fax 289 589 180

Hotel Montechoro €€€

Ein Orientierungspunkt in Albufeira ist das Montechoro, ein riesiges Hotel vier Kilometer nordöstlich vom Zentrum, am oberen Ende der von Bars und Restaurants gesäumten Straße, die als »der Streifen« bekannt ist. Das Hotel ist modern, komfortabel und geräumig, wenn auch etwas unpersönlich. Die Preise sind vergleichbar mit denen anderer Hotels gleicher Kategorie, und Annehmlichkeiten gibt es reichlich: acht Tennisplätze, zwei Squashcourts, einen großen Pool, eine Sauna, einen Fitnessraum, vier Bars, zwei Restaurants einschließlich des Amendoeira Grills auf dem Dach mit phänomenaler Aussicht.

184 A2
Av. Dr. Fransisco Sa' Carneiro Apt 28, 8200 Albufeira
289 589 424; Fax 289 589 947

Loulé Jardim €€

Im Vergleich zu seinem Gegenstück an der Küste ist das Loulé Jardim äußerst preiswert. Das gelbweiße Gebäude inmitten eines hübschen Gartens in Loulés Altstadt wurde in den Neunzigerjahren als Rekonstruktion eines Wohnhauses aus dem frühen 20. Jahrhundert erbaut. Die einfach möblierten Zimmer mit Fernseher sind klimatisiert.

184 C2
Praça Manuel de Arriaga, 8100 Loulé
289 413 094/5; Fax 289 63177

Quinta do Lago €€€

Es ist unschwer zu erkennen, warum das Quinta do Lago sich rühmt, das beste Hotel der Algarve zu sein: Es erfreut sich einer großartigen Lage mit Blick auf die Lagune, eines Interieurs, das Luxus und Eleganz in den Vordergrund stellt, und der besten Hotelsportanlagen im südlichen Portugal.

Sie können auf drei Meisterschaftsplätzen abschlagen, im Flutlicht Tennis spielen, in Pools drinnen wie auch im Freien schwimmen, sich im Healthclub verwöhnen, über die Mündungsbrücke zum Wassersport gelangen oder im weißen Sand entspannen. Wählen Sie zwischen der italienischen Küche des intimen Ca d'Oro oder den portugiesischen und internationalen Gerichten im Restaurant Navegadores. Es ist nicht nur die Ausstattung, es sind auch die Details: Bei Ihrer Ankunft warten im Zimmer frische Blumen, Früchte, eine Karaffe Portwein und Schokolade schon auf Sie.

184 C1
Quinta do Lago, 8135-024 Almancil
289 350 350; Fax 289 396 393; E-Mail: info@quintadolagohotel.com; www.quintadolago.com

Quinta dos Rochas €€

Das zwischen Almancil und Quarteira gelegene Quinta dos Rochas wartet mit einer friedlichen ländlichen Umgebung und freundlich entspannter Atmosphäre auf. Es ist ein kleines Hotel mit nur sechs gemütlichen und gut ausgestatteten Zimmern, Gesellschaftsraum, Außenterrasse und Pool. Das fehlende Restaurant gibt Ihnen Gelegenheit, das gastronomische Angebot in und um Almancil zu testen – es ist die beste Gegend, um in der Algarve auswärts zu essen, wenn auch nicht die günstigste. Der lange Sandstrand ist zwei Kilometer entfernt, und das Angebot für Sportbegeisterte ist vielseitig.

184 C2
Quinta dos Rochas, Fonte Coberta, Caixa Postal 600A, 8135-019 Almancil
289 393 165; Fax 289 399 198

Sheraton €€€

Die Szenerie am Klippenrand und der luxuriöse Komfort, verbunden mit kreativer Ausstattung im maurischen Stil, machen das Sheraton zu einem höchst begehrten Hotel. Zwischen Pinien gelegen, hat es per Fahrstuhl Zugang zum schönen Strand Falésia. Ein ideales Familienhotel, das im Dorf Porto Pirata (Piratenschiffe, Minigolf, ein Pool, ein Bootsteich und Basketball) für die Unterhaltung der kleinen Gäste sorgt und so den Eltern die Nutzung der Hoteleinrichtungen ermöglicht: 9-Loch-Golfplatz und Golfschule, Pools im Freien wie in der Halle, Healthclub, Tennisplätze und Wassersport am Strand.

184 B2
Praia da Falésia, Apartado/Caixa Postal 644, 8200 Albufeira
289 500 100; Fax 289 501 950; E-Mail: sheraton-algarve@sheraton.com

Vila Branca €€

In einer ruhigen Seitenstraße des Wohngebietes im älteren, westlichen Teil des Ortes, nur fünf Gehminuten vom Zentrum entfernt, wurde das Vila Branca vor über 30 Jahren gegründet und ist somit eine der ältesten Pensionen von Albufeira. Seine Fassade ist wenig anziehend, aber die Begrüßung an der Rezeption ist freundlich, und die Zimmer, die über TV und Klimaanlage verfügen, sind behaglich. Es gibt auch einen angenehmen Barbereich.

184 A2
Rua do Ténis 4, 8200 Albufeira
289 586 804; Fax 289 586 592

Vila Joya €€€

Als exklusivstes Hotel der Algarve verbirgt sich das Vila Joya unauffällig in üppigen Gärten über einer sandigen Bucht. Das Zufahrtstor wird verschlossen gehalten, und das Ambiente gleicht eher dem eines privaten Heims als dem eines Hotels. Die Bedingungen sind ungewöhnlich: Mindestaufenthalt eine Woche, von Samstag auf Samstag, außer in der Nebensaison, und Halbpension ist zwingend. Da das Restaurant für seine Küche berühmt ist, ist dies (abgesehen vom Geld) kein Nachteil.

A84 A2
Praia de Galé, Caixa Postal 120, 8200 Albufeira
289 591 795; Fax 289 591 201

Villa São Vicente €€

Dieses kleine Hotel ist ein willkommener Zuwachs in einem Ferienort, in dem Hotels mit Charme schwer zu finden sind. Es wurde im Jahr 2000 eröffnet und ist nur wenige Gehminuten vom Zentrum des Ferienorts entfernt. Die Bar bzw. der Frühstücksraum mit Panoramafenstern zum Meer ist hübsch in Beige und Blautönen eingerichtet. Der Preis der makellosen Zimmer ist abhängig von ihrer Lage, am gefragtesten ist die obere Etage mit dem schönsten Blick aufs Meer.

184 A2
Largo Jacinto d'Ayet 4, 8200 Albufeira
289 583 700; Fax 289 583 708

Wohin zum ... Essen und Trinken?

Preise
Für ein Essen ohne Getränke und Service zahlen Sie pro Person:
€ unter 15 Euro **€€** 15–23 Euro **€€€** über 23 Euro

A Lagosteira €€

Auf der Speisekarte dieses beliebten Restaurants gibt es nicht nur Hummer (*lagosta*) und Schalentiere. Alle Wünsche werden befriedigt (mit so internationalen Gerichten wie Spaghetti Bolognese, Omelettes und Hamburgern, aber auch anspruchsvolleren Speisen), und die Speisekarte ist sinnvollerweise in zehn Sprachen übersetzt. Zu den bevorzugten portugiesischen Gerichten gehören Krabben und Muscheln, die direkt aus einem Aquarium in den Topf kommen, Schalentiere mit Reis, auf Holzkohle gegrillter frischer Fisch, saftige Steaks und flambierte Desserts.

184 B2
Açoteias, Albufeira (8 km östl. von Albufeira, nahe Sheraton Hotel)
289 501 679
tägl. 10–24 Uhr

A Muralha €€

Dieses Restaurant in der Stadt, eine ehemalige Bäckerei, vermittelt einen rustikalen Eindruck, und man betritt es über eine hübsche Terrasse. Essen Sie hier oder im Hauptsaal, wo die Tische weiß-blaukariert gedeckt und die Wände mit *azulejo*-Paneelen dekoriert sind. Die Karte wechselt täglich und hängt vom Angebot des nahen Marktes ab.

184 C2
Rua Martim Moniz 41, Loulé
289 412 629
Di–Sa mittags und abends, Mo abends; Jan. und Feb. geschl.

A Ruina €€

Dieses alteingesessene Fischrestaurant befindet sich in bevorzugter Lage direkt am Fischerstrand. Das Gebäude hat vier Etagen und im Sommer kann man wahlweise am Strand essen, auf zwei Etagen im Inneren oder auf der Dachterrasse. Der Fisch ist in der Regel zuverlässig gut, doch sollten Sie auf den Preis achten. Die meisten Preise beziehen sich auf das Kilo und, um eine unangenehme Überraschung zu vermeiden, wenn die Rechnung kommt, sollten Sie darum bitten, den Fisch vor Ihren Augen zu wiegen, bevor Sie verbindlich bestellen.

184 A2
Praia dos Pescadores, Largo Cais Herculano, Albufeira
289 512 094
tägl. mittags und abends

Aux Bons Enfants €€€

Dieses charmante Restaurant, in einem stillen Landhaus angesiedelt, liegt ein gutes Stück außerhalb von Almancil. Der in Terrakotta gestaltete Speisesaal wird von Kerzen erleuchtet und hat eine hübsche Terrasse, auf der man die *alfresco*-Gerichte genießen kann. Die französische Küche hier ist außergewöhnlich, und die Karte wartet mit Gerichten wie *foie gras frais*, *escargots*, Châteaubriand-Steak in Pfeffersoße und selbst gemachter *confit de canard* auf. Es dürfte Ihnen schwer fallen, in der Algarve eine bessere Weinkarte zu finden.

184 C2
Estrada a Quinta do Lago, Almancil
289 396 840
Mo–Sa abends

Avenida Velha €€

Das Restaurant, das man nicht mit dem »O Avenida« in der gleichen Straße verwechseln sollte, ist das ältere der beiden Speiselokale in Loulé. Es ist unnötig, Vorspeisen zu bestellen, da eine beeindruckende Auswahl von ihnen unaufgefordert serviert wird: Freuen Sie sich auf gegrillte Würstchen, Sardinen oder Tintenfisch, Salat, Käse, Oliven und selbst gebackenes Brot. Darauf folgen Fisch oder Fleisch gegrillt oder eine der sechs verschiedenen *cataplanas*.

184 C2
Avenida José da Costa Mealha 40, Loulé
289 416 474
tägl. mittags und abends

Memories of China €€€

Memories of China, bei der Tennisschule von Vale do Lobo, wurde von dem verstorbenen Ken Lo, Autor von 30 Büchern über chinesisches Essen und Kochen, gegründet. An Sommerabenden sitzen Sie hier bei kantonesischer, Peking- oder Sezchuan-Küche und beobachten von Ihrem Tisch aus das Treiben auf dem Tennisplatz. Ein ausgesprochener Hauch von Algarve: Meeresfrüchte der Region werden als köstliche Speisen wie kantonesischer knusprig frittierter Tintenfisch oder würzige Königsgarnelen nach Sezchuan-Art zubereitet. Das Essen wird auch zum Mitnehmen angeboten.

184 C1
Vale do Lobo Tennisschule, Vale do Lobo, Almancil
289 353 432 (Durchwahl 5432)
So–Fr abends

O Cabaz de Praia €€€

Der »Strandkorb« ist ein französisches Restaurant in einer umgebauten Fischerhütte an den Klippen. Die Preise liegen im oberen Bereich, aber der Blick von der Dachterrasse und die vielleicht beste Küche in der Algarve sind es wert. Die Karte, eine Kombination französischer und portugiesischer Gerichte, wechselt abhängig vom Angebot auf dem Markt. Hauptgerichte werden oft mit köstlichen Soßen gereicht, z.B. flambierter Mönchsfisch mit würziger Mangosoße oder pikante Entenbrust.

184 A2
Praça Miguel Bombarda 7, Albufeira
289 512 137
Fr–Mi mittags und abends; Feb. geschl.

O Zuca €

In das kleine, einfache Restaurant, das versteckt in einer Seitenstraße hinter dem Hauptplatz von Albufeira liegt, kommt nur wenig Laufkundschaft. Aber es wird von Portugiesen für seine phantastisch preiswerten Meeresfrüchte und *pratos do dia* (Tagesgerichte) geschätzt. Letztere sind auf einer Tafel vor dem Restaurant angeschrieben.

184 A2
Travessa do Malpique 6, Albufeira (beim Largo Engenheiro Duarte Pacheco 7)
289 588 768
Mo–Sa mittags und abends

Soares €

Das Garrafeira Soares hat zehn Lizenznehmer in der Algarve. In der Ortsmitte von Albufeira sitzen Sie in der oberen Etage und kosten portugiesische Weine, Port- und Branntweine zusammen mit köstlichen *tapas* aus geräucherten Würstchen, Käse und Schinken. Die Weine kommen aus der Algarve, dem Alentejo und dem Douro und es gibt einen 40 Jahre alten Port ebenso wie Kirsch- und Orangenliköre.

184 A2
Largo Engenheiro Duarte Pacheco 7, Albufeira
289 583 547
Mo–Sa 10–19 Uhr; in der Hochsaison länger geöffnet

Vila Joya €€€

Kommen Sie mit wohl gefülltem Geldbeutel, und genießen Sie einige der besten Speisen Portugals: Das Restaurant im Hotel Vila Joya (► 87) verströmt Wärme und Eleganz. Seine Terrasse unter maurischen Bögen mit Blick auf Gärten und Meer ist der perfekte Ort für ein sommerliches Dinner. Die Karte wechselt täglich. Reservierungen sind obligatorisch, in der Hochsaison sollten Sie zwei Wochen im Voraus reservieren.

184 A2
Praia de Galé, Albufeira
289 591 795
tägl. mittags und abends; Anfang Jan.–Anfang Feb. und Mitte Nov.–Mitte Dez. geschl.

Wohin zum ... Einkaufen?

LOULÉ

Echte Geschäfte im Gegensatz zu Souvenirläden finden Sie landeinwärts in Loulé, wo Sie vielleicht auch einen Blick auf eine vom Aussterben bedrohte Art werfen können: den Handwerker der Algarve. Allerdings müssen Sie sich dazu durch den üblichen Touristenschrott kämpfen. Um die Stadt in ihren lebendigsten Momenten zu erleben, kommen Sie Samstag früh, wenn der **Hauptmarkt** in vollem Gange ist. Die Straßen in der Umgebung des Marktplatzes sind voll von kleinen Ständen, die alles bis hin zu Hühnern, Kaninchen und Keramik verkaufen. Schlendern Sie vom Markt nach Süden die **Rua José Fernando Guerreiro** und die **Rua 9 de Abril** hinunter, wo Sie vielleicht das Hämmern und Schleifen der Kupfer- und Messingschmiede hören werden. Suchen Sie nach alten Branntweindestillen – ein wirklich ungewöhnlicher Kauf – oder bei **Barracha** (Rua José Fernando Guerreiro) nach *cataplanas*, um nach Art der Algarve zu kochen. Nahe der Touristeninformation kann man in der **Rua da Barbaça** Kupferschmieden bei der Arbeit zusehen, in der **Correaria Moderna** können Sie Sattler beobachten und im Laden Ledertaschen und Accessoires erwerben. Das **Centro de Artesanato** (Rua da Barbaça 11/13) verfügt über eine große Ausstellung ansprechender Arbeiten aus Kork, Holz und Palmblättern. Einige der schönsten von Hand bemalten Tonwaren der Stadt gibt es im **Casa Louart** (Rua Dom Paio Peres Correía 19, Tel. 289 413 794).

ALBUFEIRA

Bedenkt man die Größe und Beliebtheit von Albufeira, ist das Einkaufsangebot enttäuschend. Souvenirläden sind allgegenwärtig, aber es gibt wenig einheimisches Handwerk und praktisch keine Schnäppchen, obwohl Sie es auf dem Markt am ersten und dritten Dienstag des Monats versuchen können. Die Haupteinkaufsstraßen sind die **Rua 5 de Outubro** in Strandnähe und die **Rua Cândido dos Reis**. Im Sommer werden an Straßenständen Lederwaren, Kupferarbeiten, Schmuck, Kleidung und Keramiken feilgeboten. Die besten Quellen für Tonwaren und Keramiken in guter Qualität sind **Infante Dom Henrique** (Rua Cândido dos Reis 40) oder **La Lojas** (Rua Cândido dos Reis 20/22, Tel. 289 513 168), das auch elegantes Kristallglas und Porzellan verkauft. Das **Casa Tango** (Trav Cândido dos Reis 3–1, Tel. 289 587 008) bietet eine gute Auswahl an Tonwaren, Handwerksprodukten und Geschenken. Günstige Schuhe finden Sie bei **Mundo do Sapato** (»Schuhwelt«, Kit Market, Mestre Maco, Vale Paráiso, Albufeira, Tel. 289 585 485), etwa zwei Kilometer vom Ortszentrum entfernt. Hier sind viele Marken bis zu 40 Prozent reduziert.

QUINTA DO LAGO / ALMANCIL

Ihrem gehobenen Anspruch entsprechend, finden sich in Vale do Lobo und Almancil einige der elegantesten Geschäfte der Algarve. **Quinta Shopping** (Quinta do Lago, Tel. 289 398 247), ein moderner Komplex mit um einen zentralen Platz angeordneten Designerboutiquen und Schönheitssalons, ist einer der beliebtesten Treffpunkte zum Bummeln. Schicke Speiselokale mit internationaler Küche und eine Auswahl einladender Cafés und Bars machen einen Teil seiner Anziehung aus. Wie nicht anders zu erwarten, sind Gegenden von Quinta do Lago und Almancil gut eingedeckt mit Golfgeschäften, die von Golfschulen, Clubs oder selbstständigen Besitzern geführt werden. Schuhe, Taschen, Accessoires, Bücher und Geschenke rund ums Thema Golf finden Sie bei **Florida Golf** (Vale de Éguas, N125, Tel. 289 399 522). Der **Griffin Bookshop** (Rua 5 de Outubro 206-A, Tel. 289 393 904) in Almancil führt englischsprachige Bücher.

Wohin zum ... Ausgehen?

Die Region ist ein Paradies für Sportbegeisterte. Neben einem Dutzend Golfplätzen gibt es Tennis- und Reitschulen, Healthclubs, Radwege, Vogelgebiete, Touren zum Hochseefischen und Wassersportangebote. Größere Hotels und Ferienanlagen verfügen über eigene Sporteinrichtungen.

GOLF

Die Luxusresorts **Quinta do Lago** und **Vale do Lobo** allein rühmen sich sechs malerischer Golfplätze. Der berühmteste ist **Quinta do Lago** (Tel. 289 390 700, ➤ 27), der siebenmal Gastgeber der Portugiesischen Opens war. Er liegt in einem Pinienwald.

Vilamoura hat vier Golfplätze, jüngster Zugang ist der im Jahr 2000 eingeweihte **Millenium Golf Course** mit 18 Löchern (Tel. 289 310 333).

Albufeira hat zwei Plätze, die beide in den Neunzigern eröffnet wurden: den 18-Loch-Platz des **Salgados Golf Club** (Vale Rabelho, Tel. 289 591 111), sechs Kilometer stadtauswärts, und den 9-Loch-Platz **Pine Cliffs** (Praia da Falésia, Tel. 289 500 113) zwischen Albufeira und Vilamoura, der mit schönen Aussichten auf den Strand von Falésia aufwartet.

Für einige Plätze sind weiche Spikes vorgeschrieben, oft werden Handikap-Nachweise vorausgesetzt, und die Kleiderordnung ist in der Regel streng (T-Shirts und Golfschuhe, keine Jeans).

SPORTCLUBS UND WASSERSPORT

Vale do Lobo und Quinta do Lago sind für Sportliebhaber eine ideale (aber teure) Wahl. Neben Golfplätzen haben beide Ferienorte eine Tennisschule; die in **Vale do Lobo** (Tel. 289 396 991) hat 14 Tennisplätze (sechs mit Flutlicht), einen Pool, eine Sauna und einen Fitnessraum. Das nahe **Barringtons** (Vale do Lobo, Tel. 289 396 622; www.barringtons-pt.com) bietet eine große Auswahl an Sportarten. Die ausgezeichnete **Golfschule** hier bietet 29 Drivingrange-Buchten, Greens für Chipping und Pitching, Bunker, ein 18-Loch-Putting-Green, Privatunterricht und computergestützte Schwung-Analyse. Kommen Sie zum Frühstück, dann ist der erste Eimer Bälle kostenlos. Der Barrington Club hat auch ein Fitnesscenter, ein Schwimmbad mit beheizten Innen- und Außenbecken, Sauna, Solarien und Tagesprogramm mit Tanz, Aerobics und Wasserfitness für alle Stufen. Zu den weiteren Aktivitäten zählen u. a. Squash, Volleyball und Football.

Wassersport-Enthusiasten können im **Wassersportzentrum** (Tel. 289 394 929) segeln, windsurfen, Kanu fahren, zum Paragliding oder auf Motorbootausflüge gehen.

REITEN

Das Reitzentrum **Vale do Lobo** (Tel. 289 396 099) verleiht Reitpferde, organisiert Ausritte und veranstaltet ganzjährig Springreit- und Dressurturniere.

VILAMOURA

Auch Vilamoura ist mit Sporteinrichtungen gut ausgestattet. Sie können im **Sport- und Freizeitcenter Rock Garden** (Tel. 289 322 740) Tennis, Squash oder Badminton spielen, und im **Tenniscenter Vilamoura** gibt es zwölf Plätze (Tel. 289 310 160). Das **Reitzentrum Cegonha** (Tel. 289 302 577) organisiert für Gruppen Wanderritte durch die Landschaft von Vilamoura und gibt Reitstunden auf Anfrage. Begeisterte Radler erkunden die angelegten Radwanderwege, Angelfreunde mieten Boote oder organisieren Ausflüge von Vilamouras Yachthafen aus. Zu den Ausflugsangeboten zählen Haifischjagd, das Beobachten von Haien und Delphinen, aber auch

Fischen im Riff. Entspannte Besichtigungstouren zu den Stränden, Felsen und Grotten – wahlweise mit oder ohne Grillen – werden angeboten. Der Yachthafen ist auch der Ort, wo Sie Informationen zu Windsurfen, Wasserski, Schnorcheln, Paragliding und Ballonfahrten erhalten.

ALBUFEIRA

Albufeira bietet Tauchen im **Montechoro Strandclub** und Tennis im **Montechoro Tennisclub** an, beide an der Areias de São João. Die schönsten Strände liegen im Westen des Ferienortes: São Rafael, Castelo und Galé (➤ 82). Stierkämpfe (➤ 40) finden in der **Arena** von Albufeira statt (Areias de São João, Tel. 289 510 280/2).

Für kindgerechte Unterhaltung sorgt der **Atlantic Park** (an der N125 bei Quatro Estradas, nahe Quarteira, Tel. 800 204 767), der mit seinen Wasserrutschen und Röhren Stunden voller Spaß bietet (➤ 83). Minigolffreunde sollten **Krazy Golf** (Lagoa de Viseu, an der Straße von Guia nach Algoz und Messines, Tel. 282 574 134) mit seinem Parcours inmitten exotischer Gärten ausprobieren. Hier gibt es außerdem ein Tiergehege, Seen mit Tretbooten, Tretmobile, einen Pool und einen Spielplatz.

NACHTLEBEN

Albufeira ist der gesellschaftliche Brennpunkt der Algarve und bietet alles, von Diskos, Clubs und Karaoke bis hin zu Nachtbars mit Livemusik und Megabildschirmen für Sportfans. Wem das zu anstrengend klingt, der kann immer in eine kleine Bar gehen, um in Ruhe am Abend einen Drink zu nehmen, oder ein Hotel mit Pianobar, Livemusik oder Folkloreabend aufsuchen. Im Zentrum von Albufeira sind die Straßen von Restaurants und lebhaften Bars gesäumt. Beliebte Veranstalter von Livemusik sind **Harry's Bar** und **Central Station**, beide in der Largo Engenheiro Duarte Pacheco. Zu Letzterem gehören auch eine Disko, ein Café und eine *gelataria*. Bars, Karaokeschuppen, Läden und Restaurants säumen die neonhelle Straße zwischen dem Hotel Montechoro und der Praia da Oura, besser bekannt als **»der Streifen«**; man kann hier aber auch nur einen Drink nehmen.

Die besten Diskos liegen vor den Toren der Stadt. Unschlagbar ist die Lage von **Locomia** (Praia de Santa Eulália, Tel. 289 542 636) im Osten von Albufeira, eine der schickeren und teureren Diskos mit phantastischem Meerblick von den Terrassen. Die Musik reicht von Techno bis Rock. Die größte Disko der Region und die mit den längsten Öffnungszeiten (18–7 Uhr) ist das **Kadoc** in Vilamoura an der Straße nach Albufeira (Estrada de Vilamoura, Tel. 289 360 485). Es bietet 7000 Gästen Platz, exzellente Musik (oft aufgelegt von Gast-DJs) und ist mit acht Bars, Aussichtsterrasse und Garten ausgestattet. Etwas intimer geht es im **St James Club** in Almancil (Tel. 289 393 399) zu, einem exklusiven Restaurant/Bar/Disko (nur in gepflegter Kleidung), das einen Heimfahr-Service anbietet, wenn Sie einen Drink zu viel hatten.

Wer mit seinem Geld spielen möchte, kann das **Kasino** (Tel. 289 310 000) in Vilamoura besuchen. Für den Zugang zu den Spieltischen (nicht aber zu den Spielautomaten) wird eine Gebühr erhoben, und man benötigt Reisepass oder Personalausweis. Zum Kasino gehört ein Restaurant.

Der **Jazz Club** (Cinema Square, Vilamoura) veranstaltet freitags und samstags Jazznächte, und das am gleichen Platz gelegene **Kino** zeigt Filme in Originalsprache.

Volkstanz findet einmal wöchentlich in den folgenden Hotels statt: **Sol e Mar** (Rua José Bernardino de Sousa, Albufeira, Tel. 289 580 080), **Montechoro** (Hotel Montechoro, Av. Dr. Fransisco Sá Carneiro, Albufeira, Tel. 289 589 423; Fax 289 589 947), **Quinta do Lago** (Quinta do Lago, Tel. 289 396 666) und **Le Meridien Dona Filipa** (Vale do Lobo, Tel. 289 294 141). Regelmäßige Konzerte mit internationalen Musikern veranstaltet das **Centro Cultural São Lourenço** (Almancil, Tel. 289 395 475), das Sie unterhalb der Kirche finden.

Die westliche Mittelalgarve

Erste Orientierung

Die Region westlich von Albufeira bis zur Bucht bei Alvor verkörpert die Essenz der berühmten Barlavento (windwärtigen)-Küste der Algarve. Was die winzigen Buchten von Carvoeiro und die weiten Sandflächen des Praia da Rocha und Armação de Pêra gemein haben, sind die schönen, mit surrealistisch erodierten Felsblöcken, -bögen, -grotten und -nadeln geschmückten Strände vor der ockerfarbenen Kulisse zerklüfteter Klippen. Denken Sie sich noch ein paar Fischerboote dazu, und Sie haben die Postkartenidylle, die nirgendwo anders zu finden sein kann als in der Algarve.

Jene, die Carvoeiro und Praia da Rocha in den Tagen vor dem Tourismusboom kannten, beklagen das verlorene Paradies, und man kann nicht leugnen, dass diese Gegend – Praia da Rocha im Besonderen – Opfer starker Bautätigkeit wurde. Mit dem Sommer fallen die Massen ein – gerade in der Umgebung von Carvoeiro. Dort empfiehlt es sich, früh oder spät am Tag, besser aber noch zu einer ruhigeren Zeit des Jahres zu kommen. Doch an den großen Stränden findet sich fast immer noch Platz, wenn Sie nur ein paar Schritte mehr in Kauf nehmen.

Wenn Ihnen Praia da Rocha und Carvoeiro zu überlaufen sind, dann besuchen Sie Alvor oder Ferragudo. Trotz der einigermaßen starken Kommerzialisierung hat sich Alvor viel von seinem ursprünglichen Charakter bewahrt, und die engen weiß getünchten Straßen sind eine Wonne. Ferragudo andererseits ist ein Ort, der entkommen ist – ein echter Überlebender der Algarve, der von dem ganzen Trara um ihn herum kaum berührt wird.

Bootsfahrten an dieser Küste sind sehr beliebt. In Portimão reicht das Angebot an Bootsausflügen von Charterbooten über Hochseefischen bis hin zu ruhigen

Vorhergehende Seite: Der goldene Sonnenuntergang an der Praia da Rocha
Unten: Das Riesenrad im Zoomarine

Flussfahrten nach Silves (➤ 142). Ein halber Tag in einer dieser Städte bildet eine willkommene Abwechslung zum Strand. In Sachen Geschichte ist Silves der beste Tipp, Portimão ist am bekanntesten für seine Einkaufsmöglichkeiten und Sardinen, hat aber wesentlich mehr zu bieten als nur Kulinarisches. Weitere Alternativen zu Strand und Meer: einige der besten Golfplätze der Region und Tennisschulen, Töpfereien in Porches und Spaß für die ganze Familie im Zoomarine (Meereszoo) und den beiden Wasserparks.

Der Blick von der *fortaleza* über den neuen Yachthafen von Praia da Rocha

Lagoas erdige Weine sind eine alkoholische Wucht

★ Nicht verpassen!

2 **Praia da Rocha** ➤ 98f
3 **Portimão** ➤ 100f
5 **Carvoeiro und seine Strände** ➤ 102f

Nach Lust und Laune!

1 Alvor ➤ 104
4 Ferragudo ➤ 104
6 Lagoa ➤ 105
7 Porches ➤ 105
8 Armação de Pêra ➤ 106
9 Zoomarine, Slide & Splash und The Big One ➤ 107

Küstenlandschaften und Sardinen im Überfluss sind die Spezialitäten dieser Tour nach Alvor entlang einer der schönsten Küsten der Algarve.

Die westliche Mittelalgarve in drei Tagen

Erster Tag

Vormittags
Fahren Sie auf der N125 nach **Portimão** (➤ 100f), und verbringen Sie den Morgen mit einem Einkaufsbummel oder einer Bootsfahrt (das Bild links zeigt eine traditionelle Gondel).

Nachmittags
Fahren Sie über die alte Straße am Fluss zurück, und halten Sie am **Museu Municipal** (➤ 100), bevor Sie nach **Praia da Rocha** (➤ 98f) weiterfahren. Dort erst einmal angekommen, parken Sie in der Nähe der Festung. Genießen Sie den Rest des Tages am Strand. Schauen Sie sich vom *miradouro* aus den Sonnenuntergang an, speisen Sie anschließend im Cabassa (➤ 109). Übernachten Sie in Praia da Rocha.

Zweiter Tag

Vormittags
Beginnen Sie den Tag zeitig, und nehmen Sie die N125 nach **Lagoa** (➤ 105). Dort biegen Sie nach **Carvoeira** (➤ 102f) ab. Wenn Sie einen Parkplatz finden, lassen Sie den Wagen hier, und nehmen Sie ein Boot zu den idyllischen Strandbuchten im Osten (vorzugsweise Benagil – oben abgebildet – oder Marinha, ➤ 103).

Nachmittags

Kehren Sie von der Küste zur N125 zurück, und fahren Sie ein kurzes Stück ostwärts nach **Porches** (➤ 105), um Töpferwaren zu kaufen. Gönnen Sie sich eine kleine Pause in der Olaria de Porches (➤ 111, 114ff). Kehren Sie nach **Alvor** (➤ 104) zurück, und sehen Sie sich dort den Sonnenuntergang über dem Feuchtbiotop an – oder von der obersten Etage des Restaurants Hellmann's (➤ 110) –, und speisen Sie im Tony and Ria's (➤ 105) an der Hauptstraße oder im nahen Tasca do Guedes.

Dritter Tag

Vormittags

Fahren Sie nach Portimão, und überqueren Sie die alte Brücke nach Ferragudo. Vielleicht möchten Sie den Strand unterhalb der Festung genießen, besonders wenn Sie gern Windsurfen. Andernfalls kehren Sie auf die N125 zurück und fahren nach Osten zum **Zoomarine** (rechts) oder einem der Wasserparks, **Slide & Splash** (unten) und **The Big One** (alle ➤ 107).

2

Praia da Rocha

Der Star auf vielen Tourismuspostern, die Praia da Rocha (»Felsenstrand«), ist zweifellos der beeindruckendste der nach Süden gewandten Strände in der Algarve, denn er verbindet pittoreske Felsformationen mit Weitläufigkeit und einem reichen Sportangebot. Abseits vom Strand gibt es wenig zu sehen oder unternehmen (es gibt keine Museen oder kulturelle Sehenswürdigkeiten), allerdings hat Praia da Rocha eine interessante jüngere Geschichte.

Praia da Rocha ist das älteste Urlaubsdomizil der Algarve und rühmt sich, seit 1902 Feriengäste zu beherbergen. Während der Umbrüche im Europa der Dreißigerjahre gewährte es Schriftstellern und Intellektuellen mondäne Zuflucht und wurde in dieser Zeit von britischen Urlaubern entdeckt. Im Zweiten Weltkrieg war es Schauplatz geheimer Treffen von Generälen, politischen Führern und Spionen. Als der Tourismus im heutigen Sinne in den späten Fünfziger- und frühen Sechzigerjahren einsetzte, galt Praia da Rocha als »Königin der Algarve«. Elegante Villen wie kultivierte Hotels säumten seine Hauptstraße, und sein Strand wurde auch Aire das Rochas das Artes (»Ort der kunstvollen Felsen«) genannt.

Der Strand heute

Seit damals hat sich viel verändert, nicht zuletzt der Strand, der in seiner heutigen Form 1969 entstand, als man eine Million Kubikmeter Sand aus dem Fluss Arade aufschüttete, um das Meer um 150 Meter zurückzuzwingen. Dadurch entstand der breiteste von Klippen begrenzte Sandstrand Europas, und die phantastischen Felsformationen, die ursprünglich im Wasser standen, waren auf dem Trockenen gestrandet.

Hinzu kommt, dass die meisten eleganten Herrenhäuser der Avenida Tomás Cabreira hohen Hotelburgen, Diskos, Musikbars, Speiselokalen und Fastfoodrestaurants gewichen sind. Vom alten Charme ist nicht mehr viel übrig, und abseits der Uferpromenade bohren sich bis nach Portimão Hotels und Wohntürme in den Himmel. Genießen Sie den schönen Strand, und versuchen Sie, die bauliche Gestaltung auf den Klippen hinter Ihnen zu vergessen. Der östliche Teil der Straße ist nach wie vor relativ ruhig. Der

Die auffallenden Felsen der Praia da Rocha sind das Ergebnis der Erosion durch Wind und Wellen

Strand endet an der Fortaleza da Santa Catarina (deren Terrasse der Öffentlichkeit zugänglich ist), die 1621 gemeinsam mit der Burg gegenüber in Ferragudo (➤ 104) errichtet wurde, um Portimão vor maurischen Räubern zu schützen. Heute lockt der Vergnügungspark unterhalb der Festung eine freundlichere Sorte von Besuchern an.

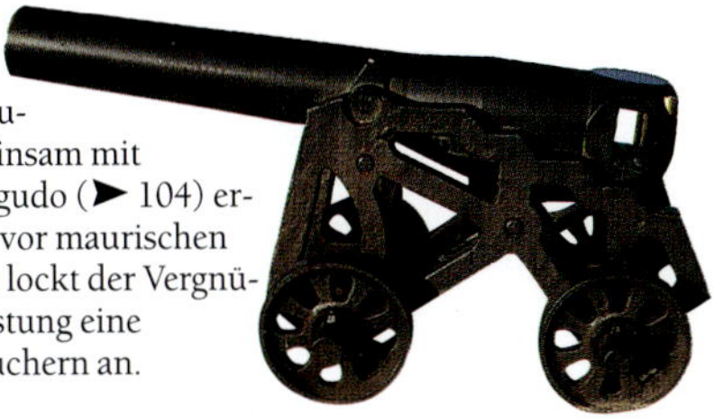

KLEINE PAUSE

Praia da Rocha verfügt über eine Reihe qualitativ guter Speiselokale. Dazu zählt das **Casalinho** (Praia da Rocha, Tel. 282 422 579) und das **Safari** (abseits der Avenida Tomás Cabreira, hinter der Disko Katedral, Tel. 282 423 540).

Oben: Diese Kanone schützte einst den Fluss Arade vor Piraten und Mauren

Links: Bewundern Sie die Aussicht von der Fortaleza da Santa Catarina

PRAIA DA ROCHA: INSIDER-INFO

Top-Tipps: Gehen Sie am späten Nachmittag oder frühen Abend zur ***fortaleza***, um den nach Portimão heimkehrenden Fischerbooten zuzusehen, von denen jedes von Schwärmen kreischender Möwen verfolgt wird.

- Machen Sie einen Strandspaziergang zum Balkon ***miradouro*** (Aussichtspunkt), und suchen Sie die drei Bären, den Löwenfelsen, Großmutters Grotte oder die zwei Brüder. Die Zeit des Sonnenuntergangs eignet sich hierfür besonders.
- Wenn Sie den wundervollen Sand der Praia da Rocha genießen wollen, Ihnen die übermäßig kommerzielle Seite aber unangenehm ist, gehen Sie an die benachbarte ruhigere **Praia da Vau**.

Außerdem: Es heißt, **Vasco da Gama** habe 1497, als er Karten für den Kurs ums Kap der Guten Hoffnung anfertigte, in einer Burg in Praia da Rocha gewohnt. Sie befand sich auf der Klippe, wo heute der Solar Penguin steht (➤ 108).

3

Portimão

Portimão ist gleichbedeutend mit Sardinen, und an sich verdankt es diesem bescheidenen Fisch, dass es nach Faro die zweitgrößte Stadt der Region wurde, auch wenn seine heutige Wirtschaft eher von Tourismus und Handel abhängen mag als von der Fischerei.

Der berühmte **Fischereihafen** an der alten Autobrücke besteht aus einem halben Dutzend einfacher Fischlokale, die kutterweise gegrillte Sardinen produzieren. Im Rahmen des Umbaus dieses Abschnitts der Flusspromenade ziehen die Restaurants auf die andere Seite der Brücke um.

Gleich neben dem Fischereihafen können Sie eine der viel gerühmten **Bootsfahrten** von Portimão antreten. Rundfahrten zu den Sehenswürdigkeiten pendeln an der Küste entlang ostwärts nach Carvoeiro, westwärts nach Lagos. Die Zielstrebigeren begeben sich auf die Jagd nach großen Fischen. Alternativ, wenn die Gezeiten es erlauben, können Sie im pittoresken Nachbau einer portugiesischen Gondel aus dem 19. Jahrhundert nach Silves gleiten. Die Fahrten sind entspannend, doch sollten Sie sich vor der Sonne schützen.

Portimão ist auch ein beliebtes Einkaufszentrum (► 111) – bekannt für Lederwaren, Schuhe, Kleidung, Kristallglas und Porzellan. Die Hauptachse ist die in eine Fußgängerzone umgewandelte Rua do Comércio.

Ganz links: Ohne eine Mahlzeit am Fischereihafen bleibt der Besuch von Portimão eine halbe Sache
Links: Bootsfahrten gibt es den ganzen Sommer hindurch

KLEINE PAUSE

Statt zum Fischereihafen können Sie auch unter den benachbarten Bögen hindurch zum von Blumen übersäten **Largo da Barca** gehen. Hier drängt sich rund ein halbes Dutzend erstklassiger Fischrestaurants um einen wiederaufgebauten roten Ziegelschornstein. Oder **holen Sie sich einen Imbiss** – im Einkaufszentrum Tropical, nahe der Rua do Comércio, gibt es eine gute *croissanteria* .

Museu Municipal Portimão
Avenida Capitão 282 412238
Mo–Fr 9.30–12.30 und 14–19 Uhr, Sa 15–19 Uhr

Alcalar
282 471410 Di-So 9–12.30, 14–17.30 Uhr preiswert

Diese Kacheln am Largo 1 de Dezembro stellen eine Schlüsselszene der portugiesischen Geschichte dar

PORTIMÃO: INSIDER-INFO

Außerdem: Endlich hat Portimão, die einstige römische Stadt *Portus Hannibalis*, ein eigenes historisches Museum erhalten: das **Museu Municipal Portimão**. In einer alten Sardinenfabrik an der Uferstraße zwischen Portimão und Praia da Rocha untergebracht, zeigt es wechselnde Ausstellungen.

• Eine weitere historische Sehenswürdigkeit: der 5000 Jahre alte Friedhof aus der Jungsteinzeit in **Alcalar,** zwischen Portimão und Praia da Rocha (Schild auf der N125 gegenüber Hotel Le Meridien Penina).

Geheimtipp: Auf keinen Fall sollte Ihnen der anheimelnde Platz **Largo 1 de Dezembro** entgehen. Sie finden ihn abseits der Rua Judice Biker, zwischen Ortsmitte und Fischereihafen. Seine zehn mit schönen *azulejo*-Paneelen geschmückten Bänke illustrieren zentrale Ereignisse in der portugiesischen Geschichte. Der Name des Platzes erinnert an das Datum im Jahr 1640, als Portugal seine Unabhängigkeit von Spanien zurückgewann. Das ansprechende Gebäude am Platz ist das alte Rathaus (➤ 108) aus dem 18. Jahrhundert.

5

Carvoeiro und seine Strände

Reinste Algarve: Fischerboote auf dem Strand bei Carvoeiro

Carvoeiro liegt am Ausgang eines langen, hübschen, grünen Tals. Der irische Künstler Patrick Swift (➤ 14ff) machte Carvoeiro in den Sechzigerjahren populär, als er es zu seiner Wahlheimat erklärte und die unberührten Buchten und Täler in einem der ersten Reisebücher über die Region pries. Unglücklicherweise rückten etwa ein Jahrzehnt später die Baulöwen an und begannen, die Gegend mit niedrigen weißen Apartmenthäusern zu überziehen.

Die einzige Zufahrtsstraße endet an einem kleinen Platz mit winzigem Parkplatz, Touristeninformation, Restaurants, Läden, Bars und einer kleinen dreieckigen Strandbucht von etwa 100 Metern. Steile, von kleinen bemalten Häusern gesäumte Klippen begrenzen sie zu beiden Seiten. Im Osten von Carvoeiro liegt eine Reihe gleichmäßig idyllischer Buchten und Strände, von denen die meisten ebenfalls erschlossen sind, wenn auch nicht in dem Maße wie Carvoeiro.

Algar Seco

Natürlich entstandene Fenster am Algar Seco

Der Name bedeutet »trockener Gully« und bezieht sich auf die grottenähnlichen Formationen, die Äonen von Sand und Wind in die weichen Kalksteinfelsen meißelten. Es gibt hier keinen wirklichen Strand, aber einige Stufen führen hinab zu einer erstaunlich klaren Lagune.

Praia das Centianes (Vale de Centianes)

Stufen führen hinunter zu einem langen, von Klippen begrenzten Strand, die nachmittags willkommenen Schatten spenden. Aber Vorsicht! Die Flut steigt hier sehr stark. Dies ist ein sehr beliebter Ort zu Füßen eines großen Hotels, hoffen Sie also nicht auf einen leeren Strand.

Praia do Carvalho

Diese hübsche, kleine, nicht zuletzt wegen ihres Zugangs über einen »Geheimtunnel« als Schmugglerstrand bekannte Bucht ist, wie Praia das Centianes, wegen der nahen Hotels oft sehr voll. Da Parkplätze schwierig zu finden sein können, empfiehlt es sich, in Benagil zu parken und zu Fuß zu kommen.

Machen Sie einen Spaziergang zum pittoresken Algar Seco von Carvoeiro

Praia do Benagil

Dies könnte die Quintessenz der Strandbucht in der Algarve sein: hohe Klippen an einem sonnigen Plätzchen, Fischerboote und -hütten (Bild links). Oben, an der steilen Straße mit Haarnadelkurven, gibt es ein paar Restaurants und Bars. Mehr Spuren der Erschließung sieht man aber zum Glück nicht.

Praia do Marinha

Dies ist der größte und möglicherweise auch schönste in dieser Flucht von Stränden, und seine Erschließung ist erfreulicherweise noch nicht allzu fortgeschritten. Auf den Klippen liegt ein angemessen großer Parkplatz, sodass Sie (wenn Sie früh kommen) selbst in der Hochsaison noch einen Parkplatz finden.

KLEINE PAUSE

Es gibt Bars im Ort, aber warum nicht am Strand picknicken? Lassen Sie aber bitte keine Abfälle zurück!

Praia do Marinha: Die Strände dieses Küstenabschnitts werden einfach immer besser

CARVOEIRO UND SEINE STRÄNDE: INSIDER-INFO

Top-Tipps: Besuchen Sie **andere Strände** mit dem Boot. Das macht Spaß und erspart Ihnen die Parkplatzsuche.

- Eine andere Option: der »**Land-Zug**«, der Sie zu den umliegenden Stränden und zurück bringt (einen Parkplatz müssen Sie dann in Carvoeiro finden).

Nach Lust und Laune!

Die leuchtend gelb verzierte Igreja Matriz in Alvor ist eine der schönsten Kirchen im Westen

3 Alvor

Den vielen Touristenrestaurants, Geschäften und Bars zum Trotz ist es dem kleinen Fischerdorf Alvor gelungen, sich viel von seinem Charakter zu bewahren. (Unterkunft findet man hauptsächlich in den zahlreichen großen Hotels im Osten.) Sein enges Gewirr von weiß getünchten Straßen reicht bis zur Alvormündung, einem malerischen, seichten Feuchtbiotop mit Rettungsbootstation, Fischmarkt und Dutzenden vor Anker liegenden Booten. In den Neunzigerjahren wurde dieser liebliche Ort Schauplatz einer Schlacht zwischen Umweltschützern und Bauunternehmern. Letztere setzten sich durch. Obwohl das Feuchtgebiet weiterhin geschützt ist, hat der Ausbau des Yachthafens begonnen.

Alvors Pfarrkirche stammt aus dem 16. Jahrhundert und ist allein seines extravaganten manuelinischen Portals wegen einen Besuch wert (➤ 21). Im hellen und luftigen Inneren sind einige erstklassige *azulejos* zu sehen.

Es gibt einige gute Strände hier, erwähnenswert ist die ausgedehnte Praia de Alvor und die Buchten von Três Irmãos und João de Arens.

183 D2

Touristeninformation Alvor
Rua Dr. Afonso Costa 51
282 457523

4 Ferragudo

Am anderen Ufer des Arade gelegen und mit Sicht bis zu den Hochhaustürmen von Portimão und Praia da Rocha, ist Ferragudo ein selten unverdorbener Hafen an einem stark bebauten Küstenabschnitt. Wandern Sie die steilen, malerischen Straßen hinter dem Dorfplatz zur Kirche hinauf. Genießen Sie die Aussicht, und schlendern Sie weiter zum Castelo de São João de Arade. Um

Das unberührte Ferragudo ist vom Fluss Arade aus ein bemerkenswerter Anblick

Für Kinder

- **Meereszoo »Zoomarine«** (➤ 107) wegen seiner Seelöwen und Tierdressuren.
- **Slide & Slash** oder **The Big One** (➤ 98f) mit Wasserrutschen und Wasserfällen (➤ 107).
- Der **Strand von Praia da Rocha** (➤ 98f): Lassen Sie den Kleinen auf diesem großartigen Sandstreifen freien Lauf, ältere Kinder können die Felsen erkunden oder auf dem Sportplatz Football, Basket- oder Volleyball spielen.

1600 erbaut, um den Zugang zum Fluss zu schützen, wurde es im 17. und 18. Jahrhundert erweitert und vor etwa 100 Jahren in ein Wohngebäude umgewandelt

183 E2

6 Lagoa

Lagoa ist in der Gegend für seinen Wein berühmt, der in der großen Anlage einer Kooperative an der N125 hergestellt wird. Sie können ihn im Direktverkauf beim Hersteller kosten und kaufen; Führungen gibt es nur für Gruppen mit Vorausbuchung. Eine andere Attraktion des Städtchens ist das Festgelände, wo das ganze Jahr hindurch Veranstaltungen stattfinden. Die größte ist die FATACIL, eine in der dritten Augustwoche veranstaltete Handelsmesse mit Ausstellungen der örtlichen Landwirtschaft und des Handwerks.

Die interessanteste Sehenswürdigkeit am Ort ist der Convento de São José mit seinem hübschen Kloster um einen Menhir, von dem man annimmt, dass er zwischen 6000 und 7000 Jahre alt ist.

Authentische Souvenirs bekommen Sie in Töpfereien wie dieser am Straßenrand

183 E2

7 Porches

So wie Portimão mit Sardinen ist Porches mit Töpferkunst verknüpft. Seit dieses Handwerk in der Gegend in den Sechzigerjahren neu belebt wurde (➤ 14ff), gedeiht es, und an der N125 schießen immer neue Geschäfte aus dem Boden.

Dennoch lohnt es sich, von der Hauptstraße abzubiegen und das ruhige Dorf zu erkunden – und sei es nur, um den schönsten Kamin der Algarve zu sehen. Direkt hinter dem bekannten Restaurant O Leão de Porches erhebt sich ein gigantischer weißer Kaminaufsatz. Doch den, den Sie suchen, finden Sie erst am Platz dahinter. In leuchtendem Gelb ist das Relief einer bizarren Gestalt mit Männerkopf und Frauenkörper herausgearbeitet, mit einem Fächer an Stelle einer Hand und Füßen,

Fünf Fischrestaurants

Casa Bica (Fischereihafen, Portimão, kein Telefon).
Casalinho, am Strand (Praia da Rocha, Tel. 282 422 579).
Dona Barca (Largo da Barca, Portimão, Tel. 282 484 189, ➤ 109).
Taverna do Guedes (Rua dos Pescadores, Alvor, Tel. 282 548 528).
Tony and Ria's (Rua Dr. Frederico Ramos Mendes, Alvor, Tel. 282 458 444).

die Wagenrädern gleichen. Sie ist das inoffizielle Wahrzeichen des Dorfes.

183 F2

8 Armação de Pêra

Genießen Sie von der palmengesäumten Promenade des Resorts den Blick auf den größten Strand im Süden: Am westlichen Ende (Augen rechts) die klassische Algarve-Landschaft; und im Osten (Augen links) erstrecken sich die flachen Strände bis zur Praia de Galé, nahe Albufeira (▶ 82). Der Ort hat kaum noch Ähnlichkeit mit dem Fischerdorf von einst. Boote am Strand markieren den ursprünglichen Teil der Stadt, das Fischerviertel mit guten, preiswerten Fischrestaurants.

Es gibt zwei hübsche Strandbuchten direkt westlich von Armação de Pêra. Die erste heißt Praia Nossa Senhora da Rocha und ist gespickt mit Fischerbooten und durch zwei Klippen geschützt, die rund 100 Meter ins Meer reichen und als natürliche Wellenbrecher fungieren. Auf einer dieser Klippen thront die romanische Kapelle Nossa Senhora da Rocha (Unserer lieben Frau von den Felsen), eine seltsame, kleine, sechseckige Kapelle mit achteckigem Turm. Das Innere datiert aus dem 16. Jahrhundert. Man kann es, selbst wenn geschlossen ist, durch ein Gitter betrachten.

Ein Tunnel führt von der Westklippe zum Strand Praia Nova.

183 F2

Touristeninformation Armação de Pêra

Avenida Marginal

282 312145

Das kleine Schutzgebiet Nossa Senhora da Rocha hoch oben über den Atlantikwellen

Vor Sagres kann man Delphine entdecken, aber sie sind nicht so gut dressiert wie die im Meereszoo

Alvors königlicher Besucher

Alvors berühmtester Gast war König João II, der 1495, nachdem er in Monchique erkrankt war, hierher kam. Die Chronik berichtet, dass sich der Bischof dem Sterbenden näherte, um ihm die Augen zu schließen, woraufhin der König stöhnte, »Bischof, die Zeit ist noch nicht gekommen«, und prompt verschied.

Obwohl Wassersucht die offizielle Todesursache war, weiß eine Verschwörungstheorie, der König sei von den Spaniern vergiftet worden, die seine Krone an sich reißen wollten. Allerdings war er auch beim portugiesischen Adel, dessen Macht er eingeschränkt hatte, wenig beliebt.

Wasserparks

- Alle drei Wasserparks haben einen Pendelservice, der bis nach Quarteira und Lagos fährt, um Gäste in Hotels abzuholen. Fragen Sie im Hotel oder dem nächsten Reisebüro nach dem Fahrplan.
- Ab 16 Uhr brechen viele Besucher mit dem Pendelservice zu ihren Ferienorten auf. Danach verkürzt sich das Anstehen bei den aufregendsten Attraktionen beachtlich. Wenn Sie selbst motorisiert sind, nutzen Sie diese Stunden geringeren Andrangs.

9 Zoomarine

Obwohl der Meereszoo für sich in Anspruch nimmt, thematisch von der Verbindung der Region zum Meer inspiriert zu sein, steht zu bezweifeln, ob Sie in der Algarve viele frei schwimmende Seehunde, Seelöwen, Haie, Schildkröten, Krokodile oder Tropenfische finden werden – geschweige denn Papageien, die an Land umher fliegen. Die Stars der Show sind Delphine (die tatsächlich hier leben), ansonsten gleicht dieser Park sehr denen in Florida.

184 A2 ✉ N125, Guia
☎ 289 560300; www.zoomarine.com
Jan.–März und Nov.–Dez. Di–So 10–17 Uhr; April–Juni und die letzten beiden Septemberwochen–Okt. Di–So 10–18 Uhr; Juli–Mitte Sept. Di–So 10-19.30 Uhr; Nov.–März Pools geschl.
Café
teuer

9 Slide & Splash

Dies ist der größte und aufregendste Wasserpark der Algarve mit dem üblichen Aufgebot an spaghettiähnlichen Röhren und Rutschen in rauen Mengen. Die längsten Schlangen bilden sich vor dem schwarzen Loch, einem aufregenden Sprung ins Dunkle.

183 E2 ✉ Vale de Deus, bei Estombar, an der N125 ☎ 282 341685
Ostern–Okt. tägl., saisonabhängige Öffnungszeiten, genaue Daten und Zeiten telefonisch teuer

Rutschen, plantschen, schwimmen und surfen oder sich einfach von den Wasserkanonen durchweichen lassen

9 The Big One

Nach Slide & Splash, dem großen Park der Algarve, belegt dieser hier keinen schlechten zweiten Platz. Er ist für jüngere Kinder gut geeignet, denen man einen eigenen Bereich gewidmet hat. Trotzdem ist er nichts für Feiglinge: Trauen Sie sich, vom Banzai, der höchsten Wasserrutsche mit freiem Fall in Portugal, 23 Meter in die Tiefe zu stürzen? Oder über Kamikaze, die mit 92 Metern längste Hochgeschwindigkeitsrutsche der Algarve, zu rutschen? Zudem gibt es zwei Labyrinthe aus Röhrenrutschen und ein Wellenbad

183 F2 ✉ Alcantarilha
☎ 282 322827; www.bigone-waterpark.com
Ostern–Okt. tägl., saisonabhängige Öffnungszeiten, genaue Daten und Zeiten telefonisch oder im Internet
Imbissbuden und Cafés teuer

Wohin zum… Übernachten?

Preise
Mit folgenden Preisen müssen Sie pro Doppelzimmer pro Nacht rechnen:
€ unter 50 Euro **€€** 50–125 Euro **€€€** über 125 Euro

Bela Vista €€

Diese edle Villa auf den Klippen war eines der ersten in der Algarve errichteten Hotels, ein privates Wohnhaus der Jahrhundertwende, das umgebaut wurde, als Praia da Rocha (die erste Ferienanlage) nur aus einer Hand voll Villen bestand. Das Dekor ist traditionell: Schöne Holztäfelungen, Milchglasscheiben und ursprüngliche Kachelszenen schmücken die schummerigen öffentlichen Räume und das Treppenhaus. Praia da Rochas Strand liegt zu Ihren Füßen, und die Terrasse ist perfekt zum Frühstücken.

183 D2
Praia da Rocha, 8500-802 Portimão
282 450 480; Fax 282 415 369

Carlton Alvor €€€

Das einstige Alvor Praia wurde von der Kette Pestana übernommen. Seine Lage ist prachtvoll: Es überblickt den goldenen Sand der Praia dos Três Irmãos. Zur Ausstattung zählen ein beheiztes Außenbecken, sieben Tennisplätze und ein Schönheitssalon. Drei Restaurants servieren portugiesische, italienische und internationale Küche. Die Einrichtungen des Hotels Dom João II. stehen dem Gast zusätzlich zur Verfügung.

183 D2
Praia dos Três Irmãos, 8501-904 Alvor, Portimão
282 400 900; Fax 282 400 999; E-Mail: pestana.hotels@mail.telepac.pt

Casa Bela Moura €

Wenn die Luxushotels in Armação de Pêra Ihr Budget übersteigen, ist diese blitzsaubere Pension mit zwölf Zimmern eine attraktive Alternative. Sie wurde im maurischen Stil errichtet und liegt auf dem Land, abseits der Straße und 1,5 Kilometer vom hübschen Strand Nossa Senhora da Rocha (➤ 106) entfernt. Zum Hotel gehören eine Bar in der Lounge, ein Frühstücksraum und ein Freibad.

183 F2
Estrada de Porches, 8365 Armação de Pêra
282 313 422; Fax 282 313 025

Le Meridien Penina €€€

Mit 140 Hektar eigenem Grund, einem Championship-Golfplatz und einem Olympiaschwimmbecken zählt Le Meridien zu den luxuriösesten Hotels der Algarve. In den Sechzigerjahren eröffnet, bewahrt es sich ein traditionelles Dekor und Ambiente, bietet aber zugleich eine Bandbreite von Annehmlichkeiten für alle Altersgruppen. Im Sommer werden junge Gäste im Penguin Village betreut, während die Junior Academy 8- bis 15-jährigen sportliche Betätigungen anbietet – zu einem gewissen Preis. Das Hotel verfügt über eine Tennis- und eine Reitschule, ein Fußballfeld, medizinische Versorgung und drei Restaurants. Im Sommer bringt ein Pendelbus Gäste an den Hotelstrand in Alvor, wo es eine Bar, ein Restaurant und Wassersportangebote gibt.

183 D2
Postfach 146 Penina, 8501-952 Portimão
282 420 200; Fax 282 420 300; E-Mail: meridienalg.sm@mail.telepac.pt

Solar Penguin €

Eine vornehme Oase der Ruhe in einem Resort, das nicht für Geschmack und Zurückhaltung bekannt ist: Der »Sonnenpinguin« ist ein Überlebender der Algarve der Vergangenheit. Er wird von Dorothy Boulter (➤ 9f) geführt, einer liebenswürdigen und aufmerksamen Gastgeberin. Die Zimmer sind bequem, wenn auch altmodisch. Auch gibt es etwas frühmorgendlichen

Lärm, wenn die Urlauber aus den nahen Bars und Diskos strömen. Doch das ist verzeihlich, wenn man die Aussicht von der Terrasse sieht.

183 D2
Rua António Feu, nahe Avenida Tomás Cabreira, Praia da Rocha
282 424 308; Fax 282 424 308; E-Mail: residencial.penguin@mail.telepac.pt

Vila Vita Parc €€€

Das Vila Vita Parc, eines der luxuriösesten Hotels in der Algarve, liegt inmitten subtropischer Gärten. Mit fünf Restaurants, sieben Bars, einem Weinprobierkeller, Nachtclub, Tennis, Squash, vier Pools, Wassersportangebot, medizinischer Versorgung und einem Kinderpark ist es eher eine Ferienanlage als ein Hotel. Es gibt Familien- und Juniorsuiten, Villen mit eigenem Pool und sogar eine 22-Meter-Yacht.

183 F2
Postfach 196, 8365-911 Armação de Pêra
282 310 100; Fax 282 315 333; E-Mail: reservas@vilavitaparc.com; www.vilavita.com

Wohin zum … Essen und Trinken?

Preise
Für ein Essen ohne Getränke und Service zahlen Sie pro Person:
€ unter 15 Euro **€€** 15–23 Euro **€€€** über 23 Euro

A Santola €€

Der Blick auf Strand und Meer allein rechtfertigt einen Besuch im A Santola, das in der Nähe der alten Festungsmauern am wohl längsten Strand der Algarve liegt. Die Karte bietet für jeden Geschmack etwas: von Spaghetti Bolognese zu Fisch-*cataplana*.

183 F2
Lago da Fortaleza, Armação de Pêra
282 312 332
tägl. mittags und abends

Cabassa €€

Dieses verdientermaßen beliebte italienische Restaurant findet sich am ruhigeren Ende von Praia da Rocha, nahe der alten Festung, an der Strandpromenade. Es hat eine große Freiterrasse mit Meerblick. Wählen Sie unter Pizzen oder hausgemachter Pasta wie Tortellini mit Lachs, Gnocci mit Gorgonzola, Cannelloni mit *requeijão* (Frischkäse) und Spinat, gefolgt von Fisch oder Fleisch oder einer Mischung von beidem (*frutos do mar e peito de frango*, Meeresfrüchte und Hühnerbrust).

183 D2
Avenida Tómaz Cabreira, Praia da Rocha
282 424 307
Di–So mittags und abends, Nov.–März geschl.

Casa Inglesa €

Das Café bekam seinen Namen, als die ersten Engländer, die in der Algarve Landhäuser erwarben, hierher kamen, um englische Zeitungen zu lesen. Sie konnten beim Zeitungsmann nebenan Zeitungen kaufen. Das Café ist nach wie vor ein unter Briten beliebter Treffpunkt, wo bei Kaffee und Kuchen getratscht wird. Die Inneneinrichtung ist ein wenig düster, aber es gibt eine sonnige Terrasse.

183 D2
Praça Teixeira Gomes 3, Portimão
282 416 290
tägl. 8–23 Uhr

Dona Barca €

Eines der preiswertesten Restaurants der Algarve ist das Dona Barca. Es liegt hinter dem alten Sardinenkai und durch die Bögen unter der Straße hindurch. Vermutlich bruzzelt gerade frischer Fisch, einheimischer Fang, auf dem Grill der Restaurantterrasse. Ein *prato da dia* (Tagesgericht) ist immer eine gute Wahl – ebenso Fisch, *cataplana* oder, wenn Sie zu mehreren sind, eine Platte mit gemischten Meeresfrüchten.

183 D2
Largo da Barca, Portimão
282 484 189
tägl. mittags und abends

Hellmans €€

Am Hafen von Alvor lockt dieses beliebte Restaurant unter schwedischer Leitung mit einem atemberaubenden Blick von der Dachterrasse über das Mündungsgebiet. Die Speisekarte kombiniert traditionelle einheimische Gerichte mit modernen, internationalen Speisen. Neben gegrilltem Fisch je nach Fang des Tages gibt es Alvor-Muscheln in Weißwein und Knoblauch, Schellfisch oder die Platte mit Meeresfrüchten für zwei, die aus Krabben, Riesengarnelen, Krevetten und Muscheln besteht.

183 D2
Alvor Harbour, Portimão
282 458 208
tägl. abends; Nov.–März geschl.

O Buque €€

Die zuverlässige portugiesische Küche hier macht die reizlose Umgebung in einem Vorort von Portimão an der verkehrsreichen N125 mehr als wett. Das nach einer alten Art von Sardinenkutter benannte Restaurant O Buque ist ein Familienbetrieb, der in der Regel voller Einheimischer ist. Bestellen Sie eine der Spezialitäten einen Tag im Voraus.

183 E2
N125, Parchal (2 km östl. von Portimão)
282 424 678
Mo–Fr mittags und abends, Sa abends; Mitte Jan.–Mitte Feb. geschl.

Sambal €€

Als Abwechslung zur portugiesischen Küche können Sie dieses intime indoasiatische Restaurant in einer Seitenstraße oberhalb des Hafens und der Parkanlagen ausprobieren. Die Karte umfasst indonesische, thailändische, malaiische, chinesische und indische Gerichte (wie etwa frischen Roten Schnapper). Lehnen Sie sich nach dem Abendessen zurück, und genießen Sie Livemusik oder Tanz. Es empfiehlt sich zu reservieren. Kreditkarten werden nicht akzeptiert.

183 D2
Rua Santa Isabel 14–16, Portimão
282 422 072
Di–So 19–2 Uhr

Somewhere Else €€

Das etwas andere Restaurant. Hier können Sie Fisch und Fleisch auf heißen Lavasteinen selbst kochen. Wählen Sie unter sieben Fleischsorten, darunter Steak, Huhn und Strauß, oder entscheiden Sie sich für Thunfisch, Schwertfisch oder Lachs. Zu den Hauptgerichten werden verschiedene Beilagen serviert.

183 D2
Rua Poeta João des Deus, Alvor
282 458 595
tägl. mittags und abends

Titanic €€€

Heben Sie sich dieses Lokal für einen besonderen Abend auf. Die Lage im Erdgeschoss eines Hochhauses in einiger Entfernung vom Meer ist auf den ersten Blick wenig einladend, doch das nach dem Motto »Schiffbruch« gestaltete Interieur (einschließlich Hummerbecken) macht dem Namen des Restaurants alle Ehre. Die Karte ist international.

183 D2
Edifício Columba, Rua Engenheiro Francisco Bivar, Praia da Rocha, Portimão
282 422 371
tägl. abends; Ende Nov.–Ende Dez. geschl.

Togi €€

Abseits von Carvoeiros geschäftigem Zentrum liegt das Togi in einer beschaulichen Gartenanlage an der Straße nach Algar Seco. Das Restaurant unter holländischer Leitung ist nur abends geöffnet.

183 E2
Rua das Flores 12, Algar Seco, 8401-908 Carvoeiro
282 358 517
tägl. abends; Nov.–Feb. geschl.

Wohin zum ... Einkaufen?

PORTIMÃO

Portimão ist vermutlich die beste Gegend zum Einkaufen in der Algarve. Da es eher Fischereihafen denn Ferienort ist, sind die Geschäfte weniger auf den Massentourismus ausgelegt, und man kann ausgezeichnete Schnäppchen machen. Die Stadt bietet eine große Auswahl an Lederwaren, Kristall und Keramik, Leinen und Spitze, Kleidung und Schmuck. Viele der Läden sind Direktverkaufsstellen.

Die Haupteinkaufsstraßen von Portimão sind Rua do Comêrcio und Rua Vasco da Gama, beide liegen nahe der Hauptstraße Praça da República. **O Aquário** (Rua Vasco da Gama 42–46, auch in der Praça da República und Rua Direita, Edifício Delmar 10, Tel. 282 26673) ist bekannt für seine große Auswahl an Kristall, Kupfer, Messing und Porzellan, darunter auch Atlantis, eine Art portugiesisches Vollbleikristall, und Vista Alegre, das feinste Porzellan Portugals. **Rua Direita** ist die andere bedeutende Einkaufsstraße der Stadt.

Wenn Sie Kunst, Antiquitäten und Designerware suchen, gehen Sie in die **Rua Santa Isabel**, wo die Geschäfte im Parterre einiger der eleganteren Häuser der Stadt liegen. Die **Galeria Portimão** (Nr. 5) stellt schicke moderne Kunst aus, **St James** (Nr. 26) hat Schuhe von Charles Jourdan zu vernünftigen Preisen, **Louca's International Clothing** (Nr. 19–23) verkauft Designerkleidung, und bei **Bobi** (Nr. 36) findet man Geschenke aus Keramik.

TÖPFERWAREN

Die Töpfereien am Straßenrand der N125 sind in der Algarve die beste Quelle für Keramiken. Die Auswahl ist unendlich groß, von billigen Modellen von Schnecken und Truthähnen bis hin zu Gefäßen im griechischen und römischen Stil. Viele der Läden locken Touristen mit Schildern, die kostenlose Wein- und Portweinproben versprechen, andere haben eine Bar oder manchmal gar ein Restaurant, um müde Kunden neu zu beleben. Dennoch kommt viel von dem, was Sie zu sehen bekommen, aus dem Alentejo, auch das schlichte Terrakotta mit weißem Blumendekor und die ansprechenden handgemalten Stücke mit Fisch- oder Obstmotiven. Die besten Quellen für einheimische Keramik sind die Töpfereien in Porches (➤ 14ff). Wenn Sie hochwertige Atelierkeramik statt Tonwaren für den Massenmarkt suchen, sind Sie in **Ian Fitzpatricks Atelier** (➤ 16) an der richtigen Adresse.

Erstklassige, handbemalte Töpferwaren im Majolika-Stil zu vernünftigen Preisen sind das Markenzeichen der bahnbrechenden **Olaria de Porches** (➤ 25) an der N125. Wirbelnde Akanthusblätter in Blau und Grün, Blumen, Früchte und Vögel sind typisch für ihre naiven Motive im einheimischen Stil. Wenn Sie ein Stück mit persönlicher Note wünschen, müssen Sie es sieben bis zehn Tage im Voraus bestellen. Die angeschlossene Bacchus Bar mit gekachelten Bänken im Schatten von Bougainvilleen ist ein reizendes Plätzchen für ein leichtes Mittagessen oder einen Kaffee mit Karottenkuchen (nur im Sommer). Nur wenige Meter östlich, auf der anderen Seite der N125 (abseits der Straße und leicht zu übersehen), ist die **Olaria Pequena** (kleine Töpferei).

WEIN IN LAGOA

Lagoa ist die bedeutendste Weinanbauregion der Algarve. Die für ihre starken, gehaltvollen Rotweine (13–13,5 Prozent Alkohol) bekannten örtlichen Winzereien produzieren aber auch einen weißen Lagoawein, einen Rosé und *aguardente* und einen goldenen Schnaps aus Rohrzucker. Die ***cooperativa*** an der Straße nach Portimão bietet täglich Führungen an (vorausbuchen, Tel. 282 342 181). Dort sehen Sie, wie von Hand Korken eingepasst und Etiketten gemalt werden, und können Sie, gegen einen Obulus, auch den Wein kosten.

Wohin zum … Ausgehen

BOOTSFAHRTEN

Portimão ist das eigentliche Zentrum der **Hochseefischerei** in der Algarve. Die verbreitetsten Arten in den örtlichen Gewässern sind der Blauhai und der stromlinienförmige Mako. Die Boote sind mit modernsten elektronischen Geräten ausgestattet. Auskünfte erteilt das **Hochseeangelzentrum** (Rua António Dias Cordeiro 1, Portimão, Tel. 282 425 866). Sie können sich auch einer **Fahrt zu einem Angelplatz** für Brassen, Meeraale, Muränen, Kraken und Tintenfische in Küstennähe anschließen. Einzelheiten erfahren Sie am Hafen oder bei **Fred Steel** (Tel. 91 743 3548).

Auch **halbtägige Küstenfahrten** zum Besuch von Höhlen, Grotten und abgelegenen Stränden werden angeboten. Gehen Sie zum Fischereihafen, wo die Anbieter sich gegenseitig überbieten. Manche, wie **Boat Tours** (Tel. 282 495 654), können arrangieren, dass man Sie am Hotel abholt.

GOLF

Penina (5 km westl. von Portimão auf der N125, Tel. 282 420 200), von Henry Cotton gestaltet, ist eine 18-Loch-Golflandschaft, in der die Portugiesischen Opens abgehalten wurden. Carvoeiro hat drei Plätze: **Pinta** und **Gramacho** sind sehr malerische 18-Loch-Plätze im Pestana Golf and Resort (Tel. 282 340 900), **Vale de Milho** mit 9 Löchern (Praia da Carvoeiro, Tel. 282 358 502) eignet sich auch für Anfänger. Cotton hat auch **Alto Golfe** (Tel. 282 416 913) entworfen, einen Platz mit 18 Löchern und dem längsten Par Fünf Europas (➤ 26).

WASSERSPORT

Windsurfer, Segler und Wasserskifahrer können am Praia do Carvoeiro, Praia da Rocha und Armação de Pêra üben. Die **Tauschschule** (Divers Cove, Quinta do Paraíso, Praia do Carvoeiro, Tel. 282 356 594) veranstaltet Kurse für alle Niveaus und verleiht Taucher- und Schnorchelausrüstungen.

Der Wasserpark **Slide & Splash** (N125, Vale de Deus, Estômbar, Tel. 282 341 685) und **Zoomarine** (Meereszoo im Westen von Guia an der N125) mit seinen Darbietungen von Delphinen, Seelöwen und Papageien und einem Haifischbecken bieten Unterhaltung für Kinder (➤ 106f).

REITEN

Eine der besten Reitschulen ist **Centro Hípico Vale de Ferro** (Mexilhoeira Grande, Tel. 282 968 444), das Wanderritte in den Gebirgsausläufern von Monchique organisiert und einen kostenlosen Abholservice für die Gegend von Lagos und Portimão anbietet.

TENNIS

Tennisspielern steht eine Auswahl an Hotels mit Tennisplätzen oder der **Rocha Brava Tennisclub** (Praia do Carvoeiro, Tel. 282 358 856) offen, die Stunden geben und Ausrüstung vermieten.

MUSIK UND NACHTLEBEN

Rathaus und Gemeindehalle von Portimão sind Gastgeber von Konzerten internationaler wie einheimischer Gruppen. Chormusik wird in der Igreja Matriz aufgeführt.

Beliebtester Ort ausgelassenen Nachtlebens ist Praia da Rocha mit einem Kasino, mehreren Diskos und Dutzenden von lauten Bars mit Livemusik und langen Öffnungszeiten. Eine friedlichere Umgebung finden Sie an der Bar und auf der Aussichtsterrasse des **Bela Vista Hotel** (➤ 108). Im **Hotel Algarve Casino** (Avenida Tomás Cabreira, Tel. 282 415 001) können Sie Ihre Wetten in den Casino-Zimmern platzieren.

Der Westen

Erste Orientierung

Fahren Sie auf der N125 nach Westen – und wie von Zauberhand verschwindet der lärmende Verkehr. Ihr Griff ums Lenkrad entspannt sich, die Ferienanlagen fallen zurück, der Himmel wird höher und weiter. In Vila do Bispo fangen Sie sich an zu fragen, wo alle und alles geblieben sind.

Der Westen ist die Region für die, die alles hinter sich lassen möchten, und für Strandenthusiasten im Besonderen. Der Rest der Algarve mag schöne Strände sein Eigen nennen, die im Westen aber sind wahrhaft herrlich. Vor allem hat man sie oft ganz für sich allein, auch wenn das ein wenig kostet. Die relative Entlegenheit, das kühle Wasser und die frischeren Winde von der Westküste haben die touristische Erschließung weniger attraktiv erscheinen lassen als im Süden oder Osten. In der Nebensaison und an grauen Tagen ist dies tatsächlich ein Ort für robustere Gemüter, aber machen Sie sich keine Sorgen – auch an dieser Küste gibt es geschützte Strände und viele warme Tage. Die andere gute Nachricht für Leute, die Ruhe und Frieden suchen: Der Küstenstrich von Burgau bis »um die Ecke« nach Odeceixe, an der fernen Nordwestspitze der Algarve, ist heute Teil des geschützten Parque Natural da Costa Vicentina.

★ Nicht verpassen!

Nach Lust und Laun

Ponta da Piedade, die Aufsehen erregendste Felsformation der Algarve

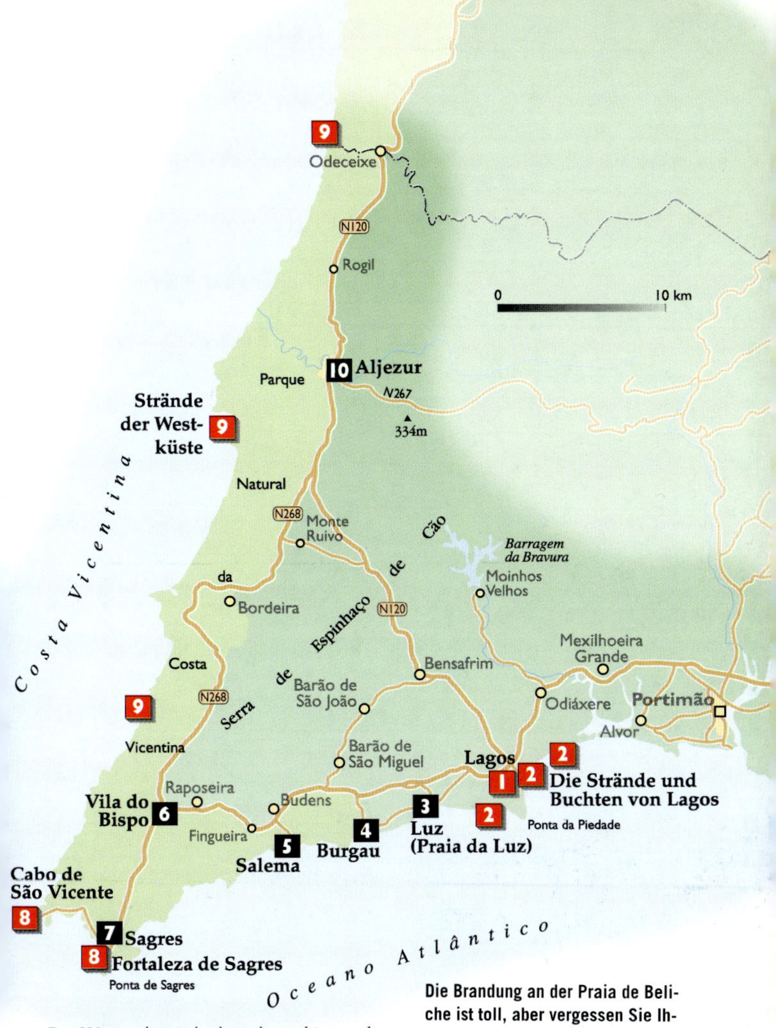

Die Brandung an der Praia de Beliche ist toll, aber vergessen Sie Ihren Taucheranzug nicht!

Der Westen hat jedoch mehr zu bieten als Strände. Lagos ist die charakteristischste und historisch interessanteste Stadt in der Algarve, während Sagres und Cabo de São Vicente die Geister von Heinrich dem Seefahrer und Magellan und die große Zeit der Entdeckungen beschwören. Wenn Sie Spaß an der Gesellschaft anderer Urlauber und dem bekannten Drum und Dran im internationalen Stil haben, bleiben Sie in Lagos, Luz, Burgau oder Salema. Wenn Sie aber wirklich in die westliche Algarve eintauchen wollen, dann gibt es eine Fülle von Plätzen, an denen Sie den tobenden Massen des Ostens entfliehen können.

Gewaltige Strände an einer sensationellen Küste, an der der Geist Heinrichs des Seefahrers umgeht, machen diese Reise in den Westen zum kleinen Epos. Frischen Sie in Lagos erst Ihre Geschichtskenntnisse auf, aber meiden Sie möglichst den Montag – dann sind viele Sehenswürdigkeiten geschlossen.

Der Westen in drei Tagen

Erster Tag

Vormittags

Folgen Sie dem Rundgang durch das historische **Lagos** (➤ 154f). Wählen Sie für das Mittagessen eines der guten Lokale oder ein Picknick.

Nachmittags

Genießen Sie auf einer Bootsfahrt von der Burg entlang der Küste von Lagos den Blick auf die phantastischen

Felsformationen bei **Ponta da Piedade** (➤ 122, Bild links oben). Fragen Sie den Schiffer, ob er Sie am malerischen Strand Dona Ana (➤ 122, Bild links unten) absetzen kann. Ist er überlaufen, kehren Sie zur Festung und ihrem angrenzenden Strand zurück oder überqueren den Fluss und gehen an die **Meia Praia** (➤ 121). Übernachten Sie in Lagos.

Zweiter Tag

Vormittags

Folgen Sie der N125 westwärts zur **Fortaleza de Sagres** und dem **Cabo de São Vicente** (➤ 123ff). Reservieren Sie für mittags im Fortaleza do Beliche (➤ 134).

Nachmittags

Gehen Sie mit dem Boot auf Delphin-Besichtigung oder vom Hafen in Sagres aus zum Hochseefischen. Bleiben Ihnen noch ein oder zwei Stunden Sonne, aalen Sie sich an einem der Stadtstrände. Am Cabo de São Vicente beobachten Sie den Sonnenuntergang. Übernachten Sie in Sagres.

Dritter Tag

Vormittags

Fahren Sie auf der N268 Richtung Norden nach Sagres. Biegen Sie in **Vila do Bispo** (➤ 129) zur **Praia da Cordama** (➤ 126) und ihrem sensationellen Aussichtspunkt ab. Fahren Sie weiter nach Norden zum Strand von **Amado** (➤ 126). Essen Sie im **Praia do Bordeira** (➤ 126) zu Mittag.

Nachmittags

Gönnen Sie sich ein paar Stunden am Strand von Amado oder Bordeira. Dann folgen Sie der N268 Richtung Norden nach **Aljezur** (➤ 131). Sie können sich an der spektakulären Küstenlandschaft nicht satt sehen? Machen Sie einen Sechs-Kilometer-Abstecher nach Arrifana. Die Alternative: Trinken Sie unter Aljezurs schattigen Bäumen (Bild oben) Kaffee oder etwas Kaltes. Wenn Sie sich entspannt haben, fahren Sie auf der N268 zurück nach Süden und biegen auf die N120 nach Lagos ab, wo Sie den Abend und die Nacht verbringen können.

Lagos

Lagos (»Lahgusch« gesprochen), teils noch von mittelalterlichen Mauern umgeben, hat mehr Geschichte und Charakter als jede andere Stadt der Algarve. Dabei ist es keineswegs unkommerziell. Es gibt Bars im britischen Stil, Touristengeschäfte und Lokale, sogar Fastfood-Läden, aber nur ein großes Hotel (diskret verborgen); seine Atmosphäre unterscheidet sich völlig von der in den Ferienorten im Osten. Selbst der Stadtkern wirkt bewohnt (man beachte die altmodischen Eisenwarenläden neben den Restaurants der Rua 25 de Abril), und Rucksack- und Einzelreisende, die auf dem Weg nach Westen eine oder zwei Nächte bleiben, verleihen den Gassen ein Gefühl von Bohème. Vor allem aber kann sich Lagos exzellenter Lokale, feiner Geschäfte, eines guten Nachtlebens und herrlicher Strände vor seinen Toren rühmen.

Das Fort Ponte da Bandeira ist eine für die Algarve typische Küstenfestung; es kontrolliert die Einfahrt nach Lagos

Die N125 mündet in die Avenida dos Descobrimentos (Allee der Entdeckungen), die am Fluss entlang führt und so den Strand **Meia Praia** (➤ 121), den Fischereihafen und den Yachthafen von der Stadt trennt.

Am Ende der Allee steht das schmucke, kleine, im 17. Jahrhundert zum Schutz des Hafens errichtete Fort **Ponte da Bandeira**. Das Innere birgt wenig historisch Bedeutsames, aber seine Kapelle und die Ausstellung über Entdeckungen (nur in Portugiesisch beschriftet) ist einen schnellen Blick wert.

Außerhalb des Forts legen Fischerboote zu Besichtigungen der nahen Höhlen und Grotten im Westen, einschließlich **Ponta da Piedade** (➤ 122), ab. An das Fort grenzt eine pittoreske kleine Strandbucht.

Ein Stadtrundgang

Prinz Heinrich der Seefahrer, dessen wegbereitende Leistung Portugal zur großen Seemacht (➤ 28ff) werden ließ, beherrscht die Geschichte von Lagos. Sein Denkmal am oberen Ende der Avenida, am Platz Praça da República, markiert die Stelle, wo seine Residenz stand, bevor das Große Erdbeben von 1755 (➤ 78) sie zerstörte.

An einer Ecke des Platzes, unterhalb des alten Zollhauses, erinnert ein kleiner Bogengang, in dem sich heute eine Kunstgalerie befindet, an ein dunkles Stück Vergangenheit. Eine Tafel verrät, dass dies einst der Mercado dos Escravos (Sklavenmarkt) war. Er fand ab 1444 statt und war der erste Sklavenmarkt Europas (➤ 154f).

Verlassen Sie den Platz über die Rua de São Gonçalo, um zur **Igreja de Santo António** zu gelangen. Der Eingang befindet sich allerdings im **Museu Municipal** um die Ecke. Das Hochbarock-Interieur der Kirche, die 1710 bis 1720 errichtet und nach dem Großen Erdbeben erweitert wurde, ist über und über mit vergoldeten Schnitzereien bedeckt und vielleicht das beste Beispiel seiner Art in Portugal. Die Bilder an den Wänden erzählen von den vielen Wundertaten des Santo António (hl. Antonius). Es lohnt sich, den in der Kirche angebotenen Führer zu kaufen, um sie zu entschlüsseln. Eine Kuriosität ist der **Bodengrabstein** von Hugh (»Hugo«) Beaty, gestorben 1789, einem irischen Oberst, der im Spanischen Krieg das Heer von Lagos befehligte.

Denkmal Heinrichs des Seefahrers in Lagos

Die eklektische kleine Museumssammlung beginnt mit prähistorischen Menhiren und ausgezeichneten Mosaiken aus **Milreu** (➤ 58), geht zu älteren Artefakten und konservierten missgebildeten Tierföten über, darunter ein Kalb mit sieben Beinen, eine zweiköpfige Katze und ein zyklopischer Lämmerkopf. Es gibt exotische Waffen aus Portugals ehemaligen Kolonien, Volkskunst und ein kurioses, kleines Modell einer *Aldeia Imaginária* (imaginäres Dorf), die alle erdenklichen Merkmale der Algarve vereint.

Ein Foliant aus der Entdeckerzeit

Gehen Sie auf Ihrem Entdeckungsrundgang durch die Rua 25 de Abril, der Hauptstraße in Sachen Einkaufen und Restaurants, und setzen Sie den empfohlenen Rundgang durch die Stadt fort (➤ 154f).

Lassen Sie in einem Straßencafé von Lagos die Welt an sich vorüberziehen

KLEINE PAUSE

Trinken Sie im superschicken **Café Xpreitaqui** (Rua da Silva Lopes) auf die Schnelle einen Espresso, einen Orangensaft oder Milkshake, oder sitzen Sie im ruhigen **Casa Amarela** (Rua 25 de Abril) gemütlich beim Tee.

Forte da Ponte da Bandeira
182 C2
Avenida dos Descobrimentos
Di–Sa 10–13 und 14–18 Uhr, So 10–13 Uhr preiswert

Museu Municipal/ Igreja do Santo António
182 C2
Rua General Alberto da Silveira
282 762301
Di–So 9.30–12.30 und 14–17 Uhr
preiswert

In Santo António entdecken Sie Miniaturszenen aus dem Alltag

LAGOS: INSIDER-INFO

Top-Tipp: Besuchen Sie Lagos nicht **montags**: Museu Municipal, Igreja do Santo António, Forte da Ponte da Bandeira und viele Lokale sind geschlossen.

Geheimtipp: Das **Ferradura** (➤ 25), verborgen in einer Seitenstraße der Rua 1 de Maio, ist eine sehr gastfreundliche, authentische Bar von Einheimischen.

2

Die Strände und Buchten von Lagos

Die Reize von Lagos gehen weit über seine alten Stadtmauern hinaus. Seine idyllischen Strandbuchten im Westen zählen zu den schönsten Europas. Unweigerlich zieht solche Werbung (und die gute Erreichbarkeit) die Massen an, und die großen Hotels auf den Steilfelsen zeigen, dass diese Strände in der Hochsaison zu den belebtesten der Algarve zählen. Wenn Sie auf Platz wert legen, müssen Sie in der Nebensaison oder frühmorgens kommen. Hier, von Osten nach Westen, die besten Strände.

Die Praia do Camilo am frühen Morgen

Meia Praia

Der so genannte Stadtstrand ist rund vier Kilometer lang, eher nichts sagend und, anders als die Strände weiter westlich, völlig offen. Allerdings ist er, dank seiner Größe, selten überlaufen. Surfer finden hier die eine oder andere Welle, Familien mit Kindern sollten aber der Strömung wegen achtsam sein.

Vom Stadtkern sind es nur fünf Gehminuten zum nächstgelegenen Strandabschnitt; hier finden Sie die beliebte Bar Linda und das Wassersportzentrum von Lagos. Wenn Sie hier ein Boot mieten, machen Sie es nicht wie König Sebastião: Er setzte 1578 (➤ 8) an der Meia Praia die Segel und kam nie wieder!

Praia da Batata/Praia dos Estudantes

Neben dem Fort und noch näher an der Stadt als Meia Praia liegt dieser hübsche, kleine Strand mit den zwei Namen. Mit einer Hand voll Felsnadeln, Bögen und Felsformationen und teils von Klippen geschützt, gibt er einen Vorgeschmack auf die nahen Strände und Buchten im Westen. Es ist klar, dass die Nähe zur Stadt in der Hochsaison für lebhaften Besuch sorgt.

Praia Dona Ana

Dies ist der Strand, der Tausende Reiseplakate ziert – eine echte Schönheit mit hohen Klippen und Felsformationen, die ihn in einen langen Streifen und eine Gruppe traulicher Buchten teilen.

Praia do Camilo

Ein kurzer Spaziergang Richtung Westen, und es wird etwas ruhiger. Camilo ist einen Versuch wert, wenn Dona Ana überlaufen ist. Sehr ansprechend, wenn auch mit kuriosen Felsen nicht so reich gesegnet.

Ponta da Piedade

Die »Brücke der Ehrfurcht« mit ihren schönen Bögen und Grotten, die sogar Boote vom fernen Portimão anlockt, ist die meistbesuchte Felsformation der Algarve. Sie können entweder in Lagos (► 118ff) ein Boot nehmen oder am Leuchtturm parken und die Stufen zum kristallklaren Wasser (kein Sand) hinuntersteigen, wo Schiffer warten und Ausflüge anbieten.

Porto de Mós

Dieser lange Strand wird am östlichen Ende von Steilfelsen geschützt, die nach Westen hin niedriger werden. Er ist recht ansprechend und nicht so belebt wie Dona Ana und Camilo, obwohl einige größere Anlagen ihn zu erdrücken drohen. Die viel gelobte Tauchschule Blue Ocean Divers (Tel. 282 782 718, vormals Luz Bay Diving Club) hat hier ihren Sitz.

KLEINE PAUSE

Die **Bar Linda** (Tel. 282 792 146) auf der Stadtseite der Meia Praia ist die nächstgelegene Möglichkeit, um bei gutem Essen die Zehen in den Sand zu stecken. Es gibt sonst keine sonderlich guten Cafés in Strandnähe.

Die türkisfarbenen Wasser der Ponta da Piedade

DIE STRÄNDE UND BUCHTEN VON LAGOS: INSIDER-INFO

Top-Tipps: Gehen Sie morgens früh zur **Ponta da Piedade**, wenn die Sonne hoch steht und die brillanten Blautöne und das glitzernde Grün im Wasser betont.

- Kommen Sie abends, um den **Sonnenuntergang zu beobachten**.
- Im Hochsommer, wenn die netten, kleinen Buchten im Westen der Stadt überlaufen sind und die N125 dem Verkehrsinfarkt erliegt, bummeln Sie über den Fluss zum **Strand Meia Praia** – hier findet sich immer ein Plätzchen.

8

Fortaleza de Sagres und Cabo de São Vicente

Die Lage der Fortaleza (Festung) de Sagres könnte kaum dramatischer sein noch könnte es einen Ort geben, der als Ausgangspunkt für die von Heinrich dem Seefahrer (► 6ff) geförderten Entdeckungsreisen des 15. Jahrhunderts geeigneter gewesen wäre. Hoch oben, 60 Meter über den tosenden Wellen, kauert sie auf einer schmalen Landzunge und blickt der Neuen Welt entgegen. Vor den Festungsmauern am Rand der steil ins Meer abfallenden Klippen riskieren einheimische Angler mit überlangen Angeln mutig ihr Leben.

Die riesige Windrose zeigt in alle Ecken der Welt

Obwohl viele moderne Historiker Zweifel an diesem Standort haben, nimmt man seit langem an, dass die *fortaleza* der Ort war, wo Heinrich der Seefahrer seine Gruppe von Fachleuten versammelte, um das Zeitalter der Entdeckungen einzuläuten. Unglücklicherweise wurde die große Bibliothek Heinrichs 1587 bei der Plünderung unter Sir Francis Drake zerstört – und mit ihr alle Spuren seiner Arbeit. Damit bleibt, was hier geschah, Mutmaßung. Der heutige Bau stammt aus dem Jahr 1793. Sein Äußeres beeindruckt durch seine Größe, das Innere aber ist weitgehend leer, und die Reste der ursprünglichen Mauern sind mit hässlichem Beton verkleidet.

Käme Heinrich zurück, würde er etwas wiedererkennen? Zweifellos hat er in der schlichten Kapelle aus dem 14. Jahrhundert gebetet. Vielleicht nutzte er auch das von Strebepfeilern gestützte »Auditorium«, das einst als Magazin und Munitionslager diente und 1793 renoviert wurde (Besuchern nicht zugänglich). Das Faszinierendste aus seiner Zeit ist die riesige, kompassartige **Rosa de Ventos**, Windrose, mit einem Durchmesser von 39 Metern, die im Hof angelegt wurde.

Eine **moderne Halle** beherbergt wechselnde Ausstellungen, meist Kunst oder Fotografie, und im oberen Stockwerk können Sie sich in einen der Computer einloggen, die Fakten über die Geschichte der Festung vermitteln.

Die Kapelle der *fortaleza:* Würde Heinrich der Seefahrer sie wiedererkennen?

Cabo de São Vicente

Von der *fortaleza* aus windet sich die Straße sechs Kilometer an der Landzunge entlang zum Cabo de São Vicente (Kap São Vicente). Es ist der westlichste Punkt des europäischen Festlandes, den die Seefahrer der Antike *O Fim do Mundo* (Ende der Welt) nannten. Die Römer sprachen vom *Promontorium Sacrum* (Heilige Landspitze) und glaubten, es sei die Ruhestätte der Götter. Bis ins 8. Jahrhundert hinein, als man die sterblichen Überreste des hl. Vinzenz hierher brachte, um sie vor den vordringenden Mauren zu schützen, galt es als heilig. Die Mühe war vergebens: Die Mauren überrannten die Region, und der Leichnam des Heiligen ging verloren. Nach der Rückeroberung (➤ 30) sandte der König von Portugal einen Suchtrupp aus, um nach den Gebeinen zu forschen. Der Legende nach wurde er von Raben an die richtige Stelle geführt. Die Überreste des hl. Vinzenz wurden nach Lissabon gebracht, die Raben in das Stadtwappen aufgenommen. Obgleich alle Spuren des Heiligengrabs am Kap São Vicente verschwunden sind, blieb das spirituelle Vermächtnis in Gestalt der Ruinen eines Klosters, das hier im 16. Jahrhundert entstand, erhalten.

Vom allgegenwärtigen Prinzen Heinrich heißt es, er habe hier, nur einen Steinwurf von seiner Denkfabrik in Sagres entfernt, ein Haus bewohnt. Heute steht an jener Stelle einer der stärksten Leuchttürme Europas. Der Leuchtturmwärter nimmt es auf sich, Besucher einzulassen. Feste Zeiten gibt es nicht, aber wenn die Tür verschlossen und alles ruhig ist, können Sie klopfen und fragen, *Posso visitar el faro?*. Wenn Sie Glück hatten, zeigen Sie sich durch ein Trinkgeld erkenntlich.

KLEINE PAUSE

In der *fortaleza* gibt es ein modernes, wenig reizvolles Selbstbedienungsrestaurant mit Café und am Cabo de São Vicente Imbissbuden. Der beste Ort ist das **Fortaleza do Beliche** (➤ 134).

Fortaleza de Sagres
182 A1 ✉ Ponta de Sagres
Okt.–April tägl. 10–18.30 Uhr; Mai–Sept. tägl. 10–20.30 Uhr
Café-Restaurant
mittel

Am Cabo de São Vicente werden Teppiche mit maurischen Mustern angeboten

FORTALEZA DE SAGRES/CABO DE SÃO VICENTE: INSIDER-INFO

Top-Tipps: Die zauberhafteste Zeit des Tages, um einen dieser Orte zu besuchen, ist der Sonnenuntergang: Die Farben sind erstaunlich.

• An milden Sommertagen kann es am Kap fast angenehm sein. Zu anderen Zeiten aber ist es dort **wild, stürmisch** und feindlich. Sollten Sie Wollsachen vergessen haben, keine Problem, denn Stände am Leuchtturm bieten günstig qualitativ gute, schwere, traditionelle Pullover und Socken an.

9

Strände der Westküste

Die Strände westlich von Sagres sind fraglos die dramatischsten – und damit unverdorbensten – in der Algarve: Tosendes Meer und peitschende Winde über weite Teile des Jahres sind dem organisierten Tourismus eher abträglich. Dies ist eine Küste für unabhängige Reisende und ernsthafte Surf-Enthusiasten: Die Strände sind groß und selten überlaufen. An Sommertagen, wenn Wind und See sich legen, findet man hier einige der unwiderstehlichsten Strände Europas.

Im Allgemeinen müssen Sie sich selbst unterhalten und versorgen, obwohl es an den meisten Stränden Imbissbuden und gelegentlich auch Saisonlokale gibt. Hüten Sie sich vor der Strömung, und denken Sie daran: Es gibt hier keine Rettungsschwimmer.

Hier, von Süden nach Norden, die wichtigsten Strände. Alle sind mit dem Auto relativ gut erreichbar, wenngleich man über von der Hauptstraße aus beschilderte Feldwege fahren muss.

Praia da Cordama

Folgen Sie den Schildern *miradouro* (Aussicht) auf eine Höhe von 110 Metern, tasten Sie sich dann mutig an den Klippenrand vor, und genießen Sie den gewaltigen, Schwindel erregenden Blick auf den langen, goldenen Strand Cordama und die Klippen im Norden. Die benachbarte, kleinere Praia do Castelejo ist weniger beeindruckend, aber dennoch einen Besuch wert. Beide Strände sind ab Vila do Bispo gut und deutlich ausgeschildert.

Praia do Amado

Dieser schöne Strand vor hohen, jähen senkrechten Klippen gilt, trotz (oder gerade wegen) des Mangels an Einrichtungen bei vielen als Favorit an der Westküste. Hier werden Weltmeisterschaften im Surfen veranstaltet.

Praia da Bordeira

Gewaltige Dünen und eine Lagune bilden den Hintergrund dieses Ungeheuers von einem Strand, der nach dem angrenzenden Ort auch Carrapateira genannt wird.

Unten links: Der eindrucksvolle Strand von Arrifana
Unten: Praia do Monte Clérigo – typische, wilde Westküstenlandschaften

Praia de Arrifana

Dieser klassische schmale, sichelförmige Strand vor gewaltigen Steilfelsen eignet sich hervorragend zum Surfen. Folgen Sie der Straße hinter dem Dorf hinauf zur alten Festungsruine. Der Ausblick nach Norden mit den sich spiegelbildlich fortsetzenden Klippen ist atemberaubend.

Praia do Monte Clérigo

Mit seinem flachen Zugang und einer Reihe von Restaurants ist dies der familienfreundlichste Strand an der Westküste.

Praia de Odeceixe

Der so gut wie nicht erschlossene, lange, dunkle Streifen vor der Kulisse hoher Klippen ist geschützt, trotzdem eignet er sich gut zum Surfen.

KLEINE PAUSE

Es gibt wenige Strandlokale und daher an einigen Stränden keine Erfrischungen. Im Zweifelsfall einen Picknickkorb mitnehmen.

O Sítio do Rio (neben der Praia da Bordeira bzw. Carrapateira, Tel. 282 973 119) wird wegen seiner portugiesisch-internationalen Küche empfohlen, darunter Kebab mit Ingwersoße und vegetarische Spezialitäten.

Rechts: Großartig für erfahrene Surfer – die Westküste

STRÄNDE DER WESTKÜSTE: INSIDER-INFO

Top-Tipps: Seien Sie **sehr vorsichtig**, wenn Sie an den Praia da Cordama-*miradouro* fahren. Weder Schilder noch Markierungen warnen vor dem Klippenrand.
- Denken Sie daran: Sobald Sie sich **hinter Sagres** nach Westen wenden, trifft Sie die volle Wucht des Atlantik. Sie dachten, das Meer an der Südküste sei kalt? Warten Sie, bis Sie Ihre Zehen hier eintauchen!
- **Surfer und Windsurfer brauchen,** außer in den Monaten Juli und August, ganzjährig Taucheranzüge.

Nach Lust und Laune!

3 Luz (Praia da Luz)

Luz, auch Praia da Luz genannt, ist Richtung Westen der letzte Ferienort von einiger Größe. Das ursprüngliche Dorf ist längst von hübschen, weißen niedrigen Apartmenthäusern und von mit Bougainvilleen geschmückten Villen umringt. Britische Familien dominieren den Ferienort und haben ihn in eine Heimat fern der Heimat verwandelt. Tennis und Wassersport sind hier der bevorzugte Zeitvertreib.

Das Einzige, was vom alten Luz geblieben ist, ist die schneeweiße Pfarrkirche aus dem 18. Jahrhundert mit schönen vergoldeten Schnitzereien. Gegenüber liegt die 400 Jahre alte *fortaleza* (Festung), die man in ein Restaurant umgewandelt hat. Die Inneneinrichtung wirkt etwas gewollt antik, ist aber einen Blick wert. Die Terrasse mit schönem Meerblick ist zu Recht beliebt.

Einen großartigen Blick über Luz und das Landesinnere bietet der Miradouro da Atalaia (Aussichtspunkt mit Obelisk), dessen 109 Meter hohen Gipfel man über einen ausgetretenen Pfad erreicht. Der Küstenpfad setzt sich 2,2 Kilometer bis nach Porto de Mós fort.

182 C2

Oben und unten: Das ruhige Praia da Luz

Für Kinder

- Das **Museu Municipal in Lagos** (► 119) seiner missgebildeten Tierföten, des Dorfmodells und der Waffen wegen.
- **Nur Südküstenstrände** (außer Tonel in Sagres und Figueira im Süden von Budens). Die Brandung der Westküstenstrände ist für Kinder zu ungestüm.

Oben: Die Reusen der Fischer in Burgau
Unten: Reparaturen an den Netzen

4 Burgau

Das pittoreske, kleine Fischerdorf Burgau neigt sich steil über schmale, von weißen Häusern gesäumte Straßen dem Meer zu (lassen Sie Ihr Auto am oberen Ende). Das Durcheinander von Fischerbooten am Fuß des Hügels ist so etwas wie das Wahrzeichen des Dorfes geworden. Es gibt eine Hand voll Touristenbars und Restaurants, aber relativ wenig Neubauten, und das Dorf erhält sich seine Ursprünglichkeit. Der geschützte, sichelförmige Strand am Fuß von Klippen und Geröll ist groß genug, um die Besucherströme aufzunehmen. Allerdings kommt die Flut am Nachmittag sehr weit herein.

182 B2

5 Salema

Dieses kleine, zum Ferienort mutierte Fischerdorf liegt an der Stirnseite eines hübschen Tals. Die Straße mündet auf einen Platz am Strand mit ein paar Restaurants, einem Hotel, Apartments und Läden. Obwohl es weder so ansprechend noch so dörflich wie das benachbarte Burgau ist, ist die Atmosphäre ähnlich und der Strand gut.

Zwischen Salema und Burgau liegen der unkommerzielle Strand Cabanas Velhas und ein kleines, doch ökologisch wichtiges Feuchtgebiet bei Budens (➤ 158ff).

182 B2

6 Vila do Bispo

Trotz seines eher großartigen Namens ist Vila do Bispo (Stadt des Bischofs) ein ganz gewöhnliches Dorf, in dem es, abgesehen von der Pfarrkirche, wenig zu sehen gibt. Sie ist oft verschlossen, aber hinter dem manuelinischen Portal zieren blaue *azulejos* aus dem 18. Jahrhundert und vergoldetes Schnitzwerk das Innere.

Eine historisch bedeutendere Kirche liegt zwei Kilometer östlich in Raposeira. Die schlichte, einschiffige Ermida da Nossa Senhora de Guadalupe aus dem 13. Jahrhundert ist die älteste Kirche in der Algarve und wurde sensibel restauriert, um die wundervolle Atmosphäre der Vergangenheit zu erhalten.

Achten Sie auf die ungewöhnlichen Skulpturen von Menschen und Tieren auf den Villen und auf die Dachverzierungen. Es heißt, Heinrich der Seefahrer habe sich

Bunte Fischerboote schmücken den Hafen von Sagres

von Lagos nach Raposeira zurückgezogen, weil es »fern vom Trubel der Menschen und der Versunkenheit des Studiums förderlich« war, und vermutlich in dieser Kirche gebetet. Die Kirche liegt an der alten Straße parallel zur N125, doch von der Schnellstraße aus übersieht man sie leicht. Halten Sie nach dem kleinen Kirchenschild »Guadalupe« Ausschau.

182 A2

7 Sagres

Das für seine historische *fortaleza* (➤ 123ff) berühmte Sagres ist buchstäblich eine Endstation: der südlichste und westlichste Urlaubsort der Algarve. Es ist nicht sonderlich attraktiv und besitzt keinen erkennbaren Stadtkern, hat aber einige wunderbare Strände. Vor nicht allzu langer Zeit kamen nur Individualreisende so weit in den Westen, und noch immer ist es ein Treffpunkt der Bohème. Inzwischen haben allerdings Hotels und Apartmenthäuser und damit normalere Gäste Einzug gehalten. Doch die Strände sind im Allgemeinen kaum besucht.

Prinz Heinrich errichtete den ursprünglichen Ort im 15. Jahrhundert und nannte ihn Vila do Infante (Stadt des Prinzen). Er diente als Erste-Hilfe-Station und Feldhospital, um die vielen Seeleute zu versorgen, die an den Felsen des nahen Kap São Vicente Schiffbruch erlitten hatten. Er gedieh, weil es die Siedlung war, die Heinrichs wissenschaftlichem Hauptquartier in der *fortaleza* am nächsten lag. Als Heinrich 1460 starb und die Seeforschung nach Lissabon zog, versank Vila do Infante in Bedeutungslosigkeit. Alle Spuren des Ortes wurden 1755 durch das Große Erdbeben (➤ 78) zerstört, und das heutige Sagres wurde im 19. Jahrhundert erbaut.

Die kleine Praça da República, am oberen Ende des Dorfes mit einer Hand voll Bars und einem inoffiziellen Informationszentrum, ist der Treffpunkt. Die Hauptstraße beginnt hier und führt, an der offiziellen Touristeninformation vorbei, hinunter zum Hafen, wo die Fischereiflotte liegt und Vergnügungsboote Urlauber zum Hochseefischen und zu Delphin-Beobachtungstouren (die Chancen, Delphine zu sichten, sind gut) aufnehmen.

Vier ruhige Strände zwischen Luz und Sagres

Ingrina: eine schöne, kleine Strandbucht südlich von Raposeira, bei Tauchern und Schnorchlern beliebt.
Zavial: noch eine Strandbucht südlich von Raposeira, bekannt fürs Wellenreiten.
Cabanas Velhas: (➤ 129, 158ff).
Boca da Rio: (➤ 158ff).

Neben dem Hafen liegt der breite, goldene Strand von Praia de Baleeira, und direkt um die Ecke, im Osten, ist die Praia da Martinhal, ein weiterer breiter Sandstreifen, wo Könner über die Wellen und zum Windsurfing Club Martinhal gleiten.

Die Straße zwischen Praça da República und Hafen führt weiter nach Süden zur Pousada do Infante (➤ 134), die heute zur portugiesischen Kette der *pousada*-Hotels (➤ 35) gehört. Wegen des wundervollen Meerblicks à la »Ende der Welt« sollten Sie zur Spitze der Landzunge wandern. Unterhalb liegt der reizende Strand Praia da Mareta, den die Ponta de Sagres vor den wilden Westwinden schützt.

Rund drei Kilometer nördlich von Sagres, auf dem Weg nach Cabo de São Vicente, findet sich die Fortaleza do Beliche (➤ 134). Die restaurierten Überreste dieser kleinen Festung aus dem 17. Jahrhundert bieten einen angenehmen Ort zum Übernachten und Speisen. Ein weiterer Grund zu verweilen: die hübsche kleine Praia do Beliche, die in einer eigenen Bucht liegt.

182 A1
Touristeninformation Sagres
Rua Comandante Matoso
282 624873

10 Aljezur

Obwohl die Algarve sich weitere 17 Kilometer bis nach Odeceixe erstreckt, endet die Region für die meisten Besucher hier. Sie ziehen entweder weiter ostwärts nach Monchique (oder sind aus dieser Richtung gekommen) oder nach Westen zu den Stränden von Arrifana und Monte Clérigo (➤ 127) oder Amoreira.

Den alten Teil von Aljezur, der sich an den Fluss schmiegt, sollte man aufsuchen. Hier, zwischen zwei Brücken unter alten Bäumen, gibt es Cafés und ein gutes Restaurant. Nehmen Sie von der Touristeninformation auf dem kleinen angrenzenden Parkplatz oder Platz einen Plan mit. Wenige Gehminuten entfernt, stehen die spärlichen Reste einer Burg aus dem 10. Jahrhundert (frei zugänglich), das Casa Museu José Cercas, das Gemälde und Zeichnungen des aus Aljezur stammenden Cercas und Werke einheimischer Künstler zeigt, und das Museu Municipal. Eine Stunde reicht, um alle drei zu besuchen.

182 A2
Touristeninformation Aljezur
Largo do Mercado
282 998229

Casa Museu José Cercas
Rua do Castelo
Di–Sa 10–12.30 und 14–18 Uhr
preiswert

Museu Municipal
Rua da Cadeia Velha
Di–Sa 10–12.30 und 14–18 Uhr
preiswert

Eine ländliche Szene bei Aljezur

Wohin zum … Übernachten?

Preise
Mit folgenden Preisen müssen Sie pro Doppelzimmer pro Nacht rechnen:
€ unter 50 Euro €€ 50–125 Euro €€€ über 125 Euro

Casa Grande €

Dieses weitläufige, knarrende, hundert Jahre alte Landhaus direkt oberhalb des Fischerdorfes Burgau und nur drei Minuten vom Strand entfernt, ist eines der ältesten, individuellsten und freundlichsten Gästehäuser der Algarve. Sally Vincent (➤ 10f), die Inhaberin und Leiterin, ist eine reiche Quelle an Informationen über die Umgebung. Zwar teilweise etwas baufällig, vermittelt es das Gefühl eines Landhauses. Die Schlafzimmer mit hohen Stuckdecken sind in Pastelltönen gestrichen und traditionell eingerichtet. Das Frühstück an einem großen Gemeinschaftstisch vereint alle Nationalitäten und Schichten.

182 B2
Burgau, 8600 Lagos
282 697 416; Fax 282 697 825;
E-Mail: casagrande@mail.telepac.pt;
www.nexus-pt.com/casagrande

Casa de São Gonçalo €€

Dieses aus einem hübschen Stadthaus voller Antiquitäten und Charakter entstandene Hotel vermittelt das Gefühl eines privaten Heims. Keines der 13 Zimmer ist gleich, aber Minibar oder Fernseher werden Sie vergeblich suchen.

182 C2
Rua Cândido dos Reis 73, 8600 Lagos
282 762 171; Fax 282 763 927
Nov.– März geschl.

Estalagem Infante do Mar €€

Das friedliche Infante do Mar, hoch über Dorf und Strand, erreicht man vom Stadtkern aus über eine steile Straße. Die schlicht möblierten Zimmer mit weiß getünchten Wänden und Fliesenböden sind sehr preiswert. Sie alle haben Meerblick, manche eine Terrasse. Im hellen, luftigen Speisezimmer wird einfache Kost serviert.

182 B2
Praia da Salema, 8650 Vila do Bispo
282 690 100; Fax 282 690 109

Hotel Belavista da Luz €€

Das Belavista, das die traumhafte Bucht Praia da Luz überblickt, führt seinen Namen zu Recht. Es ist ein geschmackvolles, neues Hotel, dessen blassrosa Fassade maurische Elemente zeigt. Der Strand von Luz ist nur wenige Minuten entfernt, aber vielleicht ziehen Sie es vor, das recht große, beheizte Schwimmbecken des Hotels, den Tennisplatz oder den Kinderspielplatz zu nutzen. Das Abendessen wird im eleganten, von Kerzen erleuchteten Restaurant gereicht.

182 C2
Praia da Luz, 8600 Lagos
282 788 655; Fax 282 788 656;
www.belavistadaluz.com

Hotel Lagos €€

Das größte Hotel der Stadt, das Hotel Lagos, ist modern und elegant und beherbergt sowohl Touristen wie Geschäftsleute. Es ist in Zonen aufgeteilt, die so miteinander verbunden wurden, dass sie schöne Ausblicke in den Garten ermöglichen. Die geschickte Gestaltung verleiht dem Hotel eine luftig-leichte Atmosphäre und lässt es viel kleiner wirken, als es tatsächlich ist (es hat 315 Zimmer). Drei Restaurants bieten für jeden Geschmack etwas. Zu den großzügigen Annehmlichkeiten gehören Außen- und Innenpool, ein Spielzimmer und ein Healthclub. Ein bequemer Pendelservice verbindet das Hotel mit dem Strandclub am Meia Praia.

182 C2
Rua Nova da Aldeia, 8600 Lagos
282 769 967, Fax 282 769 920; E-Mail:
reservas@hotelagos.ptt

Wohin zum …
Essen und Trinken?

Preise
Für ein Essen ohne Getränke und Service zahlen Sie pro Person:
€ unter 15 Euro €€ 15–23 Euro €€€ über 23 Euro

A Lagosteira €€
Seit den Sechzigerjahren unter derselben Leitung, ist das Lagosteira ein zuverlässiges, unprätentiöses Fischrestaurant geblieben, das sich über die Jahre kaum verändert hat. Empfehlenswerte Gerichte sind Fischsuppe, flambierte Shrimps, frittierte Shrimps mit Knoblauch, Fisch-*cataplana* und Muscheln in Sahnesoße. Brot und Eiscreme sind hausgemacht, und ein paar internationale Gerichte gibt es auch.

182 C2
Rua 1 de Maio 20, Lagos
282 762 486
tägl. mittags und abends; Mitte Jan.–Mitte Feb. geschl.

A Tasca €€
Die weitläufige Terrasse mit Blick aufs Meer ist ein reizender Ort, um beim Mittag- oder Abendessen ein bisschen die Seele baumeln zu lassen. Von diesem Restaurant überblickt man den Hafen, wo täglich frischer Fisch an Land gebracht wird. Klar, dass Meeresfrüchte das Thema der Karte sind. Wählen Sie zwischen Fisch-Kebab und *cataplana*, oder reservieren Sie (mind. zwei Stunden) im Voraus eine der Spezialitäten des Hauses.

182 A1
Praia da Mareta, Sagres
282 624 177
So–Fr mittags und abends

Beach Bar €–€€
Dieser langjährige Publikumsliebling direkt am Strand serviert den ganzen Tag über Kleinigkeiten und abends volle Mahlzeiten. Sie bekommen Riesengarnelen in Wein mit Knoblauchbutter, gegrillten Schwertfisch oder Steinbutt, Hühnchen oder Steak, Banoffi Pie oder Zitronencremetorte. Es könnte sein, dass Sie drei Tage im Voraus reservieren müssen.

182 B2
Burgau, Vila do Bispo
282 697 553
Di–Sa mittags und abends, So abends

Cangalho €€
Entfliehen Sie dem geschäftigen Treiben an der Küste, und probieren Sie dieses rustikale Restaurant in einem Bauernhaus in der Nähe des Dorfes Barão de São João. Hier können Sie Wachteleier speisen, Hühnerleberpastete und flambierte Scheiben Räucherwurst, während Ihr Hauptgericht im Ziegelofen schmort. Es gibt einen Fischteich im Restaurant und einen Zoo mit exotischen Vögeln und Affen.

182 B2
Quinta Figueiras, Sítio do Medronhal, Barão de São João, Lagos
282 687 218
tägl. mittags und abends

Dom Sebastião €€
Es ist unübersehbar: das Dom Sebastião im Herzen von Lagos mit einladenden Tischen in der Fußgängerzone. Der Schwerpunkt liegt bei Fisch und Meeresfrüchten wie Austern, Garnelen, Hummern oder Langusten. Vorspeisen sind hier unnötig, da schmackhafte Kleinigkeiten im Gedeck inbegriffen und die Hauptgerichte großzügig sind.

182 C2
Rua 25 de Abril 20–22, Lagos
282 762 795
tägl. mittags und abends

Escondidinho €
Mischen Sie sich hier, hinter dem Hotel Lagos (➤ 132) verborgen, unter

die Einheimischen. Zu den beliebtesten Gerichten zählen auf Holzkohle gegrillter, gemischter Fisch oder *cataplana*.

182 C2
Lagos (gegenüber der GNR)
282 760 386
Mo–Sa mittags und abends

Florestal €€

Etwas Abwechslung von der Strandszenerie bietet Ihnen dieses Restaurant im Wald oberhalb des Dorfes Barão de São João. Es ist nicht leicht zu finden, aber der atemberaubende Blick von der von Bougainvilleen gesäumten Terrasse und die große Auswahl an Kleinigkeiten und Gerichten sind es wert. Die Inhaber sind Amerikaner und Engländer, auf ihrer Speisekarte stehen gute Suppen und Salate, hausgemachte Burger aus reinem Fleisch, Lammrippchen, Steaks und Fisch.

182 B2
Barão de São João, 3 km westl. von Bensafrim
282 687 204
Di–Sa mittags und abends, So mittags

Fortaleza da Luz €€

Heben Sie sich dieses Lokal für einen besonderen Abend auf. Es ist das teuerste Restaurant in Luz in herrlicher Festungslage mit einer weitläufigen Terrasse mit Meerblick. Sie können sich auf die frischen Meeresfrüchte und Fisch verlassen: einfach gegrillt, nach mediterraner Art oder in Sahnesoße.

182 C2
Rua de Igreja 3, Praia da Luz, 8600 Lagos
282 789 926
tägl. mittags und abends; Mitte Nov.–Mitte Dez. geschl.

Fortaleza do Beliche €€

Dieses winzige, 1632 wiederaufgebaute Steinfort liegt dramatisch hoch auf den Klippen zwischen Sagres und dem Kap São Vicente. Das Meer wirft sich tief unten gegen die Felsen. Kommen Sie zum Mittagessen mit Suppe, Salat oder Omelette, das (wenn es der Wind zulässt) auf der Terrasse serviert wird, wählen Sie den Fisch des Tages oder eine der portugiesischen Spezialitäten.

182 A1
8650 Sagres (abseits der Straße zum Kap São Vicente)
282 624 124; Fax 282 624 225
tägl. mittags und abends; im Winter einen Monat geschl.

Piri-Piri €

Preiswert und fröhlich bietet das zentral gelegene Piri-Piri etwas für jeden Geschmack. Es gibt rund 90 Gerichte und vier Touristenmenüs. Es liegt nahe, dass Hühnchen-Piri-Piri, neben gegrilltem Fisch und *cataplanas*, eine Spezialität des Hauses ist.

182 C2
Rua Lima Leitão 15 und Rua Afonso de Almeida 10 282 763 803
tägl. mittags und abends

Pousada do Infante €€€

Der Ruf der *pousada* für ihre erstklassige Küche, kombiniert mit der Lage auf den Klippen und dem Meerblick, zieht viele Fremde an. Die absoluten Renner sind Fischsuppe, frittierter Babykalmar, gegrillte Seezunge mit Mandeln, frittiertes Thunfischsteak in Zwiebelmarinade und *cataplana* mit Fisch und Meeresfrüchten. *Azulejos* schmücken die Wände des eleganten Speisesaals.

182 A1
8650-385 Sagres
282 624 222; Fax 282 624 225
tägl. mittags und abends

Reis €

Dieses freundliche, schlichte Lokal im Zentrum von Lagos ist eines der bemerkenswertesten Restaurants der Stadt. Das Tagesgericht ist üblicherweise ausgesprochen preiswert. Die Spezialitäten: Thunfischsteak mit Sahnesoße, Fischsuppe (köstlich und reichhaltig), Schwertfisch mit Zwiebeln, *cataplanas* mit Mönchsfisch und Shrimps, Lammkoteletts und Schweinelende mit Feigen.

182 C2
Rua António Barbosa Viana 21, Lagos
282 762 900
Mo–Sa mittags und abends

Wohin zum … Einkaufen?

LAGOS

Dies ist das eigentliche Zentrum der Westalgarve. Die Hauptstraße ist die Rua 25 de Abril mit Geschäften, die Keramiken, Leinen, Korbwaren und Antiquitäten verkaufen. **Caixote** (Rua 25 de Abril 5) hat eine große Auswahl an Keramiken aus ganz Portugal vom allgegenwärtigen Tonhahn (➤ 38) bis hin zu großen, dekorativen Stücken aus dem Alentejo. Auch die **Olaria Nova** (➤ 25) finden Sie in dieser Straße.

Antiquitäten

Im **Casa da Papagaio** (Rua 25 de Abril 27) locken ein paar redselige Papageien Kunden in eine dunkle und faszinierende Fundgrube portugiesischer Antiquitäten: von Münzen und Registrierkassen über staubige, religiöse Kunstgegenstände bis hin zu afrikanischen Plastiken. Eine weitere Quelle für Antiquitäten und Kunstobjekte ist die **Casa da Barroca** (Rua da Barroca, Tel. 282 760 893) im Osten der Rua 25 de Abril, ein großes Geschäft mit einer Auswahl an Sammlerstücken.

Essen und Trinken

Köstliche regionale Kuchen, Gebäck und andere essbare Geschenke bietet **Gelanel** (Rua Lima Leitão 7/9, jenseits der Rua 25 de Abril, und in der Rua Marquês de Pombal 7, Tel. 282 760 542). Nachspeisen aus der Algarve wie Mandeltörtchen und Dom Rodrigo (mit Mandeln und Ei) sind seine Spezialität. **The Wine Shop** an der Praça Luís de Camões ist der Ort, wo man portugiesische Weine und Liköre zu vernünftigen Preisen bekommt. Es ist ein kleiner Laden mit einem hilfsbereiten Besitzer, der gut Englisch spricht.

Geschäfte mit Spezialitäten

Die Rua Cândido dos Reis, abseits der Praça Luís de Camões, ist eine der Haupteinkaufsstraßen und bekannt für Lederboutiquen mit Jacken und Taschen. Afrikanisches Handwerk, z. B. Lederlampen und Spiegel aus Marokko, verkauft **Sirocco** in der Nummer 37 oder **The Africa Craft Shop** (Rua António Barbosa Viana 8, Tel. 282 767 736) nahe der Rua Cândido dos Reis.

Ein angenehmer Spaziergang führt Sie über Fluss und Fußgängerbrücke zum **Yachthafen von Lagos** mit seinen Geschäften, Cafés und Restaurants und der geschmackvollen Kunstgalerie **Terra a Vista**.

Märkte

Der überdachte Nahrungsmittelmarkt in Lagos (Rua das Portas de Portugal, Montag bis Samstag 8 bis 13 Uhr) hat ein herrliches Angebot an frischem Fisch, aber auch Früchte und Gemüse. Sollten Sie am ersten Samstag des Monats in der Gegend sein, lassen Sie sich den farbenprächtigen Zigeunermarkt nicht entgehen.

Antiquitätenmärkte und Sammlermessen finden im **Kulturzentrum Barão de São João** statt. Das **Kulturzentrum von São Lourenço** (➤ 136, 154) ist wie der **Mercado dos Escravos** (Sklavenmarkt) an der Praça da República Gastgeber von Kunstausstellungen.

SAGRES

Eine gute Auswahl an Surfausrüstungen bekommen Sie im **Surf Planet** (N268, Tel. 282 624 815). Auch an den Ständen am Straßenrand, die handbemalte Tonwaren und Souvenirs verkaufen, finden Sie oft günstige Angebote. Schauen Sie bei **Amó** (Sítio do Tonel, Tel. 282 624 748) vorbei, der handbemalte Teller, Tassen, Untertassen und Vasen zu vernünftigen Preisen vertreibt.

Die **Stände am Kap São Vicente** verkaufen schwere Wolljacken und Fischerpullover – nützlich für Touristen, die von den scharfen Winden (➤ 125) überrascht wurden. Andere Stände bieten Fossilien aus Marokko, Honigtöpfe und Körbchen mit Feigen oder Mandeln an.

Wohin zum … Ausgehen?

Die Touristeninformation in Lagos (leider 20 Gehminuten vom Zentrum, an der Rua Vasco da Gama gelegen) informiert über Sportangebote, Bootsfahrten und Veranstaltungen in Lagos. Details veröffentlichen die kostenlosen englischsprachigen Zeitungen und Zeitschriften.

AKTIVITÄTEN IM FREIEN

Strände sind die eigentliche Attraktion, ob es nun die sensationelle Westküste ist, wo Surfer auf den Sturzwellen des Atlantiks reiten, oder die geschützteren, großen und kleinen sandigen Buchten weiter im Osten sind. **Surf- und Windsurfschulen**, die Ausrüstungen vermieten, findet man an der **Meia Praia** (Lagos, Tel. 282 762 091) und **Praia da Mareta** (Sagres, Tel. 282 620 209). Windsurfen, Segeln, Wasserski und Bootsausflüge bietet die **Wassersportschule** (Tel. 282 778 581) an der Praia da Luz. Klare Gewässer und Höhlen locken viele Taucher an diese Küste. Kurse organisieren **The Sea Sports Centre** (Praia da Luz, Tel. 282 789 538), **Lagos-Sub** (Fischereihafen, Lagos, Tel. 282 789 538) und **Blue Ocean Divers** (Motel Ancora, Estrada de Porto de Mós, Tel. 282 782 718).

Wollen Sie an **Küstenfahrten** zu den Grotten von Ponta da Piedade teilnehmen, rufen Sie **Bom Dia** (Tel. 282 764 670) an. **Speed Cruises** (282 764 670) bietet Ausflüge in die Bucht, Höhlenfahrten und Delphin-Safaris an. Fahrten zum **Hochseefischen**, die Gelegenheit bieten, Makos oder Hammerhaie zu fangen, organisiert **Pescamar** (Yachthafen Lagos, Tel. 966 193 431). Oder sehen Sie sich die Bucht mit einem **Ultraleichtflugzeug** von oben an (Flugplatz Lagos, Tel. 282 762 906).

Golfer wählen zwischen zwei 18-Loch-Clubs: **Palmares** (Tel. 282 762 953) bei Lagos oder **Parque da Floresta** (Tel. 282 690 055) in Budens, 16 Kilometer westlich von Lagos.

Es gibt sechs **Reitschulen** in der Gegend, darunter **Tiffany's** (Almádena, Tel. 282 697 395) und die **Quinta do Paraíso Alto** (Bensafrim, Tel. 282 687 596), die auch Wanderritte mit Übernachtung an der Westküste organisieren.

Für Tennis, Squash, Basketball, Football oder andere Sportarten für Erwachsene und Kinder ist das **Burgau-Sportzentrum** (Tel. 282 697 350) der richtige Kontakt.

Stierkämpfe finden gelegentlich samstags in der Stierkampfarena von Lagos statt (Tel. 282 763 194).

MUSIK UND NACHTLEBEN

Das **Centro Cultural de São Lourenço** in Lagos (Rua Lançarote de Freitas 7, Lagos, Tel. 282 763 403) veranstaltet Musikfestivals, Konzerte und Vortragsabende internationaler Künstler und Chöre sowie einheimischer Gruppen. Im Stadtzentrum um die Rua Cândido dos Reis und die Rua 25 de Abril findet sich die größte Konzentration von Nachtbars, viele von ihnen mit Livemusik. Viele Bars sind in britischer oder irischer Hand und bieten Boddingtons, Guinness und zahllose Cocktails ebenso an wie große Sportveranstaltungen auf Sky TV. Die Cafés und Bars am Yachthafen von Lagos mit Blick auf die grelleren Etablissements sind angenehme Plätzchen, um abends über einem Drink zu sitzen. Die einzige Disko, **Phoenix** (Rua 5 de Outubro 11), zieht die Massen an und ist bis vier Uhr früh geöffnet.

Vor den Toren von Lagos werden dienstags und samstags im **Adega do Papagaio** (Espiche, Tel. 282 789 423) Fado-Abende abgehalten. Das Adega, ein umgebauter Weinkeller, bietet täglich Mittag- und Abendessen an, und zu einem Fixpreis können Sie von sieben auf heißen Steinen gegrillten Fleischsorten so viel essen, wie Sie mögen.

Die Berge

Erste Orientierung

Obwohl das Herz der Serra Monchique nur 24 Kilometer von der Küste entfernt liegt, ist es eine andere Welt als die nahen Tourismusanlagen von Carvoeiro und Praia da Rocha. Jenseits der N125, sobald Sie die Grenze zwischen dem »Internationalen Feriengebiet« und dem wirklich ländlichen Portugal überschreiten, legt sich spürbar das Tempo des Lebens.

Vorhergehende Seite: Zu den am Straßenrand feilgebotenen Waren gehören Likördestillate und Schaukelstühle

Die Gebirgsausläufer beginnen nördlich der N125 und steigen langsam zu den Hügeln der Serra Monchique auf. Mit zwei bescheidenen Gipfeln, die es auf 774 und 902 Meter bringen und mit dem Auto leicht erreichbar sind, kann man dies schwerlich eine Hochebene nennen, aber es ist eine schöne Landschaft zum Wandern und Reisen, eine kühle Zuflucht vor der Sommerhitze und eine malerische Kulisse für die Region. Wenn man von Monchique als möglicher Ausnahme absieht, ist dies eine Gegend kleiner, einfacher Dörfer und unverdorbener Natur. Die meisten Besucher der Gegend kommen in der erklärten Absicht anderen Urlaubern zu entfliehen und verstecken sich in alten Häu

Das Gesicht der alten Algarve

★ Nicht verpassen!

Nach Lust und Laune!

Links: Töpferwaren in naivem Stil

sern inmitten der Korkeichen-, Kastanien- und Eukalyptuswälder fern der Hauptstraße.

Tagesausflügler können Silves, Caldas de Monchique, Monchique und Fóia in ein paar Stunden abhaken.

**er alte Glo-
kenturm der
farrkirche von
lonchique**

Auf dieser zweitägigen Fahrt durch das Bergland lernen Sie eine der ältesten Städte der Algarve und einen hübschen Kurort kennen.

Die Berge in zwei Tagen

Erster Tag

Vormittags

Fahren Sie der entzückenden Aussicht wegen über Lagoa nach **Silves** (➤ 142ff). Die Kathedrale (Bild gegenüber), den Gemeindemarkt, die Burg und das archäologische Museum sollten Sie vor dem Mittagessen schaffen können. Silves hat eine gute Auswahl an Speiselokalen (➤ 151).

Nachmittags

Nehmen Sie die N124 Richtung Monchique, und biegen Sie rechts auf die N266 ab, um **Caldas de Monchique** (➤ 145f) zu besuchen. Da Sie wahrscheinlich nicht lange brauchen werden, um sich den kleinen Kurort anzusehen, können Sie den verbleibenden Nachmittag eine Wanderung (unten, ➤ 156f) unternehmen. Essen Sie im Rouxinol (➤ 150) zu Abend, und übernachten Sie im Albergaria do Lageado (➤ 149).

Zweiter Tag

Vormittags

Fahren Sie auf der N266 Richtung Norden nach **Monchique** (Bild oben, ➤ 147), und halten Sie vor dem Stadtkern, um sich die Läden mit Kunsthandwerk anzusehen. Sehen Sie sich die berühmte Pfarrkirche an, und schlendern Sie, der Aussicht wegen, zur Klosterruine hinauf, bevor Sie zum Auto zurückgehen. Fahren Sie auf der alten Lissaboner Straße ein Stück stadtauswärts, und schauen Sie beim »Stuhlmann von Monchique« vorbei (➤ 38, die berühmten Scherenstühle im Bild oben). Essen Sie mittags in der nahen Albergaria Bica Boa (➤ 149).

Nachmittags

Machen Sie vom Bica Boa aus eine Tour (mit dem Rad oder zu Fuß), oder kehren Sie nach Monchique zurück und fahren auf der N266 nach Silves (links auf die N124 abbiegen) und verbringen den Abend in der Fabrica dos Inglês (➤ 144ff).

3

Silves

Fahren Sie über Lagoa, wenn Sie sich nach Silves aufmachen, damit Ihnen das traumhafte Panorama der burggekrönten Stadt nicht entgeht. Es ist ein großartiger Anblick und beseitigt jeden Zweifel, ob dies eine Stadt mit Sinn für Geschichte ist.

Die wehrhafte Burg auf dem Gipfel aus der Sicht des Angreifers

In maurischer Zeit war Silves, oder Xelb, wie es damals hieß, die Hauptstadt des Königreiches Al-Gharb (Algarve). Den arabischen Chronisten zufolge war es ein Ort »leuchtenden Glanzes«, der »zehnmal bemerkenswerter als Lissabon« war. Der Ruhm seines Reichtums drang bis nach Skandinavien, und 966 wagten sich Langschiffe der Wikinger bis zum Fluss Arade vor. In jenen Tagen war der Arade der Schlüssel zu Silves' Wohlstand, und so unwahrscheinlich es heute erscheinen mag, es war eine blühende Hafenstadt mit Werften, die Zitrusfrüchte und Korkeichen exportierte. Mit der Vertreibung der Mauren und dem Verlust ihrer beachtlichen Kenntnisse und Fähigkeiten verfiel die Stadt jedoch. Schlimmer noch, der Fluss begann zu versanden, und 1577 war die einst große, 30 000 Menschen zählende Stadt zu einem Provinznest mit 150 Einwohnern verkommen. So stagnierte sie drei Jahrhunderte, bis die Wiederbelebung der Korkindustrie in der zweiten Hälfte des 19. Jahrhunderts die Stadt neu belebte.

Heute gedeiht Silves dank der es umgebenden Zitrushaine, der Landwirtschaft und des Tourismus wieder, wenn auch in bescheidenerem Rahmen. Der Korkeichenindustrie gedenkt ein Museum, und die »Langschiffe« kommen in Form der traditionellen portugiesischen Gondeln aus Portimão (➤ 100f) wieder den Fluss hinauf.

Neben der *câmara municipal* (Rathaus) kann man sich entspannen

Ein Stadtrundgang

Trotz der Umbauten nach der Rückeroberung (➤ 30) hat sich das **Castelo de Silves** (Burg von Silves) seine maurische Gestalt erhalten. Heute ist es wenig mehr als eine Hülle, aber vom Mauerring hat man einen herrlichen Blick, und das gewaltige Zisternengewölbe, das der Stadt einst den Großteil ihres Wassers lieferte, beherbergt heute wechselnde Ausstellungen.

Nachbar der Burg ist die atmosphärisch reizvolle, 700 Jahre alte gotische **Sé** (Kathedrale) mit den alten Grüften der mittelalterlichen Ritter und Bischöfe. Ein Eckstein erinnert an König João II (➤ 106), dessen Überreste hier ruhten, bis man sie in das Kloster Batalha in Nordportugal brachte.

Der maurische Brunnen ist das zentrale Ausstellungsstück des archäologischen Museums

Gehen Sie zum **Museu Municipal de Arqueologia**, das die Heimatgeschichte durch maurische, römische und phönizische Zeit zurückverfolgt. Ein Teil der Stadtmauer grenzt an, ihr bemerkenswertester Teil ist das Torvorwerk des **Torreão da Porta da Cidade** aus dem 12. bis 13. Jahrhundert. Es mündet auf die hübsche **Praça do Munícipio**, an deren einer Seite das alte Rathaus liegt. Sein Foyer, heute ein Selbstbedienungsrestaurant, ist mit *azulejos* verkleidet und einen Blick ins Innere wert. In einer Ecke des Platzes steht ein Pranger, den man aus Steinen des 16. Jahrhunderts wieder aufgebaut hat. Nur wenige Meter vom Platz entfernt, befindet sich die Touristeninformation in der Rua 25 de Abril.

Machen Sie sich auf den Weg zum Fluss – jede Straße bergab führt dorthin. Der lebhafte Gemeindemarkt und die mittelalterliche Brücke finden sich hier. Eine der neuesten Attraktionen der Stadt, die **Fábrica do Inglês** (► 152), liegt an der Hauptstraße links, fünf Gehminuten entfernt. Dieser beeindruckend restaurierte Komplex steht auf dem Gelände der ehemaligen Korkfabrik, die hier zwischen 1894 und 1995 produzierte und ihren Namen aus der Zeit der britischen Eigentümer ableitet. Sie wurde 1999 als Freizeitkomplex eröffnet, der das **Museu da Cortiça** (Korkmuseum), erstklassige Restaurants, Bars und Cafés und eine Reihe nächtlicher Vergnügungslokale beherbergt.

Finstere Taten

Die erhabene, überlebensgroße Statue von Dom Sancho I in der Burg von Silves erinnert an den Verrat, der hier 1189 begangen wurde. Nach viermonatiger Belagerung ergaben sich die Mauren dem Heer der Christen – darunter viele englische Kreuzritter – unter der Bedingung, dass man sie frei abziehen lassen möge. Stattdessen verwandelten Dom Sanchos Männer die Burg in ein Höllenfeuer, schlachteten rund 6000 Bewohner ab und folterten weitere, um sie zur Preisgabe ihrer Schätze zu zwingen.

KLEINE PAUSE

Ein unschlagbarer Platz für Kaffee und Kuchen ist das **Café Inglês** (► 150). Gutes, günstiges einheimisches Essen bekommen Sie im **Casa Velha** an der Praça do Munícipio oder im **Tasca do Bene** an der Rua Policarpo Dias. Fischliebhaber sollten das bekannte **Rui Marisqueira** (► 151) ansteuern.

Von der Hauptstraße in Lagoa: der klassische Blick auf Silves

Castelo de Silves
183 E3
Sept.–Juni tägl. 9–19 Uhr; Juli–Aug. tägl. 9–20 Uhr · preiswert (Ausstellung: mittel)

Sé
183 E3
Mo–Sa 8.30–18.30 Uhr · frei

Museu Municipal de Arqueologia
183 E3
Rua das Portas de Loulé
282 444832
tägl. 10–18 Uhr
preiswert

Fábrica do Inglês
183 E3
282 440440 · tägl. 9–23 Uhr
frei, es sei denn, es findet ein Konzert oder eine Veranstaltung statt

Museu da Cortiça
183 E3
9.30–13 und 14–18.30 Uhr
preiswert

SILVES: INSIDER-INFO

Top-Tipps: Beachten Sie den klassisch **manuelinischen Eingang** der Igreja de Misericórdia gegenüber vom großartigen Vordereingang der Kathedrale aus dem 16. Jahrhundert. Der Eingang liegt in Karrenhöhe, damit Särge in die Kirche geschoben werden konnten.
- Parken Sie an lebhaften Tagen am Fluss. Ist es ruhiger, fahren Sie bis zur Burg.

Geheimtipp: Viele Jahrhunderte lang beherbergten die Räume über dem antiken Torvorwerk des **Torreão da Porta da Cidade** den Stadtrat. Heute ist hier eine öffentliche Bibliothek (Di–Sa 9.30–13 und 14–17.30 Uhr).

4

Caldas de Monchique

In das steile, bewaldete Tal voller Kastanien- und Eukalypusbäume, Korkeichen und Pinien schmiegt sich das kleine Thermalbad Caldas de Monchique – die Antithese zu den lebhaften Ferienorten am Meer. Schon die Römer kurten hier und nannten das Bad Mons Cicus, von dem sich der Name Monchique ableitet. *Caldas* bedeutet ganz einfach Bad. Im 19. Jahrhundert wurde Caldas zum Liebling der spanischen und portugiesischen Bourgeoisie und nahm seine heutige Gestalt an. Das alte Kasinogebäude mit den pseudomaurischen Fenstern ist ein bemerkenswertes Erbe dieser Epoche.

Caldas de Monchique ist ein beliebter Ausgangspunkt für Wanderungen

In der Zeit der Belle Époque gefangen: Caldas de Monchique

Die Trinkkur

Die Thermalquelle stößt jährlich rund 20 Millionen Liter Wasser aus, das mit einer Temperatur von rund 32 Grad an die Oberfläche tritt. Das wahrhaft hässliche Gebäudeungeheuer ruiniert den Blick nach unten. Andererseits schafft die Anlage im Ort Arbeitsplätze und macht Monchique bekannt, indem es sein abgefülltes Wasser im ganzen Land verteilt.

Im neuen Kleid

Im Jahr 2000 wurde Caldas de Monchique umfassend renoviert. Nachdem er erkannt hatte, dass die abblätternde Patina des Alters und der Vernachlässigung kaum mehr charmant, sondern einfach nur noch vergammelt (und in einigen Fällen gefährlich baufällig) zu nennen war, beschloss der Stadtrat, rund 1,8 Milliarden Escudos (etwa 90 Millionen Euro) zu investieren, um den Ort für das neue Jahrtausend herzurichten. Das Ergebnis ist nicht allein ein herausgeputztes Dorf, auch die Unterkünfte wurden verbessert. Allen Befürchtungen zum Trotz, der Ort könnte seinen rustikalen, heruntergekommenen Charme und seine Atmosphäre verlieren, hat sich der Wirbel glücklich gelegt, und das Leben geht wieder seinen gewohnten Gang.

Draußen sonnen oder drinnen abkühlen

KLEINE PAUSE

Probieren Sie ein im altmodischen Ofen im Freien gebackenes *pão com chouriço* (würziges Würstchen im Brötchen) als Imbiss. Lassen Sie es sich draußen auf dem Picknickplatz am Fluss direkt oberhalb des Dorfes schmecken.

CALDAS DE MONCHIQUE: INSIDER-INFO

Top-Tipps: Kommen Sie morgens früh oder abends. Im Sommer kommen scharenweise Reisebusse.

- Sie interessieren sich für **Kuranwendungen**? Tel. 282 910 910 oder www.monchiquetermas.com.

Nach Lust und Laune!

Für Kinder

- Fahren Sie mit einer portugiesischen Gondel **den Arade hinauf nach Silves** (➤ 142ff).
- Erkunden Sie die **Burg von Silves** (➤ 143). Achten Sie aber auf ungesicherte Abgründe.
- Gehen Sie abends in die **Fábrica do Inglês** (➤ 144, 152), und sehen Sie den Clowns und Straßenkünstlern zu.

1 São Bartolomeu de Messines

Ein typischer kleiner Marktflecken in den Ausläufern der Serra do Caldeirão ist São Bartolomeu, das man von Silves aus über eine Straße voller Mandel-, Johannisbrot-, Feigen- und Granatapfelbäume erreicht. In seinem Herzen steht die reizvolle Igreja Matriz aus dem 16. Jahrhundert mit Barockfassade, *azulejo*-geschmückten Kapellen und Statuen aus dem 16., 17. und 18. Jahrhundert. Das hübsche Casa Museu João de Deus, einstiges Wohnhaus des gleichnamigen einheimischen Dichters aus dem 19. Jahrhundert, liegt nebenan. Seine Werke waren vor rund 100 Jahren stark verbreitet, und viele Algarvios lernten mit ihrer Hilfe lesen und schreiben. Allein das Interieur ist den Besuch wert.

184 A3
Casa Museu João de Deus
neben der Igreja Matriz
kein Telefon
Mo–Fr 10–13 und 14.30–18.30 Uhr
preiswert

2 Barragem do Arade

Ein *barragem* ist ein Reservoir oder künstlicher Damm, doch dieses malerische Gewässer mit hie und da eingestreuten niedrigen Hügelbuckeln wirkt recht natürlich – ein schöner Platz für Picknicks und Familienausflüge. Im Sommer wird hier ein Wassersportzentrum betrieben (➤ 152).

183 F3

Monchique – ganz im Stil der Belle Époque

Serra de Monchique

Die Serra de Monchique ist ein vorzügliches Wandergebiet, und Führer bieten reihenweise ihre Dienste an. Einzelheiten in der Touristeninformation. Alternativ (sic) Tour (Handy 965 004 337) unter der Leitung eines Einheimischen organisiert Radtouren. Sie starten an der Albergaria Bica Boa an der alten Lissaboner Straße in Ortskernnähe. Wollen Sie auf eigene Faust los, holen Sie sich vor Ort die Karte *Trilhos de Bio-Park Monchique* mit rund 300 Kilometer Wanderwegen in der Serra de Monchique.

5 Monchique

Die Kleinstadt Monchique, nicht zu verwechseln mit dem winzigen Thermalbad Caldas de Monchique (➤ 145f) sieben Kilometer weiter südlich, ist der wichtigste Ort der Gegend und liegt auf einer Höhe von 458 Metern. Er ist bekannt für seine Handwerksläden – sie liegen hauptsächlich am Ortsrand

(➤ 151) – und seine Pfarrkirche. Ein guter Ausgangspunkt ist die Touristeninformation am Largo dos Chorões. Daneben findet sich der von einer Quelle gespeiste Springbrunnen: eine moderne Interpretation der traditionellen *nora* (Brunnen) der Algarve. An einer Ecke des Platzes führen Kopfsteinpflasterstufen hinauf zum Dorfkern und zur Pfarrkirche aus dem 16. Jahrhundert mit manuelinischem Portal (➤ 23), *azulejos* und Holzdecke.

Monchique kann recht lebhaft werden. Sie entkommen dem Getümmel, wenn Sie dem ausgeschilderten Fußweg hinter dem Rathaus zu den Ruinen des Klosters Nossa Senhora do Desterro (Unsere liebe Frau der Verbannung) folgen. Es ist ein gemütlicher 20- bis 30-minütiger Spaziergang, und die herrliche Aussicht belohnt Sie. Achten Sie auf den Magnolienbaum im Klostergarten.

Ein bemerkenswerter Ausschnitt des Inneren der Igreja Matriz in Monchique

Direkt hinter Monchique, an der Straße nach Fóia, gibt es gute, rustikale Unterkünfte und eine Reihe von Restaurants, deren Spezialität Hühnchen-*Piri-piri* (➤ 17) ist.

Eine andere Option: Nehmen Sie die malerische N267 Richtung Aljezur, eine prächtige Aussichtsstrecke, und erkunden Sie die Gegend.

183 D4
Touristeninformation Monchique
Largo dos Chorões 8550
282 911 189

6 Fóia

Auf 902 Metern gelegen, ist Fóia der höchste Punkt der Algarve und das Ende der Reise. Die Straße geht hier nicht weiter, Sie müssen also umdrehen und wieder runterfahren. Von Antennen, einem Souvenirladen und einem Café-Restaurant gekrönt, ist der Schauplatz nicht gerade ansprechend, aber bei klarer Sicht ist die Aussicht lohnend. Fast die gesamte Westalgarve breitet sich vor Ihnen aus, von Faro bis nach Cabo de São Vicente. In der Nähe gibt es interessante Wanderwege (➤ 152).

183 D4

Zwillingsgipfel

Eine aufregendere Aussicht (bei weniger Trubel) finden Sie auf dem 774 Meter hohen Zwillingsgipfel des Fóia, dem Picota, östlich von Monchique. Sie können mit dem Wagen kommen – in Monchique den Schildern nach Alferce folgen –, aber auch das Wandergebiet ist schön. Ein Führer (➤ 152), der Sie nach oben bringt, sollte leicht zu finden sein.

Wohin zum ... Übernachten?

Preise
Mit folgenden Preisen müssen Sie pro Doppelzimmer pro Nacht rechnen:
€ unter 50 Euro **€€** 50–125 Euro **€€€** über 125 Euro

Albergaria Bica Boa €€

Herzliche Aufnahme und erstklassiges Essen sorgen an diesem romantischen Ort am Dorfrand, abseits der Straße, im bewaldeten Bergland und umgeben von blühenden Gärten, für zahlreiche Stammgäste. Es gibt nur vier Zimmer, in der Saison sollte man rechtzeitig reservieren. Das Restaurant, eines der besten der Region, wartet mit für Monchique typischer Kost ebenso auf wie mit Fischspezialitäten und vegetarischen Speisen.

183 D4
Estrada de Lisboa, 266, 8550 Monchique (1 km nördl. von Monchique, Straße nach Lissabon)
282 912 271; Fax 282 912 360

Albergaria do Lageado €

Inmitten üppiger Vegetation im Kurort Caldas de Monchique gelegen, bietet dieses Hotel bequeme Zimmer mit Fliesenböden, Blumendessins und Badezimmern in guter Größe zu vernünftigen Preisen. Auch das Essen – einfache Mahlzeiten und Kleinigkeiten – ist sehr preiswert.

183 D4
Caldas de Monchique, 8550 Monchique
282 912 616; Fax 282 911 310
nur Mai–Okt.

Colina dos Mouros €€

Der »Maurenhügel« am Rand von Silves ist heute ein komfortables, modernes Hotel mit erstklassigem Blick auf den Arade und die mächtigen Mauern und Türme der maurischen Festung. Größe und Qualität der Einrichtungen sind gut: ein Restaurant, ein Garten, ein runder Pool mit Bar und 57 Zimmer, alle mit eigenen Duschen, Fernseher, Safe und Klimaanlage. Ein Zimmer mit Aussicht ist den kleinen Aufpreis wert – besonders beeindruckend wirkt die Festung nachts.

183 E3
Pocinho Santo, 8301 Silves
282 440 420

Estalagem Abrigo da Montanha €€

Dieses Gasthaus, das an der Straße zum Gipfel des Fóia steht, erfreut mit einem Panoramablick über die Serra de Monchique. Der Vorgarten und die gepflasterte Terrasse sind voll süß duftender Kamelien und Zitronenbäume. Steinwände, Kamine und Holz dominieren das Innere. Die elf Doppelzimmer und vier Suiten haben Balkone mit Bergblick. Die sechs neueren Zimmer sind größer, eleganter und wirken kostspieliger, dennoch ist jedes Zimmer auf seine Weise ansprechend. Zu den Annehmlichkeiten zählt ein erstklassiges Restaurant (➤ 150) mit Pool und Terrasse.

183 D4
Estrada da Fóia, 8550 Monchique
282 912 131; Fax 282 913 660;
E-Mail: Abrigodamotanha@hotmail.com

Quinta do Rio €

Genießen Sie in diesem Gasthaus, 5,5 Kilometer nordöstlich von Silves, das ruhige, ländliche Leben. Die sechs Gästezimmer sind untadelig sauber, alle haben eine Dusche, vier eine eigene Terrasse. Es gibt keine Bar und kein eigentliches Restaurant, aber wenn Sie vorher Bescheid sagen, bereitet man Ihnen köstliche Mahlzeiten. Zu den ländlichen Vorzügen gehören von Dezember bis August der frisch gepresste Orangensaft zum Frühstück.

183 E3
Sítio S Estevão, Apt. 217, 8300 Silves (gut ausgeschildert an der N124 von Silves nach São Bartolomeu de Messines)
282 445 528

Wohin zum ... Essen und Trinken?

Preise
Für ein Essen ohne Getränke und Service zahlen Sie pro Person:
€ unter 15 Euro **€€** 15–23 Euro **€€€** über 23 Euro

Abrigo da Montanha €€
Dieses Bergrestaurant gehört zum Estalagem Abrigo da Montanha (➤ 149). Im Sommer speist man auf der Panoramaterrasse im Freien oder auf der anderen Straßenseite in der Esplanada, die eine schlichtere Küche, aber eine ebenso umwerfende Aussicht bietet. An kühleren Tagen wird im Inneren des rustikalen Restaurants bei Kaminfeuer serviert. Einheimische Gerichte beherrschen die Karte: Meeresfrüchtesuppe, Reis mit Scheidenmuscheln, *cataplana* mit Mönchsfisch, gegrilltes Schweinefleisch mit Knoblauch und Petersilie und *cataplana* mit Ziegenkitz.

183 D4
Estrada da Fóia, Monchique
282 912 131
tägl. mittags und abends

Café Inglês €
Nach einem Morgen mit Sehenswürdigkeiten in Silves ist das Café Inglês der perfekte Ort zum Ausruhen. Das hübsche, umgebaute Wohnhaus aus den Zwanzigerjahren liegt hinter der Kathedrale in der Nähe des Burgtors. Unter englischer Leitung kombiniert es Café, Restaurant, den Verkauf von Kunsthandwerk und eine Bar auf dem Dach. Sitzen Sie drinnen oder draußen bei Kaffee und Kuchen.

183 E3
Escadas do Castelo 11, Silves
282 442 585
So–Fr ganztägig und abends, Sa abends

Jardim das Oliveiras €€
In diesem rustikalen Lokal werden Neuschöpfungen von Berggerichten serviert. Die Spezialitäten, würzige rote und schwarze Würstchen, gegrilltes Schweinefleisch, Spanferkel, Schweineschmorbraten und Wild, werden alle in einem alten Holzofen zubereitet. Zu den traditionellen Gemüsegerichten gehören z. B. Bohnen mit Reis oder Karotten und Kohleintopf

183 D4
Sítio do Porto Escuro, Monchique
282 912 874
tägl. mittags und abends

Paraíso da Montanha €€
Der Name sagt alles. Auf der Terrasse haben Sie einen prächtigen Blick über die Berge bis zur Küste. Diesen Familienbetrieb, der eines der ersten Bergrestaurants auf dem Fóia war, gibt es schon seit 30 Jahren. Ein typisches Mahl beginnt mit geräuchertem Bergschinken, gefolgt von auf Holzkohle gegrilltem Fleisch oder Schmorkaninchen und endet mit einem regionalen Dessert wie *doces de amêndoa* (Marzipandesserts) oder Dom Rodrigo – ein Mandel-Ei-Dessert. Laufen Sie sich die Kalorien auf dem Weg zum Gipfel des Fóia (➤ 148) ab.

183 D4
Estrada da Fóia, Monchique
282 912 150
tägl. mittags und abends

Rouxinol €€
Entkommen Sie den Reisebusladungen in Caldas de Monchique, und genießen Sie das rustikale Rouxinol, ein Café/Restaurant unter schwedischer Leitung oberhalb des Thermalbades an der Straße nach Monchique. Halten Sie an für einen Kaffee und hausgemachte Kuchen und Desserts, oder bleiben Sie für eine ganze Mahlzeit. Die Karte ist saisonabhängig, umfasst aber immer Pasta, Fleisch, Fisch, ein

Salatbüfett. Setzen Sie sich drinnen ans Holzfeuer oder draußen auf die Terrasse, die Zitronenbäume und Berge überblickt.

183 D4
Caldas de Monchique (an der Straße nach Monchique)
282 913 975
Di–So 12–22 Uhr; Jan. und Dez. geschl.

Rui Marisqueira €€

Reservieren Sie rechtzeitig, oder richten Sie sich auf Wartezeiten ein, denn das Restaurant ist über die Grenzen von Silves hinaus berühmt. Die Lage ist einfach, der Service kann schroff sein, aber lassen Sie sich nicht irritieren – das Essen ist großartig, besonders die Schalentiere, von Hummer und Krebs über Wellhornschnecken und Austern bis hin zu Entenmuscheln.

183 E3
Rua Commendador Vilarinho 27, Silves
282 442 682
Mi–Mo mittags und abends, im Nov. zwei Wochen geschl.

Wohin zum ... Einkaufen?

MONCHIQUE

Monchique ist für sein Korbgeflecht und sein Holz- und Korkhandwerk bekannt. Der wichtigste regionale Markt findet am zweiten Freitag des Monats statt, am dritten Freitag verkaufen Bauern ihr Vieh auf einer riesigen Landwirtschaftsmesse.

Probieren Sie das Heilwasser in Caldas de Monchique, sieben Kilometer südlich von Monchique, oder einen Schluck *medronho*, das einheimische Feuerwasser. Es wird aus den destillierten Früchten des Erdbeerbaums hergestellt, der in den Bergen der Umgebung (➤ 157) wächst. Den *medronho* kostet man im Handwerkszentrum im alten Kasino, das auch eine gute Auswahl an Keramiken anbietet. Die *artesanato*-Stände am Straßenrand zwischen dem Kurort und der Stadt Monchique verkaufen Tonwaren, Teppiche, Körbe, Woll- und Korbwaren.

Casa J. A. Maio (Estrada Velha 28, Tel. 282 911 000) am Ortseingang links, bietet Kunsthandwerk aus Monchique und Umgebung an. Die Körbe und zusammenklappbaren, x-förmigen Holzstühle (die gegenüber auch der Stuhlmann von Monchique verkauft) werden in der Gegend hergestellt, die Keramiken und Hausschuhe kommen aus dem Alentejo, die Pullover und Teppiche aus der Region von Fátima in Zentralportugal. Im Zentrum von Monchique hat das **Ardecor** (Largo dos Chorões 2) eine Sammlung geschmackvoller Teppiche und handbemalter Holzmöbel. Weitere Handwerksprodukte, aber auch Wein und Portwein, gibt es bei **Garrafeira de Monchique** am gleichen Platz. Seiner interessanten Auswahl an traditioneller Töpferarbeit, Keramikskulpturen, -tafeln und -brunnen wegen sollten Sie das Atelier von Leonel Telo in der **Casa de Nogueira** (Rua do Córro 2, Tel. 282 911 377) besuchen.

SILVES

Im Zentrum des Ortes **Pandora** (Rua Samora Barros 16, Tel. 282 441 246) ist eine gute Quelle für kreatives portugiesisches Kunsthandwerk: Holzschnitzereien, Silberschmuck, Glasmalereien, Seidenschals und -malerei. Hier werden wechselnde Ausstellungen veranstaltet. Noch mehr Kunsthandwerk und Souvenirs sind im **Coisas Loiças** (Rua 25 de Abril, in der Nähe der Praça do Munícipio) zu kaufen. Auf dem nördlich gelegenen Platz (Large Jerónimo Osório) in einem Gebäude aus dem 16. Jahrhundert unterhalb der Burg, finden Sie das **Estúdio Destra**, die Ateliergalerie von Kate Swift (➤ 15). Am gleichen Platz führt **Peter Liesegon** (Tel. 282 445 233) einen eleganten Antiquitäten- und Kunsthandel. Weiter oben am Largo do Castelo, am Eingang zur Burg, vereint **D. Sancho** Café und Verkauf von Handwerksprodukten. Hier können Sie Mandel- und Orangenkuchen kosten und sich durch Spitze, Leinen und handbemalte Keramik wühlen.

Wohin zum ... Ausgehen?

AKTIVITÄTEN IM FREIEN

Die bewaldete Berglandschaft und der weite Blick von den Gipfeln macht die Serra de Monchique zu einem idealen Gebiet für Wanderungen und Spaziergänge. Die beste Aussicht haben Sie, wenn Sie eine mehrstündige Wanderung vom Gipfel des Fóia zum Picota, dem zweithöchsten Gipfel der Algarve (774 m), unternehmen. Sollten Sie die Führung durch einen Einheimischen vorziehen, kontaktieren Sie **Alternativ Tour** (Tel. 965 004 337), die geführte Wanderungen und Radtouren durch die Berge organisiert. Der Führer ist ein Kenner der Flora, Fauna und Geologie der Region und mit der Tradition der Einheimischen vertraut. Anregungen geben die Hinweise im Buch (Kasten ➤ 147, Rundgang durch die Umgebung von Caldas de Monchique ➤ 156f). Der **Barragem do Arade** (➤ 147) nordöstlich von Silves ist ein friedlicher Stausee mit Wanderwegen und vielen guten Picknickplätzen.

Bei **Quinta Penedo** (Vale Fuzeiros, São Bartolomeu de Messines, Tel. 282 332 466), im Nordosten des Reservoirs, in einem malerischen Tal, ist eine Reitschule. Sie bietet Wanderritte um den Barragem do Arade an und für erfahrene Reiter anspruchsvollere Touren.

NACHTLEBEN

In den Bergdörfern ist es nachts ruhig, und Unterhaltungsangebote, wie man sie entlang der Küste findet, gibt es hier wenig. Allerdings hat sich das Nachtleben von Silves durch die neu hinzugekommene **Fábrica do Inglês** (Rua 25 de Abril, Tel. 282 440 440, ➤ 144) belebt. Die ehemalige Korkfabrik eines Engländers (daher der Name) wurde 1999 als Restaurantkomplex mit Unterhaltungsangebot für den Tag wie den Abend wieder eröffnet. Das kleine und informative **Korkmuseum** (➤ 144) erinnert an die Ursprünge. Abends sorgen Straßenkünstler für bunte Unterhaltung, und der zentrale Platz wird zur Bühne für eine spezielle Show mit Tanz, Gesang und Gedichten, die auf Legenden und der örtlichen Geschichte basiert. Flutlichtbrunnen bieten die Kulisse für eine Multimediashow, die Laserstrahlen und Musik kombiniert. Zu den Restaurants und Cafés, die bis spät geöffnet bleiben, gehören das **Cervejaria** oder Seafood Restaurant (das mit portugiesischen Spezialitäten aufwartet und 700 Gästen Platz bietet), die **Churrasqueira** (Grillrestaurant), **Pizzeria**, **Tapas Bar**, **Tea Rooms** und das **Café da Fábrica**.

In den Sommermonaten verbindet nach 18 Uhr ein bequemer Pendelservice im 15-Minuten-Takt die beiden größten Parkplätze mit der Fábrica do Inglês.

MUSIK

Im Zentrum von Silves bittet die Kathedrale gelegentlich zu Chormusik und Konzerten. Jazz hört man im **Cine-Teatro Silvense** (Tel. 282 442 413), das auch Filme im Original zeigt. Wenn Sie eine lebhafte Umgebung suchen, um zu Abend zu essen, gehen Sie in das bei den Einheimischen wegen seiner Eintöpfe, Enten- und Fischgerichte beliebte **Tasca do Bene** (282 444 767), wo man das Mahl mit Wein vom Fass hinunterspült. Das **Café Inglês** (Rua do Castelo 11, Tel. 282 442 585) organisiert auf seiner Dachterrasse ab und zu Livemusik.

Am Rand von Silves, an der N124, lädt das **Quinta Pomona** (Tel. 282 416 350) regelmäßig zu *fado*- und Folkloreabenden ein.

Spaziergänge & Touren

1 STADT LAGOS

Spaziergang

LÄNGE: 1,5 bis 2,5 km
DAUER: 1,5 Stunden einschließlich Museumsbesuch
START/ZIEL: Statue von Heinrich dem Seefahrer, Avenida dos Descobrimentos 182 C2

Die Straßen von Lagos stecken voll sehenswerter historischer Kuriositäten – man muss nur wissen, wo. Dieser kleine Rundgang durch die Stadt zeigt Ihnen die guten, die schlechten und die eigenartigen Dinge. Um das historische Umfeld und die Persönlichkeiten kennen zu lernen, lesen Sie erst die Seiten ➤ 6ff.

1–2

Hinter der Prinz-Heinrich-Statue auf der **Praça da República** zeigt ein Wandbild die verheerende Fahrt König Sebastians nach Nordafrika. Direkt gegenüber sehen Sie ein altes Fenster, das früher Teil des Herrscherschlosses war (heute gehört es zum Krankenhaus von Lagos) und von dem aus der König, selbst noch ein Kind, seine Truppen zusammenrief. Verlassen Sie den Platz auf der linken Seite, gehen Sie die Schlossmauern entlang und an der Statue von **Gil Eanes** vorbei (➤ 7).

2–3

Gehen Sie durch den Bogen zwischen den Mauern des 16. Jahrhunderts hindurch, am Schrein des Stadtheiligen São Gonçalo vorbei und beim zu Ihrer Rechten liegenden Krankenhaus nach rechts – zurück zur Praça da República. Wenden Sie sich links in die Rua de São Gonçalo, wo Sie rechter Hand nach 50 Metern auf die **Igreja de São António** stoßen.

Die Statue König Sebastians ist nicht zu übersehen

Die Stadterkundung lässt sich gut mit einem Schaufensterbummel verbinden

3–4

Der Eingang zur Kirche führt über das **Museu Municipal** (➤ 119f) um die Ecke. Beim Hinausgehen kommen Sie auf die Rua Silva Lopes, und von hier können Sie nach links einen Abstecher in das **Centro Cultural de São Lourenço** (➤ 136) machen.

4–5
Zurück in der Rua Silva Lopes, führt diese Sie in die Hauptstraße Lagos', die **Rua 25 de Abril**. An diesem oberen Ende der Straße wohnten früher die reichen Kaufleute des 19. Jahrhunderts, woran noch viele schöne steingefasste Eingänge und Balkone erinnern. Gehen Sie die Straße entlang, und schauen Sie in das hinreißende Antiquitätengeschäft **Casa da Papagaio**, um einen Eindruck von den Dingen zu bekommen, die diese Häuser einmal gefüllt haben mögen.

5–6
Beide Abzweigungen der Rua 25 de Abril führen zur **Praça Gil Eanes** mit der ungewöhnlichsten Gedenkstatue eines Königs überhaupt. 1973 enthüllt, ist diese moderne Darstellung des jungen Königs Sebastian – der Lagos zur Hauptstadt der Algarve gemacht hat – die meistdiskutierte Statue der Gegend (➤ 6ff).

6–7
Links von der Bank Caixa Geral de Depositos führt die **Rua da Barroca**, eine ruhige Gasse mit Verzierungen aus der Welt des Meeres auf dem

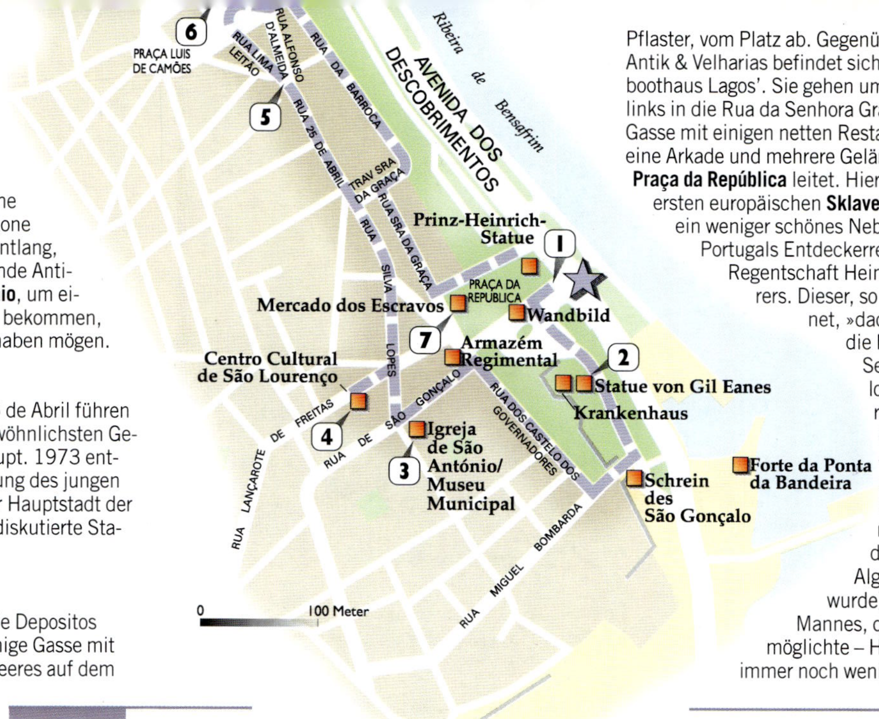

Pflaster, vom Platz ab. Gegenüber dem Geschäft Antik & Velharias befindet sich das alte Rettungsboothaus Lagos'. Sie gehen um die Ecke und links in die Rua da Senhora Graça, eine schmale Gasse mit einigen netten Restaurants, die über eine Arkade und mehrere Geländer wieder zur **Praça da República** leitet. Hier ist die Stelle des ersten europäischen **Sklavenmarkts** (➤ 119), ein weniger schönes Nebenprodukt von Portugals Entdeckerreisen während der Regentschaft Heinrichs des Seefahrers. Dieser, so ist es aufgezeichnet, »dachte mit Freude an die Rettung dieser Seelen, die sonst verloren gewesen wären«. Viele Sklaven kamen aus Nigeria – von einem Ort, den wir als Lagos kennen (und der nach seinem Handelspartner in der Algarve so benannt wurde). Die Statue des Mannes, der das alles ermöglichte – Heinrich –, steht immer noch wenige Meter entfernt.

2 CALDAS DE MONCHIQUE

Spaziergang

LÄNGE: 7,5 km
DAUER: 2 bis 3 Stunden
START/ZIEL: Caldas de Monchique 183 D4

Diese Wanderung führt Sie bei wunderschönen Ausblicken bis zur Küste über das Land südlich von Caldas de Monchique zu den Ausläufern der Serra de Monchique.

1–2

Starten Sie an dem roten Telefonhäuschen in Caldas (➤ 145f) bergab bis zum Ortsende. Nach der Wasserabfüllfabrik zur Linken biegen Sie rechts von der Straße ab in einen bergab führenden Weg, der auf beiden Seiten von Mimosenbäumen umgeben ist. Unter Ihnen auf der rechten Seite zieht ein Fluss dahin, und Sie verfolgen diesen bis zu einer Brücke.

2–3

Überqueren Sie die Brücke, und biegen Sie gleich links auf den schmalen Pfad ein, der dem Fluss folgt. Bei einer weiteren Brücke, die Sie ignorieren, geht es geradeaus weiter. Der Pfad ist hier vielleicht etwas zugewachsen. Zur Linken, an den Flussufern, sehen Sie kleine Felder mit Zitronenbäumen. Bald kommt ein großes Haus am gegenüberliegenden Ufer in Sicht, und der Weg gabelt sich. Nehmen Sie den rechten Weg, der leicht aufwärts vom Fluss wegführt.

Geführte Touren
Wenn Sie bei dieser Wanderung geführt werden möchten: Julie Statham ist eine Expertin für diese Gegend und veranstaltet regelmäßig Wanderungen in der Algarve. Tel. 282 698676 oder 096 5753033 (Handy); www.portugalwalks.com.

3–4

Der Pfad fällt noch etwas ab, bevor er sich zu einem Weg verbreitert und ziemlich steil aufwärts führt. Oben treffen Sie auf einen weiteren breiten Weg, dem Sie nach rechts für etwa 25 Minuten folgen, bei herrlicher Aussicht nach links und rechts.

An diesem Telefonhäuschen beginnt die Wanderung

4–5

Schließlich kommen Sie zu einer Abzweigung nach rechts, die leicht ansteigt, bevor sie abfällt. Von diesem Weg haben Sie bald einen Panoramablick auf Caldas de Monchique links unten.

Schwarzbrenner in der Algarve

Überall auf dieser Wanderung werden Sie einen niedrigen Busch mit hübschen kleinen roten Früchten sehen können, die entfernt an Erdbeeren erinnern. Das sind die Früchte des Erdbeerbaumes, *arbutus unedo*, Bestandteile des *medronho*, dem *aguardente* (Feuerwasser, Schnaps) der Algarve. Die Frucht wird erst in Holzfässern gegoren, dann in Kupferkesseln destilliert, und kann mit 70 bis 90 Vol.-Prozent Hirnlähmungen auslösen. *Medronho* wird in der ganzen Algarve legal gebrannt und verkauft (mit etwa 40 Vol.-Prozent), aber daneben gibt es eine Reihe kleiner Schwarzbrennereien, deren Zentrum Monchique (*nicht* Caldas de Monchique) ist. In Monchiques Hinterhofgeschäften bekommen Sie Ihre leere Flasche sicherlich mit dem echten *caseiro* (selbst gemachten) Brand gefüllt. Aber wenn Sie das tun, seien Sie vorsichtig – das Zeug hat's in sich!

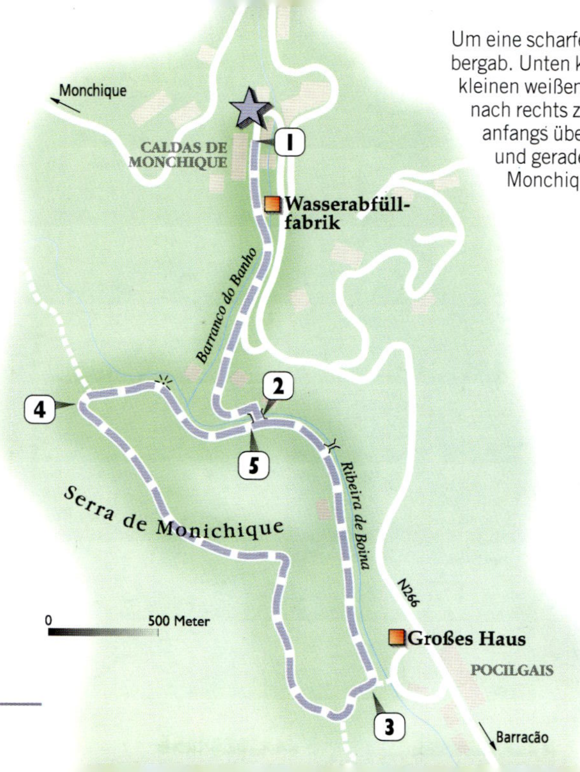

Um eine scharfe Linkskurve herum und steil bergab. Unten kommen Sie linker Hand an einem kleinen weißen Haus vorbei. Der Weg führt nach rechts zurück zu der Brücke, die Sie anfangs überquert haben. Über die Brücke und geradeaus weiter nach Caldas de Monchique.

Die kleine Erdbeerbaumfrucht, aus der der feurige *medronho* gemacht wird

3 BOCA DO RIO

Spaziergang

LÄNGE: 8 km **DAUER:** 2 bis 2,5 Stunden
START/ZIEL: Strand Boca do Rio (in der Nähe der Budens-Feuchtgebiete, ausgeschildert von der N125) 182 B2

Dies ist eine sehr lohnende, leichte Wanderung mit schönen Ausblicken von den Klippen und ein paar Überraschungen unterwegs wie einer alten Festung, römischen Überresten und Süßwasser-Feuchtgebieten, wo früher Reis angebaut wurde.

1–2

Parken Sie am Strand, und laufen Sie zu dem rechts liegenden Fluss (Boca do Rio heißt wörtlich übersetzt »Mündung des Flusses«). Überqueren Sie ihn auf der kleinen Betonbrücke, und wenden Sie sich wieder Richtung Meer. Kurz vor dem Strand führt ein anderer Pfad nach links aufwärts. Hier gehen Sie hoch; beim Zurückschauen können Sie den Blick über die **Budens-Feuchtgebiete** (➤ 160 Kasten) genießen. Wenn Sie oben auf einen breiten Weg treffen, gehen Sie nach rechts und den gewundenen Pfad hinunter, bis Sie auf die vom Strand aus nicht sichtbaren Festungsruinen aus dem 16. Jahrhundert stoßen. Von hier hat man einen Blick über die Küste

2–3

Jeder der links von der Festung abgehenden Pfade führt parallel zur Küste auf ein großes weißes Haus zu, das direkt vor uns auf der Spitze der Klippen liegt. Hinter dem Haus nehmen Sie den breiten Weg, der links von den Garagen nach unten führt.

Unten am Wegende haben Sie die Wahl: Nach rechts geht es zum Strand von **Cabanas Velhas** (➤ 129), doch wenn Sie nicht unbedingt sonnenbaden oder in das Strandcafé möchten, dann gehen Sie geradeaus auf dem leicht ansteigenden Weg weiter.

Bald werden Sie wieder oben auf den Klippen sein und einen

Handwerker verkaufen ihre Waren in Boca do Rio

noch besseren Blick haben, diesmal über den Strand von Cabanas Velhas.

Vielleicht bereuen Sie jetzt angesichts des einladenden Strands Ihre Entscheidung – gehen Sie einfach zügig weiter!

3–4

Der Weg führt bergab und stößt bald auf einen anderen Weg von links. Hier biegen Sie nach links

Nachhall vergangener Zeiten

Zwar gibt es keine Boote mehr am Strand von Boca do Rio, aber die Schuppen für die großen Thunfischnetze aus den Zeiten, als hier noch ansehnliche Thunfischfänge gemacht wurden, stehen noch. Bei den Schuppen liegt der große Anker und die Kanone aus der *L'Ocean*, dem französischen Kriegsschiff, das die Briten 1759 in der Schlacht von Lagos etwa 300 Meter vor der Küste versenkten. Das Wrack ist heute ein beliebtes Ziel für Taucher.

Etwas weiter am Strand entlang finden sich die wenigen Überreste einer römischen Villa – hier zeigt sich, wie weit das Meer in den 2000 Jahren, seitdem die Villa gebaut wurde, vorgedrungen ist. Weitere römische Überreste liegen unter dem Hügel, der dahinter eingezäunt ist.

ein und gehen durch einen Felseneinschnitt wieder aufwärts. Kurz vor der Bergkuppe kommt eine Abzweigung nach rechts, an der Sie aber unbeirrt geradeaus weiterwandern. Auf der Kuppe haben Sie ein phantastisches Küstenpanorama vor sich: von der Landspitze Carvoeiros im Osten bis nach Sagres im Westen.

4–5

Der Weg verläuft noch kurz parallel zu den Klippenspitzen, bevor er nach links verzweigt und landeinwärts durch ein Kiefernwäldchen führt. Folgen Sie diesem linken Abzweig, der Sie bald zur alten (befestigten) Straße zwischen **Burgau** und **Salema** führt. Auf der Straße, die normalerweise sehr ruhig ist, gehen Sie für etwa fünf Minuten nach links, während der Sie Dom Dinis

Diese Wanderung bietet viele sagenhafte Küstenansichten

Restaurant rechter Hand passieren. Direkt danach sehen Sie rechts eine Abzweigung, markiert mit zwei alten Wagenrädern und mehreren selbst gebastelten Zeichen, der Sie folgen, bis der Weg eine Rechtskurve zu einem alten Haus macht. Sie gehen nicht dorthin, sondern geradeaus zwischen Mandel- und Feigenbäumen nach unten. Hierbei können Sie vor sich die Budens-Feuchtgebiete sehen.

5–6

Unten am Hangende folgen Sie nach links einem gut festgetretenen Weg entlang dem Rand der Feuchtgebiete, bis Sie auf eine breite unbefestigte Straße treffen, die Sie überqueren. Halten Sie sich geradeaus auf dem weniger klar erkennbaren Weg unterhalb des Hanges. Er folgt dem Flussufer und bringt Sie zu der kleinen Brücke vom Anfang zurück.

Bevor Sie zum Auto zurückkehren, spazieren Sie noch etwas über den Strand.

Die Budens-Feuchtgebiete

Dieses Sumpfgebiet ist die Heimat vieler Vogelarten, des ägyptischen Mungos, von Ottern, Sumpfschildkröten und anderen Tieren. Zwischen den beiden Weltkriegen wurde es zum Reisanbau genutzt, doch als in der Nähe der Fortschritt einzog und die Wasserbrunnen tiefer gelegt wurden, sank der Süßwasserpegel der Budens-Feuchtgebiete, und das ansteigende Meerwasser drängte herein. Schließlich waren die Sümpfe für jegliche Kultivierung zu salzig.

Den Vögeln – wie diesem Reiher – geht es gut in den Budens-Feuchtgebieten

4 DÖRFER UND LANDSCHAFTEN DES BARROCAL

Fahrt & Spaziergang

LÄNGE (FAHRT): etwa 50 km **DAUER:** 3 bis 4 Stunden (einschließlich Spaziergang)
START/ZIEL: Loulé 184 C2

SPAZIERGANG – um Fonte de Benémola (➤ 163)

Mit dieser Tour erkunden Sie das Zentrum des Barrocal – ein Gebiet sanfter Berghügel nördlich von Loulé. Wegen seiner fruchtbaren Böden und vielen Ernteprodukte (darunter Mandeln, Orangen und Feigen) wird es auch der Garten der Algarve genannt. Salir und Querença sind zwei der hübschesten und weniger bekannten Orte hier.

Wenn Sie möchten, wird Sie der kleine Spaziergang um das schöne Fleckchen Fonte de Benémola mitten in das unverdorbene Herz dieser Landschaft führen.

1–2

Vom Wahrzeichen der Stadt, einer römisch nachempfundenen Säule (dem Duarte-Pacheco-Monument), geht es im Zentrum von **Loulé** (➤ 79ff) los. Die Säule im Rücken, fahren Sie links auf die Hauptstraße und folgen ihr nach links gemäß den Schildern nach Querença/Ameixial. Nach etwa acht Kilometern erreichen Sie eine kleine Bogenbrücke und ein altes *fonte*-Zeichen. Fahren Sie links (Ausschilderung »Querença 2 km«) und gleich wieder links zum Dorfplatz hinauf: ein hübscher unverfälschter Ort mit einer interessanten Barockkirche, einem alten Kreuz, zwei Cafés, einem guten Restaurant, einem kleinen Geschenkeladen und einem roten Telefonhäuschen.

Sind Sie in der richtigen Jahreszeit unterwegs, entdecken Sie Orangenbäume mit Früchten

2–3

Fahren Sie den Hügel wieder hinunter und unten nach links. Nach einer Reihe kleiner Weiler und etwa drei Kilometern biegen Sie links nach **Fonté de Benémola** (ausgeschildert) ab. Für einen Spaziergang hier siehe Kasten (➤ 163).

3–4

Wenn Sie für den Spaziergang angehalten hatten, fahren Sie vom Parkplatz nach links etwa einen

Farmerfamilie in der ländlichen Gegend des Barrocal

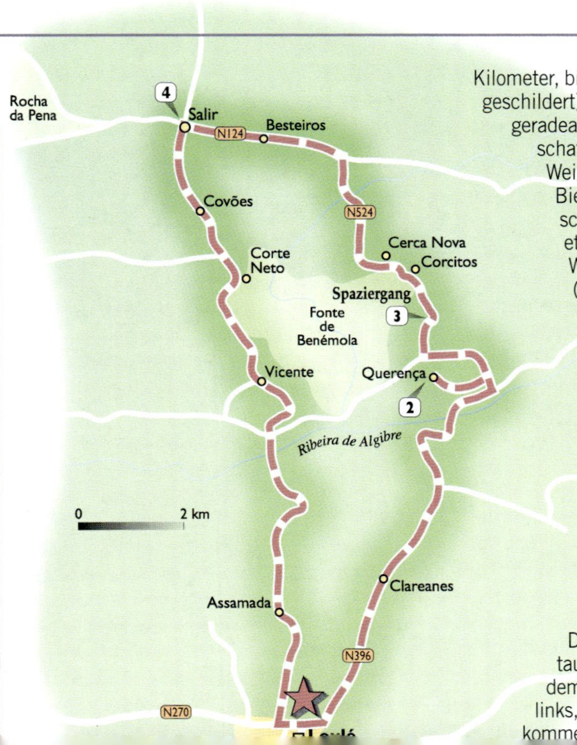

Kilometer, biegen dann links ab nach Salir (ausgeschildert) und fahren etwa sieben Kilometer geradeaus – mitten durch die typische Landschaft des Barrocal und mehrere kleine Weiler wie Cerca Nova und Corcitos.

Biegen Sie links auf die N124 ab (Ausschilderung nach Salir und Alte), nach etwa drei Kilometern (unterhalb eines Wasserturms) wieder links nach **Salir** (➤ 84) und fast sofort wieder rechts einen steilen Hang hinauf zum Dorfzentrum.

Zu den Schlossruinen geht man wieder den Berg hinunter, nach rechts durch eine enge Passage. Links abbiegen, der Straße nach rechts folgen und gegenüber vom Postamt rechts abbiegen. Noch einmal rechts, und dann geht es zum Schloss (ausgeschildert). Parken Sie bei der ehemaligen Kirche und laufen den Berg hoch.

4–5

Den Berg wieder hinunter, beim Restaurant-Café rechts abbiegen und bei dem dreieckigen »Kreisverkehr« nach links, um auf die Straße nach Loulé zu kommen, das etwa 16 Kilometer entfernt ist.

LÄNGE: 5 km
DAUER: 1 Stunde **GEBIET:** Fonte de Benémola 184 C3

Spaziergang Fonte de Benémola

1–2

Parken Sie Ihr Auto an der Abbiegung bei der Hausruine, und gehen Sie los. Ein Schild zeigt fünf Kilometer nach Circulo Pedestre an. Anfangs gibt es nur einen Weg, den Sie also nicht verfehlen können (manche Einheimische fahren fast die ganze Strecke zur *fonte* (Quelle), aber die schmale Straße ist nicht zu empfehlen). Die roten, weißen und gelben Markierungen an Bäumen und Mauern zeigen den richtigen Weg.

2–3

Nach etwa einem Kilometer biegen Sie links ab und gehen über eine kleine Brücke (ein Wegweiser zur *fonte* bestätigt Sie hier), um nach weiteren 1,5 Kilometern den Quellbereich zu erreichen. Ein wunderschön bewaldeter Flecken Erde, in dem ein kleiner gurgelnder Fluss, durchsetzt mit Felsgeröll und Trittsteinen, durch ein schmales ruhiges Tal plätschert. Nach weiteren fünf Minuten, vorbei an einigen Schleusen und einem Damm, erreichen Sie die Quelle. Dahinter, am Wegende, ist ein Rastplatz mit Picknicktischen eingerichtet.

Normalerweise können Sie den Fluss auch an dieser hintersten Stelle auf den Trittsteinen überqueren, wenn er nicht Hochwasser hat. Wo immer Sie aber queren, gehen Sie auf der anderen Seite direkt nach links. Der Weg führt nach oben und vom Fluss weg – versuchen Sie nicht, unten im Flussbereich durchzukommen, denn es gibt hier keine Wege. Nach ein paar Minuten kommen Sie an ein kleines Haus, wo ein Korbflechter seiner Arbeit nachgeht und den Spaziergängern seine Produkte verkauft.

Beim Weitergehen kommen Sie an teilweise geschälten Korkeichen vorbei und erreichen schließlich die N524. Hier links, und nach etwa fünf Minuten sind Sie wieder am Parkplatz.

• Der örtliche Fremdenverkehrsverein von Querença veranstaltet kostenlos jeden Donnerstag geführte Touren zur Fonte de Benémola. Reservierungen sind erforderlich: Tel. 289 422 495.

Die stille Fonte de Benémola

5 TAVIRA

Spaziergang

LÄNGE: etwa 2 bis 3 km
DAUER: 1 bis 2 Stunden
START/ZIEL: Praça da República 186 A2

Die schönste Stadt der östlichen Algarve, Tavira, ist ein ruhiger, zivilisierter Ort, den zu erkunden sich auch für Architektur- und Kircheninteressierte lohnt. Dieser Spaziergang führt über die Brücke an das weniger bekannte Ostufer.

1–2

Sie starten am Fluss an der Praça da República (Parkplatz) und laufen etwa 100 Meter den Berg hinauf bis zu den Stufen, die (rechts) zur Touristeninformation und der **Igreja da Misericórdia** (➤ 50) führen. Ist die hübsche Kirche geöffnet, dann schauen Sie hinein.

2–3

Gehen Sie links an der Kirche vorbei die Rua da Galeria entlang, und biegen Sie dann links ab. Geradeaus führt ein schmaler Weg mit Kopfsteinpflaster hoch zur **Igreja de Santa Maria do Castelo** (➤ 50, 51), einer weiteren schönen Kirche in Ta-

Tavira hat sich seit dem 19. Jahrhundert kaum verändert

garten und darunter die **Igreja de Santiago** (normalerweise zur Messe geöffnet: Sa 16.30, So 18 Uhr). Über der Kirchentür sehen Sie die klassische iberische Darstellung des heiligen Jakob (Santiago) bei der Bezwingung der Mauren.

3–4

Zurück zur Igreja de Santa Maria do Castelo und den Weg hinunter zum Fluss. Dort rechts, und bald sind Sie wieder am Startplatz. Nach links kommen Sie zur **Ponte Romana** (➤ 51). Die Inschrift erzählt von den tapferen Bürgern Taviras, die im Unabhängigkeitskrieg 1383 bis 1385 gegen die Spanier kämpften.

4–5

Überqueren Sie die Brücke, und halten Sie sich links entlang der Rua 5 de Outubro, die zu der hübsch bepflanzten **Praça Dr. Padinha** führt. Hier steht eine Statue von Dom Marcelino Franco, einem Einheimischen, der Bischof der Algarve wurde. Auf der anderen Seite des Platzes finden Sie die **Igreja Parroquial de São Paulo** – sie ist auch

5–6

Biegen Sie gegenüber der Statue rechts ab in die Rua Almirante Cândido dos Reis und machen einen Abstecher zu der kleinen Metallwerkstatt in der Rua António Cabreira, wo unter anderem Tulpen, Boote und Wetterfahnen produziert werden. Es gibt hier auch einige gute Seitenstraßenrestaurants.

Auf der Rua Almirante Cândido dos Reis 200 Meter weiter, dann links in die Rua 1 de Dezembro zur **Igreja do Carmo**. Bei verschlossener Kirche fragen Sie gegenüber (Nr. 22) nach dem Schlüssel.

Biegen Sie rechts (wenn Sie in der Kirche waren: links) von der Rua Almirante Cândido dos Reis in die enge Travessa do Carrasção ab, nochmals rechts, dann links zum Largo da Caracolinha am Fluss.

6–7

Auf der Straßenbrücke überqueren Sie den Fluss. Links der alte Fischmarkt, heute ein **Kultur- und Einkaufszentrum**, rechts die Parkanlagen am Fluss mit einer eleganten silberfarbenen Musiktribüne aus Schmiedeeisen. Gehen Sie links zu den Fischerbooten.

7–8

Am Kultur- und Einkaufszentrum gehen Sie einen Block die Travessa das Cunhas entlang zur **Rua Dr. Parreira**, einer Geschäftsstraße mit hübschen Häusern, Läden, Cafés und einem Kino. Streifen Sie ein wenig umher, bevor Sie durch eine der Seitenstraßen zurück zum Fluss und links zur Praça da República gehen.

6 RIO GUADIANA

Rundfahrt

LÄNGE: etwa 111 km **DAUER:** Auto fahren: 3 bis 4 Stunden; Besichtigungen: 1 bis 2 Stunden; nehmen Sie sich also einen ganzen Tag Zeit
START/ZIEL: Tavira 186 A2

Diese vielleicht ungewöhnlichste Fahrt in der Algarve sollten Sie in jedem Fall unternehmen. Sie beginnt entlang der ländlichen Ufer des Rio Guadiana – als volles Kontrastprogramm zur traditionellen Urlaubslandschaft der Algarve, aber nicht weniger schön – und führt in das sumpfartige nördliche Grenzland und den faszinierenden Parque Mineiro Cova dos Mouros (Höhlenpark der Mauren) in einem der einsamsten Gebiete der Algarve. Brechen Sie früh auf, damit Sie Alcoutim erkunden und das spektakuläre Finale bei Tageslicht genießen können.

1–2

Von Tavira (► 49ff) geht es nach Norden, über die N125 hinweg und auf der Autobahn E01 nach Osten in Richtung »Espanha«. Kurz vor der Grenze fahren Sie nach links ab auf die N122 in Richtung Beja/Mértola.